Moment mal! 2

Evangelische Religion

Herausgegeben von
Bärbel Husmann und Rainer Merkel

Erarbeitet von
Imke Heidemann, Christhard Löber,
Kirsten Rabe, Nele Rahlf, Martina Sewerin
und Rebekka Tannen

Mit Beiträgen von
Martina Hoffmeister, Joachim Jeska,
Dennis Kramer, Annette Maschmeier
und Detlev Schneider

Unter Beratung von
Hamideh Mohagheghi und Rita Burrichter

Ernst Klett Verlag
Stuttgart · Leipzig · Dortmund

So lernst du mit „Moment mal!"

Das Inhaltsverzeichnis gibt dir einen Überblick über die verschiedenen Kapitel in „Moment mal!".
Die Kapitel kann man in beliebiger Reihenfolge bearbeiten. Sie sind in Doppelseiten unterteilt: Die linke und die rechte Buchseite gehören immer zusammen.

Alle Kapitel haben denselben Aufbau:

Einstiegsseite

Die erste Doppelseite informiert dich darüber, was du im Kapitel lernen kannst und auf welchen Kenntnissen, die du schon mitbringst, das Kapitel aufbaut. Außerdem sind die beiden Methoden genannt, die in diesem Kapitel hinzukommen. Wenn du das Kapitel bearbeitet hast, kannst du die Übersicht nutzen, um dich selbst zu überprüfen: Was habe ich gelernt, was kann ich gut (oder was kann ich noch nicht so gut)?

Einstiegsaufgabe und Kapitelseiten

Jedes Kapitel beginnt mit einer Situationsbeschreibung, die eine gewisse Herausforderung darstellt. Deshalb ist sie mit einer Aufgabe verbunden. Vollständig musst du diese Aufgabe erst am Ende des Kapitels bearbeiten können. Denn du brauchst dazu in der Regel Kenntnisse, die du wahrscheinlich noch nicht hast. Dazu helfen dir die darauffolgenden Doppelseiten.

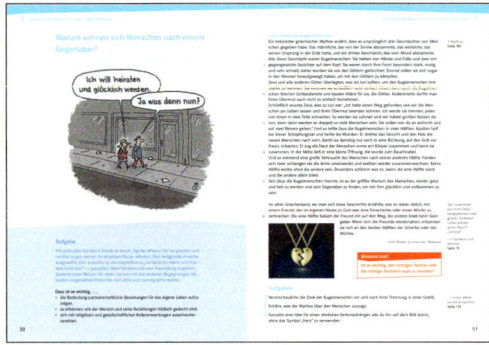

Wissen, Können, Anwenden

Auf der letzten Doppelseite wird auf das ganze Kapitel zurückgeblickt. Mit den Aufgaben zum Wissen und Können kannst du noch einmal prüfen, was du gelernt hast, oder das Gelernte vertiefen. Im Bereich „Anwenden" werden Projekte oder Aufgaben vorgeschlagen, die der Erweiterung und Anwendung des erworbenen Wissens dienen.

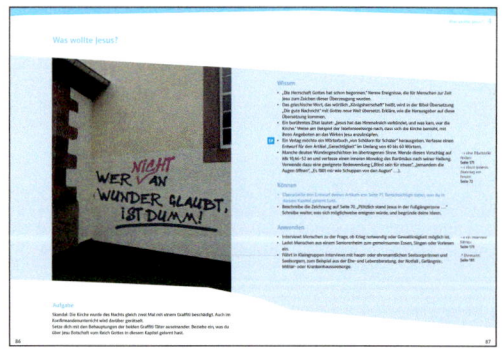

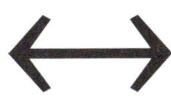

Methoden

In jedem Kapitel sind zwei Methoden erklärt, die du auf gelben Methoden-Karten findest. Damit du schnell auf die Karten zugreifen kannst, sind sie im Inhaltsverzeichnis einmal komplett aufgelistet.

Moment mal!

Das rote „Moment mal!" soll dich zum Nachdenken anregen. Denn die Dinge sind nicht immer so einfach, wie es scheint. Ein „Moment mal!" ist als Anreiz zur Diskussion gedacht und will davor schützen, sich schnell mit einfachen Lösungen zufriedenzugeben.

Das hängt zusammen

Fit in Religion ist man, wenn man auch zwischen unterschiedlichen Themen Zusammenhänge erkennt und Vernetzungen herstellt. Deshalb findest du am Rand häufiger einen Doppelpfeil. Das Buch bietet die Möglichkeit, diese Verweise kurz zur Kenntnis zu nehmen oder ihnen ausführlicher nachzugehen.

Methoden

Methode: ein Erklärvideo drehen

Ein Erklärvideo ist ein kurzes Video von einer bis maximal zehn Minuten D es, einen Sachverhalt oder einen Vorgang möglichst einfach zu erklären. A nimmt man dabei Bilder oder kleine Figuren zu Hilfe, die das Erklärte ansc machen. Figuren oder Bilder müssen klar erkennbar sein.

So kannst du vorgehen:
1. Überlege, womit du deine Erklärung veranschaulichen könntest. In Frag

Moment mal!

Soll ich mich wirklich selbst lieben?

In vielen Aufgaben wird mit Methoden gearbeitet. Falls du unsicher bist, wie eine Methode funktioniert, kannst du im Buch noch einmal nachschlagen. Damit du die Seite mit der Methodenbeschreibung schnell findest, gibt es am Rand neben der Aufgabe einen Verweis mit einem Pfeil.

Fachbegriffe

Fachbegriffe sind am Ende des Buches erklärt. Auf sie verweist ebenfalls ein Pfeil. So kannst du Grundwissen aufbauen und nach und nach lernen, dich in der Fachsprache auszudrücken.

Interreligiöses Lernen

Du lernst nicht nur das Christentum, sondern auch andere Religionen kennen. Das gilt besonders für Kapitel 6. Hier steht der Islam im Mittelpunkt. Zugleich geht es darum, zu verstehen, wie Religionen „funktionieren". Deshalb kannst (und sollst) du die muslimische Religion mit der christlichen und der jüdischen Religion vergleichen. Damit du dabei nicht durcheinanderkommst, findest du passende Symbole am Rand:
den Davidstern für das Judentum, das Kreuz für das Christentum und den Halbmond für den Islam.

MK   kennzeichnet Aufgaben und Methoden zum Thema Medienkompetenz.

SP   kennzeichnet Seiten, Texte, Methoden oder Aufgaben, die den Fokus verstärkt auf (fachintegrierte) Sprachbildung richten.

Inhalt

Methoden

Bekannte Methoden

Wo gibt es religiöse Spuren in meiner Umgebung?

Was du in diesem Kapitel lernen kannst:

- Wenn du dieses Kapitel bearbeitet hast, kannst du anhand von Beispielen erklären, was man unter „Religion" verstehen kann.
- Du kannst darüber Auskunft geben, was Menschen heilig ist.
- Du kannst genauer erklären, was Symbole und Zeichen sind.
- Du kannst religiöse Spuren in verschiedenen Bereichen des Alltags aufzeigen, zum Beispiel in der Stadt oder in unserer Sprache.
- Du kannst religiöse Motive in der Werbung wahrnehmen und deuten.
- Du kannst kritisch untersuchen, wie religiöse Motive in der Öffentlichkeit verwendet werden.
- Du kannst beurteilen, inwiefern sich religiöse und nicht religiöse Ausdrucksformen gegenseitig beeinflussen.

Darauf kannst du schon aufbauen:

- Du kannst die Bedeutung wichtiger kirchlicher Feste erklären.
- Du kannst benennen, welche Zeichen und Symbole für bestimmte Feste typisch sind.
- Du kannst Spuren anderer Religionen in deiner Umwelt erkennen und beschreiben.

Methoden, die dir auch in anderen Zusammenhängen helfen:

- ein Vier-Ecken-Gespräch führen
- ein Line-Up durchführen

Was macht einen Ort heilig?

Was ist Religion?

Wie kommt Religion in der Werbung vor?

Was ist mir heilig?

⟶ einen Kirchen-
raum erkunden:
Seite 175

Wenn Max mit seiner Familie verreist, stehen auch immer einige Museums- und Kirchenbesuche auf dem Programm. Bei der Besichtigung einer Kirche erlebt er folgende Situation:

Als er die Kirche betritt, ist es ziemlich still. Einige Besucherinnen und Besucher gehen ruhig durch den Raum, andere betrachten aufmerksam das angestrahlte, goldene Kreuz im Altarraum. In einer Ecke zündet ein junger Mann schweigend ein Kerzenlicht an und stellt es zu den vielen brennenden Lichtern auf dem Lichtertisch. Eine ältere Dame sitzt lange mit geschlossenen Augen in der letzten Reihe der Kirchenbänke. Vor dem Altarraum steht eine Familie. Die Mutter flüstert den beiden Kindern etwas zu und zeigt auf verschiedene Gegenstände. Plötzlich kommt eine Reisegruppe in die Kirche. Viele holen ihre Handys hervor und machen Fotos. Ein Pärchen stellt sich eine ganze Zeit lang vor dem Kreuz auf und erstellt eine Serie von Selfies. Dann ist die Gruppe wieder verschwunden.

„Hast du das gesehen?", wird Max von seiner Mutter gefragt. „Diese Selfiemacherei geht mir auf die Nerven! Eine Kirche ist ein heiliger Ort und das Kreuz sogar das Allerheiligste hier im Raum. Nirgends kann man mehr in Ruhe Kunstwerke oder wie hier religiöse Gegenstände anschauen, ohne dass jemand sein Gesicht davorschiebt. Und dann posten sie es auch noch irgendwo mit unpassenden Emojis und Hashtags. Ist diesen Leuten denn nichts mehr heilig? Was meinst du?"

⟷ Emojis:
Seite 22

Aufgabe

Verfasse eine Antwort aus der Sicht von Max, in der du ausführlich auf die Begründungen seiner Mutter eingehst.

Dazu ist es wichtig, ...
- genau zu beschreiben, worin die Problematik für die Mutter liegt.
- sich Klarheit darüber zu verschaffen, was unter einem Symbol oder einem religiösen Zeichen zu verstehen ist.
- sich am Beispiel des Kreuzes und des Kirchenraumes zu verdeutlichen, wodurch Gegenstände oder Orte (religiöse) Bedeutung bekommen.
- zu prüfen, ob Gegenständen ihre religiöse Bedeutung genommen werden kann.

Was „heilig" bedeutet . . .

Wir sprechen von heiligen Orten, heiligen Zeiten, heiligen Menschen oder heiligen Bräuchen in vielen Religionen. Aber was heißt „heilig" eigentlich? Im alltäglichen Sprachgebrauch wird das Wort „heilig" gleichbedeutend mit „besonders wertvoll" benutzt, wie zum Beispiel im Ausspruch „Mein eigenes Bett ist mir heilig". Aus religiöser Perspektive ist „heilig" alles, was
5 zum Göttlichen und seiner Sphäre gehört. Dies ist klar abzugrenzen von dem Profanen, dem Nichtgöttlichen. „Pro fanum" bedeutet wörtlich *vor dem Heiligen*. Das kann man in der Gestaltung von Kirchenräumen gut erkennen. Die Heiligkeit von Gegenständen oder Bereichen, zum Beispiel des Altarraums, wird oft durch Stufen oder Wände besonders eingegrenzt und betont.
10 Als heilig können auch Dinge empfunden werden, die äußerlich unbedeutend sind. Sie werden zu einem Symbol, weil wichtige Erinnerungen mit ihnen verknüpft sind: eine Kette der verstorbenen Großmutter zum Beispiel oder ein Gegenstand aus der Kinderzeit. Der Theologe Rudolf Otto (1869–1937) beschrieb die Erfahrung des Heiligen als ein einzigartiges Gefühl der Faszination und der Erschütterung zugleich. Er verstand das Heilige also
15 als ein Geheimnis, das positive und negative Gefühle auslösen kann, wie das Gefühl des Geborgenseins und zugleich das Gefühl der Furcht, des Respekts. Wenn in der Bibel Engel auftreten, wird beides beschrieben.

↔ Wonach sehne ich mich? Seite 18–19

Heilige im Christentum

Für viele Christen sind Heilige Menschen, die Gott besonders nahe stehen. Sie haben sich in ihrem Leben für andere Menschen eingesetzt. Nach einem Prüfverfahren kann der Papst sie zuerst selig und dann heilig sprechen. Die Heiligen werden in einen Heiligenkalender aufgenommen. Der 15. Oktober ist zum Beispiel der Ge-
5 denktag der Teresa von Avila.
Andere besonders bekannte Heilige sind Franz von Assisi, Hildegard von Bingen, der Heilige Benedikt, die Heilige Barbara, Sankt Nikolaus und Sankt Martin. Das Wort „Sankt" kommt aus dem Lateinischen und be-
10 deutet „heilig". Manche katholischen Christen bitten Heilige in ihren Gebeten darum, sich bei Gott für sie einzusetzen.
Auch evangelische Christen können Heilige als Vorbilder im Glauben und Handeln anerkennen. Aber sie
15 rufen sie nicht im Gebet an.

Schmuckschatulle mit einem Kettenanhänger mit dem Bild von Teresa von Avila

Aufgaben

1 Bringe einen Gegenstand in den Unterricht mit, der einen besonderen Wert für dich besitzt und den du nicht wegwerfen würdest. Erkläre den anderen, warum dieser Gegenstand für dich einen „Mehrwert" hat.

2 „Heilig ist mir …" Schreibe den Satz weiter und vergleiche dein Ergebnis mit dem Ergebnis eines Mitschülers oder einer Mitschülerin.

3 Untersucht gemeinsam, inwieweit die Aussagen des Textes „Was ‚heilig' bedeutet …" auf das zutreffen, was euch heilig ist.

K 4 Der Heilige Isidor von Sevilla ist schon seit Jahren als Schutzpatron des Internets im Gespräch. Informiere dich im Text über die Bedeutung von Heiligen und prüfe mithilfe des Internets, ob sich Isidor für dieses Schutzpatronat eignet.

→ eine Internetrecherche durchführen: Seite 173

Was macht einen Ort heilig?

Ich wette, dass ich den Raum von verschiedenen Kirchen mit verbundenen Augen unterscheiden kann, auch mit verschlossenen Ohren. Nur an der Atmosphäre.

Der Skeptiker in mir ahnt, dass es schwierig würde, wenn bewiesenermaßen Menschen noch nicht mal Cola von Pepsi oder echten von eingefärbtem Rotwein unterscheiden können. Auch

5 ein Versuch, heilende Hände zu spüren, ist grandios gescheitert. Mit verbundenen Augen war das Gespür, ob eine Hand über einen gehalten wird oder nicht, auf Zufallsniveau. Und doch habe ich in Kirchen den Eindruck, etwas spüren zu können von dem, was dort schon passiert ist, von all den Ritualen, Wünschen und Gebeten, die in diesem Raum mitschwingen. Und so fühlen sich Neubauten anders an als eine alte Kirche, und ein Dom mit viel Durchgangs-

10 verkehr anders als eine Kapelle der Stille. Und man ist der Hand näher, von der man sich wünscht, es gäbe sie gleich zweimal: einmal über einem und unter einem, damit man nicht tiefer fallen kann als in sie.

Meister Eckhart sagt sinngemäß: Wenn ihr glaubt, Gott in der Kirche näher zu sein als im Stall, liegt es nicht an Gott, sondern an euch. Das mag stimmen, und wenn Gott überall ist,

15 kann man ihm auch nirgends näher sein als im Hier und Jetzt, egal ob in einem „geweihten" Haus oder im Hobbykeller.

Von Manfred Lütz stammt die Beobachtung, dass es inzwischen mehr Mitglieder in Fitness-studios als in Kirchen gibt. Aber vielleicht liegen die Bedürfnisse gar nicht so weit auseinander? Sind Kirchen nicht spirituelle Kraftcenter? Orte, an denen man etwas üben kann, was

20 einem dann die Kraft im Alltag gibt? Klar könnte ich auch zu Hause meine Liegestütze machen und beten. Aber wer bekommt das schon diszipliniert hin? Es ist um einiges leichter, wenn der räumliche Rahmen einen dabei unterstützt. Und wo zwei oder drei auch an den Übungen dran sind, bin ich lieber unter ihnen als allein.

Die einfachen Kirchen

Eingang zu einer evangelischen Dorfkirche

Die Kirche, die meine Jugend prägte, ist die Alte
25 Dorfkirche in Berlin-Zehlendorf. An einer großen Straßenkreuzung der Bundesstraße 1 steht hinter alten Bäumen ein unscheinbarer Bau, der Kirche und Turm in einem ist. Der Baumeister war mit dem Geld kurz nach der Grundsteinlegung abge-
30 hauen, und so wurde diese Notlösung sehr standhaft. Später kam noch eine große Gründerzeitkirche dazu, aber mehr Charme hat bis heute die Dorfkirche, wo man eng aufeinanderrückt beim Gottesdienst, wo wir als Jugendliche Morgenan-
35 dachten von der Schule gefeiert haben und wo wir Theater und Konzerte erlebten, weil man so schön dran ist an allem. In der Dorfkirche steckt mehr Geist vom Stall in Bethlehem als im Dom.

Eckart von Hirschhausen, Moderator und Autor

Skeptiker = jemand, der zweifelt

Gemeint ist hier die Hand Gottes.

Meister Eckhart (1260–1328) war ein mittelalterlicher Theologe und Philosoph.
Manfred Lütz (* 1954) ist ein Psychiater und katholischer Theologe.

⟷ Ist die Kirche von heute von gestern? Seite 154–155

Die Gründerzeit setzt mit der Industrialisierung ein und wird als Begriff oft für die Zeit von 1870–1914 verwendet.

Moment mal!

Gibt es Orte, die niemals und für niemanden heilig werden können?

Grüße aus dem Heiligen Land . . .

Liebe Mia!

Ich sende dir herzliche Grüße aus Israel von meiner Rundreise auf den Spuren Jesu. Die Reisegruppe ist nett und die Unterkünfte sind schön, sodass man sich abends von all den Eindrücken gut erholen kann. Ich habe schon unheimlich viel gesehen: Ich war am See Genezareth, in Bethlehem, in der Geburtsgrotte und am Jordan, dort, wo Jesus angeblich getauft wurde. Seit gestern sind wir nun in Jerusalem. Hier stehen der Ölberg mit dem wunderbaren Garten Gethsemane und die Via Dolorosa, der Leidensweg Jesu, mit der Grabeskirche auf dem Programm. An manchen der Orte war ich tatsächlich in einer besonderen Stimmung, irgendwie ergriffen. Das war zum Beispiel im Garten Gethsemane der Fall und vor allem am See Genezareth. Hier war das Zentrum des Wirkens Jesu. An einer ruhigen Stelle am Ufer hörten wir von unserem Reiseführer die biblische Geschichte von der Sturmstillung aus dem Markusevangelium. Vor Ort hat mich die Geschichte besonders berührt und ich dachte, wie wunderbar es doch ist, dass Menschen diesen Ort immer noch erleben dürfen und dass die Geschichten, die hier erzählt worden sind, ihre Bedeutung nicht verloren haben. Vom Besuch des Jordans war ich aber ehrlich gesagt enttäuscht. Der Fluss ist dort ein Rinnsal und völlig von Touristen überlaufen. Da sprang bei mir der Funke einfach nicht über. An biblische Zeiten erinnerte mich hier nichts mehr. Einigen Mitreisenden ging es da ganz anders: Sie haben sich sogar Wasser in ein Fläschchen als Erinnerung abgefüllt.

Nun bin ich gespannt darauf, was ich sonst noch so erleben werde. Israel ist eine Reise wert. Wie wäre es, wenn wir nach deinem Abitur gemeinsam hierher reisten? Herzliche Grüße von deiner Patentante Anja

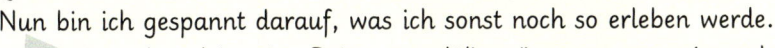

Aufgaben

1 Nenne Beispiele für besondere Orte. Erkläre, was für dich einen Ort zu einem „heiligen" Ort macht.

2 Beschreibe, welche Bedeutung der Kirchenraum für Eckart von Hirschhausen hat.

3 Arbeite an folgenden Beispielen heraus, was heilige Orte in der Bibel auszeichnet: Gen 28,10–22; Ex 3,1–5; 1 Kön 19,1–13; Mt 21,12–17; Apg 9,1–9; Offb 21,1–4.

→ eine Bibelstelle finden:
Seite 171

4 Ordne die Fotos den im Brief erwähnten Orten zu.

Was gibt einem Zeichen (religiöse) Bedeutung?

Wahrnehmungen und Deutungen des Kreuzes

20 bis 30 Jahre nach Jesu Tod schreibt Paulus an die Gemeinde in Korinth. Gleich zu Beginn des Briefes schreibt er, auf welche Weise sich das Evangelium, die christliche Botschaft, verbreiten wird:

↗ Evangelium: Seite 181

> Das kann nicht durch Worte voller Weisheit geschehen. Denn sonst verliert das Kreuz von Christus seinen Sinn. Die Botschaft vom Kreuz erscheint denen, die verloren gehen, als eine Dummheit. Aber wir, die gerettet werden, erfahren sie als Kraft Gottes.
>
> *(1 Kor 1,17bf.)*

Konstantin I. war von 306 bis 337 n.Chr. römischer Kaiser. Sein Biograf berichtet, wie Konstantin das Kreuzzeichen in einer entscheidenden Schlacht gesehen habe:
Um die Stunde der Mittagszeit, da sich der Tag schon neigte, habe er, so erzählte der Kaiser, mit eigenen Augen oben am Himmel über der Sonne das Siegeszeichen des Kreuzes aus Licht gebildet, und dabei die Worte gesehen: Durch dieses Zeichen siege.

Katrin Göring-Eckardt ist Politikerin im deutschen Bundestag und war von 2009–2013 Vorsitzende (Präses) der EKD-Synode:
Das Kreuz, es ist ein Zeichen des Todes. Und es ist ein Zeichen des Lebens. Immer beides. Selten immer zugleich das eine und das andere. Das Kreuz fordert den Glauben heraus, immer wieder.

SP

> **Info: Symbole und Zeichen**
> Das Besondere an Symbolen und Zeichen ist, dass sie auf etwas anderes hinweisen, also eine Bedeutung über sich selbst hinaus haben. Welche Bedeutung das im Einzelfall ist, hängt davon ab, wie ein Mensch das Symbol oder Zeichen auffasst oder benutzt.
> Kein Ding **ist** also schon für sich genommen ein Zeichen, sondern es kann für Menschen zu einem Zeichen **werden**. Es ist daher entscheidend, in welchem Zusammenhang wir einem Symbol oder Zeichen, wie zum Beispiel dem Kreuz, begegnen.

↔ Symbolon: Seite 51

Moment mal!

Warum sind Zeichen und Symbole für die Religion so wichtig?

Aufgaben

1 Schreibe die Nummern der Kreuzzeichen auf der linken Seite in dein Heft. Beschreibe jeweils in Stichworten, was das Kreuz deiner Meinung nach bedeutet. Vergleiche deine Ergebnisse mit einer Mitschülerin oder einem Mitschüler.

2 Erläutere an einem der Beispiele, was Symbole und Zeichen sind.

3 Gib mit eigenen Worten wieder, wie Paulus, Kaiser Konstantin und Katrin Göring-Eckardt das Kreuz wahrnehmen und deuten.

4 Zeige anhand der Beispiele auf, wie unterschiedlich Bedeutungen sein können, die Menschen dem Zeichen des Kreuzes zuweisen.

Was ist Religion?

Religion ist ein unscharfer Begriff. Theologen und Philosophen haben schon immer unterschiedliche Aspekte hervorgehoben.

> Religion ist der Glaube an eine höhere Macht.

> Der Religion verdankt die Gesellschaft ihre Werte.

> Was Religion ist, kann nur jeder für sich selber sagen.

> Religion ist das, was einem hilft, das Leben zu bewältigen.

Methode: ein Vier-Ecken-Gespräch führen

Diese Methode dient dazu, sich in wechselnden Gruppen mit verschiedenen Positionen oder Aspekten eines Themas zu beschäftigen.

So könnt ihr vorgehen:

1 Stellt die Tische so auf, dass in den vier Ecken des Klassenraums genug Platz ist.

2 Hängt oder legt in jede Ecke eine Aussage oder einen ähnlichen Impuls auf je einem DIN-A4-Blatt (in der Regel sorgt eure Lehrerin oder euer Lehrer dafür).

3 Geht einmal herum, bis ihr alle Aussagen einmal gelesen habt. Ordnet euch zunächst der Aussage zu, zu der ihr die größte Nähe empfindet.

4 Tauscht euch in der jeweiligen Ecke darüber aus, warum ihr dort steht.

5 Führt ein Gespräch über den ausliegenden Impuls.

6 Wechselt auf ein gemeinsames Zeichen die Ecke, bis ihr überall einmal ein Gespräch geführt habt. Je nach Absprache könnt ihr die Zahl der Runden auch begrenzen.

7 Haltet eure Ergebnisse entweder schriftlich in jeder Ecke auf einem Plakat fest oder tragt sie im Anschluss mündlich zusammen.

→ ein Plakat erstellen: Seite 177

Religion ist nicht nur eine Frage der Definition. Religion kommt in ganz verschiedenen Formen zum Ausdruck. Solche Ausdrucksformen sind: Gebräuche, Riten, Feste, Lieder, Bilder und Kunstwerke, Gebäude, Mythen, Legenden, Lehren, Ämter und bestimmte Zeichenhandlungen. Viele dieser Ausdrucksformen gibt es auch bei Popkonzerten und Fußballspielen. Manches spielt in Filmen oder in der Werbung eine Rolle. Legenden und Gebräuche gibt es auch in Familientraditionen.

↔ Wie entsteht eine Religion? Seite 112–113

↗ Mythos: Seite 185

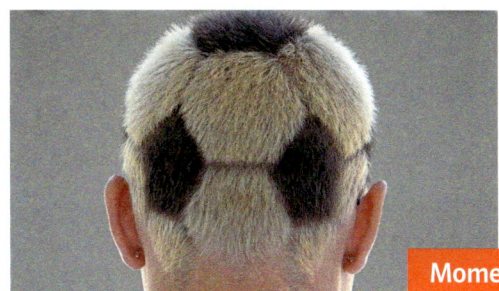

Moment mal!

Wozu sind Rituale gut?

Aufgaben

1 Führt ein Vier-Ecken-Gespräch zu den verschiedenen „Definitionen von Religion" auf der linken Seite.

2 Formuliere eine eigene Definition von Religion und erläutere sie.

3 „Schuhe sind meine Religion", schrieb die Journalistin Hatice Akyün, die mehrere 100 Paare High Heels besitzt. Stelle dar, was Akyün unter „Religion" versteht.

4 Beschreibe die Ausdrucksformen, die auf den Bildern zu sehen sind oder mit der jeweiligen Situation verbunden sein können. Beurteile, inwiefern die einzelnen Abbildungen etwas mit Religion zu tun haben.

5 Erstelle einen Podcast zum Thema „Ausdrucksformen von Religion".

→ ein digitales Produkt gestalten: Seite 172

Wonach sehne ich mich?

Sehnsucht nach Geborgenheit

Manchmal sitzt mein Vater im Wohnzimmer, er sitzt einfach da, und dann fragt meine Mutter: „Was machst du, Christian?", und er antwortet: „Ich wohne." Mein Vater hat Humor. Im Wohnzimmer
5 wohnt man, und das ist eben keine Tätigkeit wie das Kochen in der Küche, das Baden im Badezimmer oder das Schlafen Im Schlafzimmer. „Wohnen" ist überhaupt keine Tätigkeit. Und gerade deshalb ist dieses „Ich wohne" nicht nur ein Witz, sondern
10 zugleich Ausdruck höchster Zufriedenheit.

Wir alle wollen wohnen. Wir alle sehnen uns nach einem Haus, nach einem festen Ort. Ein Haus bedeutet Sicherheit und Gemeinschaft, bedeutet Ruhe und Bestand, ein Haus ist das Gegenteil von Unrast und Auf-der-Suche-sein und Für-sich-sorgen-müssen. Das Haus ist also auch ein
15 tief religiöses Symbol. Denn das bedeutet Glauben: Da ist einer, zu dem ich immer kommen kann, bei dem ich sicher bin.

Und umgekehrt gilt dasselbe: Wenn ich einen Ort habe, an dem ich mich zu Hause fühle, ein Nest der Geborgenheit, dann ist dort ein Funke von der Herrlichkeit Gottes zu spüren. Genau das sagt Psalm 84: Wenn junge Schwalben zwitschern, singen sie Loblieder auf Gott. Denn
20 ein Nest ist ein Zuhause. Und ein Zuhause in dieser Welt zu haben, das ist schon ein bisschen wie im Himmel, wie im Reich Gottes.

„Wie glücklich sind die Menschen, die einen sicheren Platz bei dir finden", sagt der Psalmbeter. Ja, nach so einem Haus sehen wir uns alle, nach einem gesegneten Ort. Doch wie und wo, um alles in der Welt, kann man ihn finden?

Rainer Merkel, Religionslehrer

↗ Psalm:
Seite 186–187

↔ Wo ist das
Himmelreich?
Seite 78–79

↗ HERR:
Seite 182–183

Moment mal!

Sind alle Menschen religiös?

²Wie lieb sind mir deine Wohnungen,
du HERR der himmlischen Heere.
³Ich war voller Sehnsucht,
ein einziger Wunsch brannte in meiner Seele:
Ich möchte so gerne beim HERRN sein –
in den Höfen, die seinen Tempel umgeben.
Festfreude erwärmt mir Herz und Leib.
Ich bringe sie vor den lebendigen Gott.
⁴Auch der Sperling hat ein Zuhause gefunden,
und die Schwalbe fand ein geeignetes Nest.
Dort hat sie ihre Jungen sicher untergebracht.
Solchen Schutz bieten auch deine Altäre,
du HERR der himmlischen Heere,
mein König und mein Gott.
⁵Glücklich ist, wer in deinem Haus wohnt.
Dafür sollen sie dich immerzu loben!
⁶Wie glücklich sind die Menschen,
die einen sicheren Platz bei dir finden.

(Ps 84,2–6)

Sehnsucht nach einem anderen Leben

An verregneten Sonntagnachmittagen, wenn es im Wohnzimmer vor Langeweile nicht mehr auszuhalten war, lief ich in den Wald, ich setzte mich auf einen Baumstumpf und schaute zu, wie die dicken Tropfen von den hohen Tannen fielen. Auch da war ich glücklich, aber es war auch eine ungeheure Sehnsucht in mir. Glück und Sehnsucht gehörten zusammen. Eine Sehn-
5 sucht nach einem anderen Leben. Weg von hier.

Ich ließ mir von meinem großen Bruder ein Sofa bauen. Auf dem lag ich Nachmittage lang und träumte vor mich hin. Ich malte
10 mir aus, wie es sein würde, wenn ich endlich aus diesem Dorf wegkäme. Welche Reisen ich machen werde, welche Länder und Städte ich besuchen
15 werde, welch tolle Abenteuer auf mich warteten. Das waren Fantastereien, angetrieben allerdings von einer sehr realen Sehnsucht, die ich nicht loswur-
20 de und die mich fast zerriss. Wenn ich nicht träumte, dann las ich. Ich entdeckte, dass ich nicht allein war mit dem, was mich bewegte, sondern dass es
25 Verbündete gab, die genauso dachten und fühlten wie ich. Ich erfuhr, dass es Leute gab wie Teresa von Avila, die auch meine Sehnsucht kannten und nur an-
30 ders dazu sagten: Lockruf oder Lebenshunger. Und ich lernte den Philosophen Blaise Pascal kennen, für den es wichtiger ist, zu suchen, als fertige Antworten zu haben.

Alois Prinz, Autor

HAP Grieshaber, Farbholzschnitt zu einem Kinderbuch (1969)

↔ Kampf gegen den Klimawandel: Seite 148

Teresa von Avila (1515–1582) Nonne und Heilige (kath.)

Blaise Pascal (1623–1662), französischer Mathematiker und Philosoph

Aufgaben

1 Fasse mit eigenen Worten zusammen, wie die Psalmverse im Text „Sehnsucht nach Geborgenheit" gedeutet werden.

2 Gestalte drei bis vier passende Symbole zu Psalm 84,2–6.

3 Beschreibe, wie der Künstler HAP Grieshaber die einzelnen Körperteile darstellt. Erkläre, was „Herzauge" mit der Sehnsucht nach einem anderen Leben zu tun hat.

→ ein Bild analysieren: Seite 159

4 Analysiere die Situation des jungen Alois Prinz in „Sehnsucht nach einem anderen Leben".

5 Stelle dir vor, Alois Prinz hätte die Aussagen des Vaters im Wohnzimmer im Text „Sehnsucht nach Geborgenheit" gehört. Verfasse mit einem Mitschüler oder einer Mitschülerin ein mögliches Gespräch zwischen den beiden.

Wie kommt Religion in der Werbung vor?

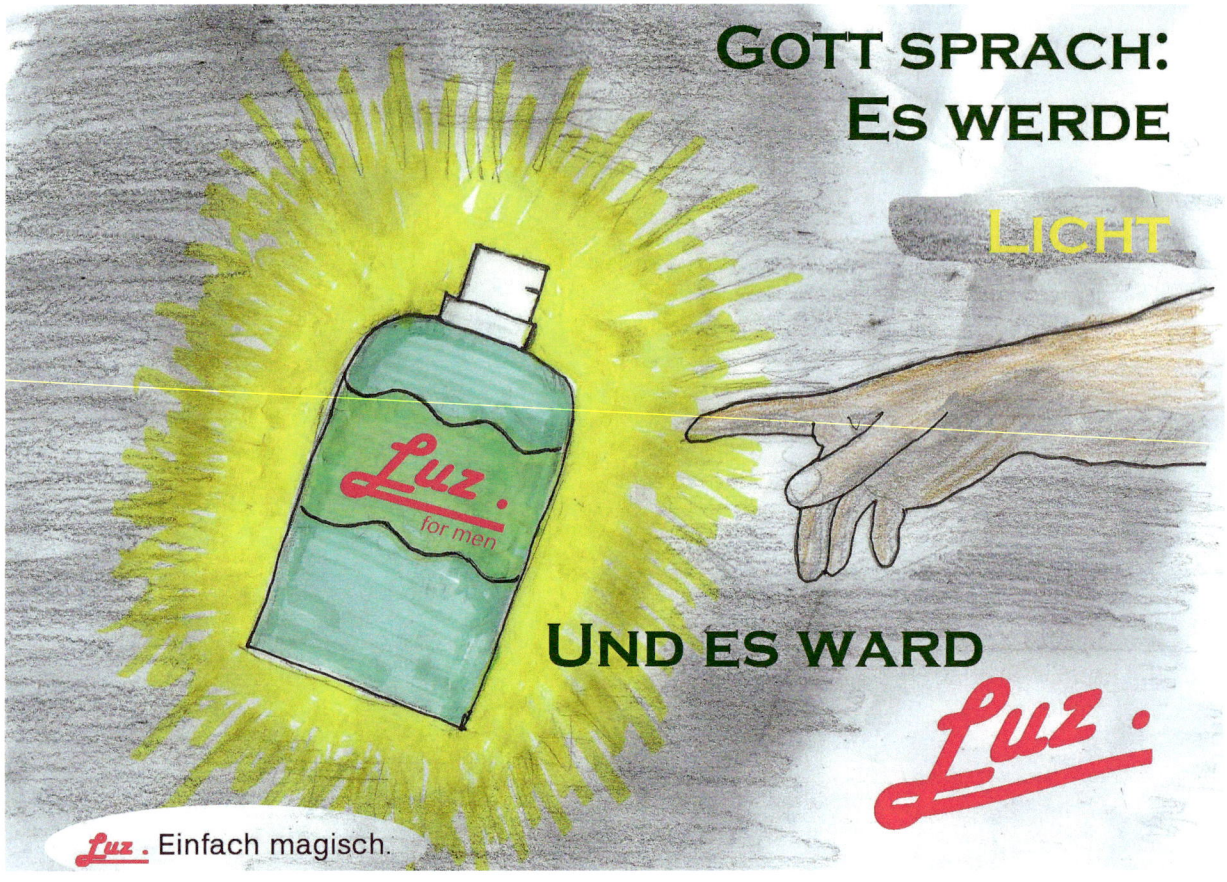

Werbeplakat, gestaltet von Gunnar M. (7. Klasse)

Religiöse Motive in der Werbung

Das Religiöse hat sich gewandelt, begegnet nicht mehr nur in den dafür vorgesehenen Orten und hat sich zu weiten Teilen in die Massenmedien verlagert, insbesondere auch in die Produkte und Geschäfte der Werbung. Die „Rückkehr der Engel" verwundert also nicht! Gleichwohl ist die Sehnsucht nach Religiösem keineswegs immer schon Religion.

5 In mindestens dreifacher Weise finden religiöse Motive in der Werbung Verwendung:

1. Werbung zitiert religiöse Begriffe, Formeln oder Bilder oder spielt auf sie an mit Witz.
2. Zu den religiösen Begriffen tritt eine Präsentation hinzu, sodass eine Aura des Überirdischen entsteht. Religiöses dient der Steigerung des Produktes.
3. Religion findet sich nicht mehr in der Werbung, sondern Werbung wird zur Religion beziehungsweise zum Religionsersatz: Sinnsprüche sollen Verheißungen erfüllten Lebens mit dem Produkt koppeln.

↗ Verheißung: 10
Seite 190

Uwe Böhm, Religionspädagoge

Wie weit darf Werbung gehen?

In Brugg, einer Kleinstadt in der Schweiz, gibt es Streit. Ein Werbeplakat ist der Auslöser. Es zeigt Jesus, der mit coolem Gesichtsausdruck und mit einer goldenen Kreditkarte in der Hand für das „Shopping-Paradies Brugg" wirbt. Hinzu kommt der Werbespruch: „Brugger Handel hängt katholische Feiertage an den Nagel". Ein Jesus also, der sich freut und dafür

5 Werbung macht, dass man auch an Fronleichnam einkaufen gehen kann. Viele Christinnen und Christen ärgern sich darüber. Jesus werde mit diesem Plakat verspottet, meinen sie. Die katholische Kirche macht ein Gegenplakat: „Wir sind an 365 Tagen für Sie da. Und das nicht nur an katholischen Feiertagen." Der Verein verteidigt seine Plakataktion. Er entschuldigt sich aber dafür, falls Gefühle verletzt worden seien.

10 Es ist nicht das erste Mal, dass Jesus in der Werbung benutzt wird. Manchmal entscheiden Gerichte darüber, ob das zur Meinungsfreiheit gehört oder aber den öffentlichen Frieden stört. Oft helfen die Diskussionen der Marke oder dem Produkt, weil sie dadurch öffentlich im Gespräch sind und bekannter werden.

Fronleichnam = hohes katholisches Fest zur Feier der Gegenwart Christi in der Welt

---

Methode: ein Line-Up durchführen

Die Methode „Line-Up" verhilft dazu, deine eigene Position zu einer Frage zu finden und sie zu vertreten. Führt man die Methode zweimal durch, nämlich vor und nach einer intensiven Bearbeitung, zeigt sich, ob sich an deiner Meinung etwas geändert hat. Auf diese Weise kann man auch das Meinungsbild einer Gruppe sichtbar machen.

So könnt ihr vorgehen:

1 Zieht im Klassenzimmer eine (gedachte) Linie, die auf der einen Seite mit einem „Ja-Schild", auf der anderen Seite mit einem „Nein-Schild" endet.

2 Denkt, ohne zu sprechen, darüber nach, ob ihr die Frage, die die Lehrerin oder der Lehrer formuliert hat, mit Ja oder mit Nein beantworten würdet. Nehmt euch Zeit, bis jeder in Gedanken die richtige Position auf der Linie gefunden hat. Natürlich sind alle Abstufungen möglich.

3 Stellt euch an der für euch passenden Position der Linie auf. Begrenzt die Zahl der teilnehmenden Personen so, dass das Gesamtbild übersichtlich bleibt.

4 Begründet die Wahl eures Standpunktes.

Aufgaben

1 Erläutere am Beispiel des Plakats, wie die Werbung auf Religion und religiöse Motive zugreift. Nutze dazu den Text „Religiöse Motive in der Werbung".

2 Führe eine Recherche zu „Werbung" und „Religion" durch und analysiere eines der Beispiele, die du dabei findest.

→ eine Internetrecherche durchführen: Seite 173

3 Die Werbeanzeige auf Seite 20 hat ein Schüler gestaltet. Entwirf selbst eine Werbung, in der du „religiöse Motive" (Text auf Seite 20) verwendest.

4 Führt ein Line-Up zu der Frage durch, ob es zu weit geht, wenn Jesus in Werbeanzeigen dargestellt wird.

Wo finde ich religiöse Spuren in der Sprache?

Religion in der Sprache der sozialen Medien

↔ Digital Mensch bleiben:
Seite 147

Kommunikation und Austausch finden in hohem Maße online statt. In sozialen Netzwerken werden dabei Emojis verwendet, um Gefühle oder Einstellungen auszudrücken. Sie ersetzen das, was in einem direkten Gespräch durch Gestik und Mimik ausgedrückt wird. Da sie mehrdeutig sein können, kann es in Chats oder Posts zu Missverständnissen kommen. In den letzten Jahren sind immer mehr Emojis aufgenommen worden, die die Vielfalt unserer Gesellschaft widerspiegeln.

Die Auswahl an Emojis beeinflusst aber auch die Sicht auf die Welt. Darf die Muslimin auf ein Kopftuch oder ein Christ auf das Kreuz reduziert werden? Ist es in Ordnung, wenn Emoji-Pfarrer immer männlich sind?

Es stellt sich die Frage, ob das Emoji-Alphabet ausreicht oder ob die bestehenden religiösen Symbole noch erweitert werden sollten.

Religiöse Emojis

Moment mal!

Wann kann man von *Religion* in unserer Alltagssprache sprechen?

Ojemine!

Ob wir religiös sind oder nicht: Gott ist ein fester Bestandteil unserer Sprache – „gottlob!", sagen die einen, „gottbewahre!" die anderen. Dabei merken die meisten von uns gar nicht mehr, wie oft wir von Gott sprechen. Denn es gibt weiß Gott viele Ausdrücke, deren Bedeutung wir uns, Gott sei Dank, nicht immer klarmachen.

Die süddeutsche Begrüßung „Grüß Gott" ist um Gottes Willen keine Aufforderung, sondern der Wunsch: Gott grüße und schütze dich!

Und wer weiß schon, dass die Verabschiedungen „Tschö!" oder „Tschüss!" mit „Adieu!" und „Ade!" zusammenhängen und auf das lateinische „ad deum" („zu Gott") zurückgehen?

„Herrje!", will man vielleicht ausrufen – und das wiederum ist die Kurzform von „Herr Jesus!".

„O, Herr Jesus", heißt auf Latein übrigens „O Iesu Domine!". Und auch das hat sich bis heute erhalten: Ojemine!

Aufgaben

1 Benenne die Chancen und Grenzen von Emojis anhand eines der links abgebildeten Beispiele.

2 Gestalte ein neues religiöses Emoji, das dir im Emoji-Alphabet auf Seite 22 fehlt. Begründe deine Wahl und Gestaltung.

3 Stelle mithilfe des Textes „Ojemine!" dar, in welchen Situationen Ausdrücke für Gott besonders oft gebraucht werden. Nenne mögliche Gründe.

4 Auf dieser Seite sind im Bild oben neun „geflügelte Wörter" aus der Bibel abgebildet. Schreibe sie auf. Kontrolliere mithilfe folgender Bibelstellen: Dtn 28,29; Jos 3,14; 2 Sam 13,18 f.; Ijob 4,15; Ps 91,12; Koh 10,8; Jes 40,3; Mt 7,15; Offb 5,1.

→ eine Bibelstelle finden: Seite 171

5 Schreibe kleine Geschichten aus der heutigen Zeit, in der du die oben abgebildeten Sprichwörter und Redewendungen einbaust.

Wo gibt es religiöse Spuren in meiner Umgebung?

Wenn du aufmerksam bist und dich genau umschaust, kannst du viele religiöse Spuren entdecken – überall in deiner Umgebung.

Straßenschilder

Symbole

Hausinschriften

Gotteshäuser

Biblische Anspielungen

. . . oder Namen

. . . und vieles mehr.

Petrus bestreitet, dass er Jesus kennt

⁵⁴Die Männer nahmen Jesus fest, führten ihn ab und brachten ihn in das Haus des Obersten Priesters. Petrus folgte ihnen in einiger Entfernung. ⁵⁵Sie hatten mitten im Hof ein Feuer angezündet und sich darumgesetzt. Petrus setzte sich zu ihnen. ⁵⁶Ein Dienstmädchen sah Petrus dort im Schein des Feuers sitzen. Sie musterte ihn aufmerksam und sagte: „Der da war auch mit ihm zusammen!" ⁵⁷Petrus stritt das ab und sagte: „Ich kenne ihn gar nicht, Frau!" ⁵⁸Kurz darauf sah ihn jemand anderes und sagte: „Du gehörst auch zu denen!" Aber Petrus erwiderte: „Mensch, ich doch nicht!" ⁵⁹Etwa eine Stunde später behauptete ein anderer: „Ganz bestimmt gehört er zu denen! Er kommt doch auch aus Galiläa." ⁶⁰Aber Petrus stritt es wieder ab: „Mensch, ich weiß überhaupt nicht, wovon du sprichst." In demselben Moment – während er noch redete – krähte der Hahn. ⁶¹Der Herr drehte sich um und blickte Petrus an. Da erinnerte sich Petrus an das, was der Herr zu ihm gesagt hatte: „Noch bevor heute der Hahn kräht, wirst du dreimal abstreiten, dass du mich kennst." ⁶²Und Petrus lief hinaus und weinte heftig.

(Lk 22,54–62)

Die Wappen des Vatikans und der Stadt Trier

Und ich [Jesus] sage dir: Du bist Petrus. Und auf diesen Fels werde ich meine Gemeinde bauen. Noch nicht einmal die Macht des Todes wird ihr etwas anhaben können. Ich werde dir die Schlüssel zum Himmelreich geben: Was du auf der Erde für gültig erklärst, wird auch im Himmel gelten. Was du nicht für gültig erklärst, wird auch im Himmel nicht gelten.

(Mt 16,18 f.)

↔ Wo ist das Himmelreich? Seite 78–79

Aufgaben

K **1** Beschreibe die sichtbaren religiösen Spuren auf der linken Seite. Gehe ihrer jeweiligen Bedeutung nach. Recherchiere, falls nötig, weitere Informationen.

→ eine Internetrecherche durchführen: Seite 173

P **2** Analysiere den Bibeltext Lk 22,54–62. Schreibe aus Petrus' Perspektive einen Tagebucheintrag zu den Vorfällen des Tages.

→ einen Text analysieren: Seite 98

3 Nenne mit Bezug auf Lk 22,54–62 mögliche Gründe, warum auf Kirchturmdächern der Hahn als Wetterfahne verbreitet ist.

4 Vergleiche die Wappen miteinander. Erläutere mithilfe von Mt 16,18f. ihre Symbole.

K **5** Begib dich mit Handy oder Tablet selbst auf religiöse Spurensuche in deiner Umgebung. Präsentiere deine Ergebnisse als passendes digitales Produkt.

→ ein digitales Produkt gestalten: Seite 172

Wo kommt Religion im Alltag vor?

Aufgabe

1 Darf man ein Kreuz einfach wegwerfen? Oder ist dieses religiöse Symbol mehr als nur ein Stück Holz? Nimm begründet Stellung.

Wissen

- Martin Luther formuliert: „Woran du dein Herz hängst, das ist dein Gott." Gib mit eigenen Worten wieder, welche Vorstellung von Religion er damit ausdrückt.
- In seinem kleinen Handbuch für Glaubensfragen geht Martin Luther die Zehn Gebote einzeln durch und erklärt ihre Bedeutung. Die Erklärungen beginnen immer mit derselben Formulierung: „Wir sollen Gott fürchten und lieben, dass wir ..." Stelle in deinen Worten dar, wie Martin Luther die Heiligkeit Gottes auffasst.
- Zeige die religiösen Spuren auf, die auf dem Einstiegsbild auf Seite 8 zu finden sind.
- Erkläre, warum die evangelische Kirche ihre Arbeitsstellen für kirchliches Umweltmanagement „Der Grüne Hahn" oder „Der Grüne Gockel" nennt.

↗ Zehn Gebote:
Seite 190

Können

- Überarbeite die Antwort von Max an seine Mutter (Seite 10). Arbeite ein, was du für eine Bewertung der Situation dazu in diesem Kapitel erfahren hast.
- Entwirf für ein Produkt deiner Wahl (ein Parfum, ein Auto ...) mithilfe digitaler Medien eine Werbeanzeige, die mit religiösen Motiven arbeitet.
- Nimm Stellung zu der Behauptung: „Fußball ist Religion."

→ ein digitales
Produkt gestalten:
Seite 172

Anwenden

- Führt ein Projekt zum Thema „Spuren von Religion in unserer Lebenswelt" durch. Teilt euch dazu in verschiedene Themengruppen auf (Religion in der Musik, im Spielfilm, im Jugendbuch ...). Präsentiert eure Ergebnisse anderen Menschen, zum Beispiel euren Eltern, im Rahmen eines Elternabends.
- Schreibe aus der Sicht Mias einen Antwortbrief an ihre Patentante (Seite 13).
- Religiöse Symbole in der Öffentlichkeit sind manchmal sehr umstritten: das Kopftuch bei muslimischen Frauen, das Kreuz im Klassenraum (in Bayern). Beurteile, inwieweit solche Diskussionen berechtigt sind.
- Informiere dich über heilige Orte im Islam und Judentum. Halte zu diesem Thema ein Referat im Umfang von zehn Minuten.

→ eine digitale
Präsentation
erstellen:
Seite 42

↔ Mein Kopf
gehört mir:
Seite 116

→ eine Internetrecherche durchführen:
Seite 173

2 Was macht mich frei?

Was ist Freiheit eigentlich?

Was ist, wenn ich Fehler mache?

Was du in diesem Kapitel lernen kannst:

- Wenn du dieses Kapitel bearbeitet hast, kannst du genauer erklären, was du und andere Menschen unter Freiheit verstehen.
- Du kannst aufzeigen, was der Begriff „Rechtfertigung" in der Fachsprache im Unterschied zur Alltagssprache bedeutet.
- Du kannst darstellen, wie der Apostel Paulus und Martin Luther über die Rechtfertigung des Menschen denken.
- Du kannst erklären, warum der Mensch frei und zugleich verantwortlich für sich und andere ist.
- Du kannst benennen, wie sich der Glaube im Leben von Christinnen und Christen auswirkt.
- Du kannst darüber Auskunft geben, wovon Menschen sich abhängig machen und wie sie sich davon befreien können.
- Du kannst Projekte präsentieren, bei denen Menschen sich verantwortungsvoll für andere einsetzen.

Darauf kannst du schon aufbauen:

- Du kannst deine eigenen Vorstellungen von Gott und die Gottesbilder anderer Menschen deuten.
- Du kannst erläutern, warum Menschen Dank, Lob, Trost und Klage mit Gott in Verbindung bringen.
- Du kannst wiedergeben, wie Menschen sich in der Bibel an Gott wenden.

Methoden, die dir auch in anderen Zusammenhängen helfen:

- ein Schreibgespräch führen
- eine digitale Präsentation erstellen

Bin ich, was ich leiste?

Wie frei ist der Mensch?

Wovon mache ich mich abhängig?

Bin ich, was ich leiste?

Albert-Einstein-Gymnasium Essen
Städtisches Gymnasium für Jungen und Mädchen
- Sekundarstufe I und II -

ZEUGNIS

für: **Klara Emilia Jürgens**   Klasse 8e   Schuljahr 2021/2022, 1. Halbjahr

Versäumte Stunden im Halbjahr:	15	davon unentschuldigt:	3

Leistungen

Religionslehre	sehr gut	Mathematik	mangelhaft
Deutsch	ausreichend	**Naturwissenschaften**	
Gesellschaftslehre		Biologie	ausreichend
Geschichte	befriedigend	Chemie	ausreichend
Erdkunde	mangelhaft	Physik	mangelhaft
Politik	befriedigend	Kunst	mangelhaft
Englisch	mangelhaft	Musik	gut
Lateinisch	———	Sport	gut
Französisch	befriedigend		

Wahlpflichtunterricht (Klassen 8 und 9)

Informatik	befriedigend

Bemerkungen: ------------------------

Teilnahme an Arbeitsgemeinschaften: ------------------------

Besondere Leistungen und besonderer Einsatz im außerunterrichtlichen Bereich:

Essen, den 31.01.2022

_____   (Siegel der   _____
Müller, Schulleiter, OStD   Schule)   Schmidt, Klassenlehrerin, StR'

Kenntnis genommen: _____   Wiederbeginn des Unterrichts:
Unterschrift eines Erziehungsberechtigten   01.02.2022, 8.00 Uhr

Samstagnachmittag, kurz nach drei Uhr. Klara packt ihre Sporttasche und will gerade das Haus verlassen, als es klingelt. Vor der Tür steht ihre Oma, die zum Kaffeetrinken kommt: „Hallo, Klara. Willst du gehen? Wie schade, da ich dich doch so selten sehe." „Ja Oma", antwortet Klara, „ich muss zum Spiel, tut mir wirklich leid." Mutter, die bereits den Kaffee gekocht hat, schaltet sich ein: „Klara, eine Viertelstunde kannst du noch bleiben, dann bist du immer noch pünktlich." Klara stellt ein wenig mürrisch ihre Sporttasche neben die Haustür und setzt sich mit an den Kaffeetisch.

„Wie geht es in der Schule, Klara?" Logisch, dass diese Frage kommen musste, denkt Klara und kaut langsam an einem Stück Kuchen. Dann erwidert sie:

„Ist schon o. k. da, aber nächste Woche schreiben wir drei Arbeiten und ich habe andauernd so viel Hausaufgaben auf. Ich weiß gar nicht, wie ich das alles schaffen soll." Jetzt holt Oma zu einer ihrer Grundsatzreden aus: „Lernst du was, dann kannst du was. Kannst du was, dann hast du was. Hast du was, dann bist du was! Schau deinen Großvater und mich an, wir haben viel gelernt und gearbeitet und es dann auch zu was gebracht." Doch Klara unterbricht sie und sagt: „Im Religionsunterricht haben wir aber gelernt, dass Leistung gar nicht entscheidend ist."

Da muss Oma erst mal gründlich überlegen …

Aufgabe

Arbeite heraus, welche Argumente Klara und welche Argumente ihre Großmutter für ihren jeweiligen Standpunkt haben.

Dazu ist es wichtig, …

- unterscheiden zu können, was „Leistung" im Verständnis der Großmutter und im religiösen Sinn jeweils bedeutet.
- herauszufinden, was Gott mit der menschlichen Leistung und mit Freiheit zu tun hat.
- zu beschreiben, wie sich Bewertungen auf das Selbstwertgefühl auswirken.

Ältere Schülerinnen und Schüler ziehen sich bei Stress häufiger zurück als jüngere

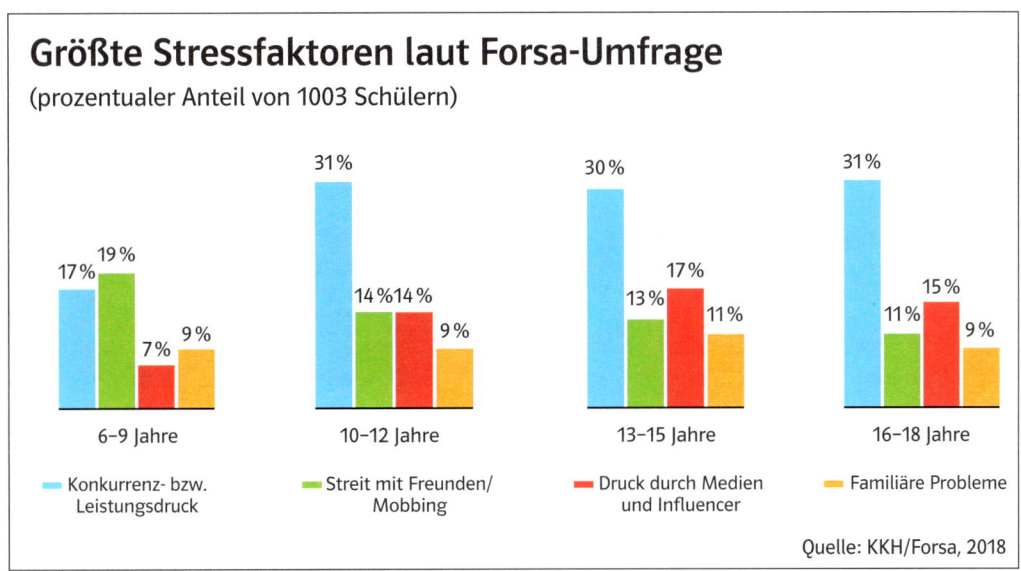

Größte Stressfaktoren laut Forsa-Umfrage
(prozentualer Anteil von 1003 Schülern)

6–9 Jahre: 17%, 19%, 7%, 9%
10–12 Jahre: 31%, 14%, 14%, 9%
13–15 Jahre: 30%, 13%, 17%, 11%
16–18 Jahre: 31%, 11%, 15%, 9%

■ Konkurrenz- bzw. Leistungsdruck
■ Streit mit Freunden/Mobbing
■ Druck durch Medien und Influencer
■ Familiäre Probleme

Quelle: KKH/Forsa, 2018

↔ Wie sieht die neue Gerechtigkeit aus?
Seite 80–81

Mit steigendem Konkurrenz- und Leistungsdruck und zunehmendem Alter der Schüler vermehren sich auch die Symptome. So klagen laut der befragten Eltern fast ein Drittel der 16- bis 18-Jährigen über Müdigkeit und Erschöpfung und jeder Vierte über stressbedingte Kopfschmerzen. Die Zehn- bis Zwölfjährigen leiden dagegen stärker unter Bauch- und
5 Magenschmerzen als die Schüler der anderen Altersklassen.
Unter Stress lässt vor allem die Konzentration nach: 28 Prozent der Eltern sagen, dass ihr Kind sehr häufig bis häufig aufgrund von Stress unkonzentriert ist. Jeder fünfte Erziehungs-berechtigte gibt an, dass es sehr häufig oder häufig vorkommt, dass sein Kind bei Stress schnell aggressiv wird. Mit deutlichem Abstand folgen als sehr häufige oder häufige Reaktio-
10 nen auf Stress Rückzug (zwölf Prozent), Traurigkeit (neun Prozent) und Angst (acht Prozent). 13- bis 18-Jährige kapseln sich bei Stress tendenziell häufiger ab als Sechs- bis Zwölfjährige.

Aufgaben

1 Erstelle eine Mindmap zum Thema „Leistungsdruck". Setze dich dazu auch mit den Erfahrungen deiner Mitschülerinnen und Mitschüler auseinander.

2 Werte die Ergebnisse der Forsa-Umfrage in den verschiedenen Altersgruppen aus. Beziehe die Erläuterungen zur Studie mit ein.

3 Vergleiche die Ergebnisse der Studie mit deinen Erfahrungen mit „Druck".

4 Stellt Regeln auf, die euch helfen können, besser mit Leistungsdruck umzugehen.

→ eine Mindmap erstellen:
Seite 175

Wovon mache ich mich abhängig?

Wir können alles sein

Die einen wollen,
dass wir etwas werden,
die anderen wollen,
dass wir etwas bleiben.
5   Doch was wollen wir?
Was wollen wir sein?

(Refrain:)
Auch wenn Dinge sich verändern,
die Welt an sich bleibt immer gleich.
Daher müssen wir nichts werden,
10   *wir können jetzt schon alles sein.*

Julia Engelmann bei einem Auftritt

Wenn sie nicht an uns glauben
Und wenn sie uns unterschätzen,
dann nur, weil sie in uns sehen,
was sie von sich selbst kennen.
15   Wir lassen uns nicht stoppen,
wenn sie wollen, sollen sie reden,
wir schauen auf uns selbst,
um entschlossen weiterzugehen.

↔ Wonach
sehne ich mich?
Seite 18–19

(Refrain:)
Auch wenn Dinge sich verändern,
20   *die Welt an sich bleibt immer gleich.*
Daher müssen wir nichts werden,
wir können jetzt schon alles sein.

Woher wir kommen, ist nicht wichtig,
wichtig ist, wohin wir gehen.
25   Wir müssen nichts verstecken,
wenn wir zu uns selber stehen.

(Refrain:)
Auch wenn Dinge sich verändern,
die Welt an sich bleibt immer gleich.
Daher müssen wir nichts werden,
30   *wir können jetzt schon alles sein.*

Wir können uns für uns entscheiden,
alles wird wahr, wonach wir greifen.
Hier ist, was der Himmel weiß:
Wir können jetzt schon alles sein.
35   Die Schnittmenge von dem,
was wir gerne sein wollen,
und dem, was wir gerne sind,
ist hundert und nicht eins.
Wir haben alle Zeit,
40   *denn wir können alles sein.*

Glücklich, zum Beispiel,
oder gut genug und frei,
laut, bunt, schön und federleicht,
simpel, witzig, wahr und leise,
45   open-minded, hilfsbereit,
spontan und immer mit dabei,
entspannt, mit allem eins
oder zusammen und dann zwei.

Und wir können alles sein.

Julia Engelmann, Poetry-Slammerin

Moment mal!

Können wir wirklich alles sein?

Ein cooles Outfit ist mir schon wichtig. Leute beurteilen dich doch nach deiner Kleidung. Wenn ich neue Markenkleidung trage, fühle ich mich besser und bin selbstbewusster.

Also, so vier bis fünf Stunden sitze ich schon jeden Tag am PC, am Wochenende auch länger. So habe ich viel mehr Kontakt zu meinen Freunden, weil wir gemeinsam stundenlang spielen können.

Ohne mein Smartphone geht gar nichts. Als ich mit meinen Eltern kürzlich in so einem kleinen Hotel auf dem Land war, gab es keinen Empfang. Ich bin fast ausgerastet. Wie kann man da nur hinfahren?

Auf der Geburtstagsfeier meines älteren Bruders wurde ziemlich viel Alkohol getrunken. Meine Eltern wollten es erst verbieten, aber er hat gesagt, dass sonst keiner kommt und er der Loser sei. Also haben sie es doch erlaubt.

Moment mal!

Wie wichtig ist es, bei anderen gut anzukommen?

Meine Mutter sagt, dass ich mich viel zu abhängig vom Urteil meiner Freundinnen mache. Ich würde anscheinend nichts alleine entscheiden können, zum Beispiel, was ich auf einer Feier anziehe, was ich in der Schule essen oder welche Hobbys ich ausüben will.

Aufgaben

1 Fasse die Botschaft des Poetry-Slams von Julia Engelmann in eigenen Worten zusammen.

2 „Wir können alles sein, zum Beispiel (…) frei", heißt es im Slam-Text. Verfasse eine eigene Fortsetzung der Strophe, in der du das „Freisein" beschreibst.

3 Setze dich ausgehend von den Aussagen der Jugendlichen oben mit der Frage auseinander, wie Abhängigkeit entstehen kann.

4 Der Schriftsteller Fjodor Dostojewski soll gesagt haben: „Einen Menschen lieben heißt, ihn so zu sehen, wie Gott ihn gemeint hat." Erkläre, was das mit dem Thema dieser Doppelseite zu tun hat.

→ einen Text analysieren: Seite 98

Was ist Freiheit eigentlich?

Freiheit – philosophisch gesehen

Oft denken wir, Freiheit bedeute, dass wir alles tun können, was wir wollen – ohne Grenzen und ohne Verpflichtungen. Doch dazu müsste man ein Gott sein, der fähig ist, alles zu beherrschen. Aber das gesellschaftliche Leben zwingt uns dazu, Regeln zu befolgen. Und auch die Natur unterwirft uns ihrem Gesetz. Niemand hat es sich ausgesucht, als Junge oder als Mädchen auf die Welt zu kommen. Jedermann muss essen, trinken, schlafen, um zu überleben. Alles, was existiert, ist nur frei im Rahmen der Beschränkungen, die ihm auferlegt sind. Die Freiheit von uns Menschen ist sehr groß, denn wir sind in der Lage, eine Wahl zu treffen und Verantwortung zu übernehmen. Und genau das macht es kompliziert: Gerade weil wir diese ungeheure Freiheit haben, zögern wir, die richtige Entscheidung zu treffen. Die anderen verspotten uns, wenn wir uns irren. Wir müssen nachdenken. Wir fühlen uns schuldig, wenn wir irgendetwas tun, was nicht gut ist. Aber es ist eben dieses Bewusstsein, dieses Gewissen, dass uns wirklich Großes leisten lässt. Es unterscheidet uns von den Tieren und macht uns erst wahrhaft zu Menschen.

Oscar Brenifier, Philosoph und Autor

←→ Was trägt Digitalisierung zu Gerechtigkeit und Frieden bei? Seite 146–147

Freiheit – theologisch gesehen

Freiheit wird heute oft als völlige Unabhängigkeit von allen äußeren Zwängen verstanden. Ich kann handeln, wie ich will. Eine solche Freiheit nutzt vielleicht kurzzeitig, ist aber das Ende jeder Gemeinschaft und bringt mich selbst in neue Abhängigkeiten.

Freiheit bedeutet nicht nur, frei zu sein von äußeren Zwängen, sondern wirft auch die Frage
5 auf, wofür ich diese Freiheit nutzen will.

In der Bibel steht die Freiheit des Menschen immer direkt neben der Abhängigkeit von Gott. Und diese Freiheit bewährt sich im Umgang mit anderen Menschen. Freiheit ist ein Prozess, in dem das Leben mit anderen gelingt.

Mit zwei berühmten Sätzen hat Martin Luther diese Abhängigkeit der Freiheit beschrieben.
10 „Ein Christenmensch ist ein freier Herr über alle Dinge und niemandem untertan. Ein Christenmensch ist ein dienstbarer Knecht aller Dinge und jedermann untertan." Die Freiheit ist für Luther eine Freiheit, die Christus dem Menschen schenkt, aber es ist eine Freiheit, die nicht nur innerlich wirkt, sondern Auswirkungen in die Weltbezüge und das Handeln des Menschen hat. Erst in der Gemeinschaft mit anderen realisiert sich christliche Gemeinschaft.
15 Freiheit ist kein Ergebnis menschlicher Anstrengung, sondern eine Gabe Gottes. Aber gerade weil ich mir selbst die Freiheit nicht schenken kann, ist sie verbunden mit einer Verantwortung. Wer sich selbst als freier Mensch erlebt, der von Gott die Freiheit geschenkt bekommen hat, trägt Verantwortung für die Freiheit seines Nächsten.

Thies Gundlach, Theologe, und Ralf Meister, Landesbischof der Evangelisch-lutherischen Landeskirche Hannovers

↔ Wie viel Freiheit lässt man mir?
Seite 60–61

↔ Gibt die Bibel heute noch Orientierung?
Seite 98–99

↔ Was lehrte die Kirche im Spätmittelalter?
Seite 158–159

↔ Zeichen und Symbole:
Seite 15

Aufgaben

1 Interpretiere die Karikatur. Nenne Beispiele, wofür der bunte Vogel ein Zeichen sein könnte.

2 Formuliere, was „Freiheit" für dich bedeutet.

3 Teilt euch auf: Fasst die Aussagen des Textes von Brenifier und die des Textes von Gundlach und Meister jeweils zusammen. Nutzt dazu die oben angefangene Mindmap.

4 Vergleiche die philosophische und die theologische Sichtweise von Freiheit.

P 5 Verfasse mithilfe der beiden Texte einen Artikel für ein Kinderlexikon zum Begriff „Freiheit".

→ eine Karikatur interpretieren:
Seite 174

→ einen Text analysieren:
Seite 98

Wie frei ist der Mensch?

„uns": Gott wendet sich hier an die himmlische Ratsversammlung.

„Ebenbild" meint: Gottes Stellvertreter auf Erden.

²⁶Und Gott sprach: „Lasst uns Menschen machen! Unser Ebenbild, uns gleich sollen sie sein! Herrschen sollen sie über die Fische im Meer und über die Vögel in der Luft! Sie sollen Macht haben über das Vieh und über die ganze Erde. Und sie sollen über alles gebieten, was sich am Boden bewegt."
²⁷Und Gott schuf den Menschen nach seinem Bild. Als Gottes Ebenbild schuf er sie. Er schuf sie als Mann und Frau. ²⁸Gott segnete sie und sprach zu ihnen: „Seid fruchtbar und vermehrt euch! Bevölkert die Erde und nehmt sie in Besitz! Herrscht über die Tiere im Meer und in der Luft! Bestimmt über das Vieh und alles Getier am Boden!"

(Gen 1,26–28)

↗ HERR:
Seite 182–183

↔ Baum der Erkenntnis:
Seite 54

↔ Schöpfung des Menschen:
Seite 52–53

¹⁵Gott, der HERR, brachte also den Menschen in den Garten Eden. Er übertrug ihm die Aufgabe, den Garten zu pflegen und zu bewahren. ¹⁶Weiter sagte er zu ihm: „Du darfst von allen Bäumen des Gartens essen, ¹⁷nur nicht vom Baum der Erkenntnis."

(Gen 2,15–17a)

Moment mal!

Warum gibt es eigentlich zwei Schöpfungserzählungen?

Methode: ein Schreibgespräch führen

In einem „Schreibgespräch" unterhält man sich schreibend (und schweigend!) über einen Sachverhalt, eine These oder ein Bild. In kleinen Gruppen vertieft man sich auf diese Weise intensiv in ein Thema. Hintergrundmusik kann helfen, während der Durchführung des Schreibgesprächs konsequent zu schweigen. Auch digital ist die Durchführung möglich.

So könnt ihr vorgehen:
1 Bildet Vierer- oder Fünfer-Gruppen und stellt die Tische zu Gruppentischen zusammen.
2 Jede Gruppe erhält ein großes Stück Papier (DIN A2), jede Schülerin und jeder Schüler nimmt einen andersfarbigen Stift.
3 Schreibt bei absolutem Schweigen zunächst eigene Gedanken, Gefühle, Fragen und Vermutungen zum Thema auf (5–10 Minuten).
4 Lest dann die Notizen der anderen Gruppenmitglieder und kommentiert, ergänzt oder kritisiert sie schriftlich. Wichtig ist dabei, dass niemand spricht (10–20 Minuten).
5 Diskutiert im Anschluss an die Schreibphase in der Gruppe über das Ergebnis und seine Entstehung. Die Farben helfen euch, das Schreibgespräch zu rekonstruieren.
6 Stellt das Ergebnis der einzelnen Gruppen-„Gespräche" zusammengefasst im Plenum vor.

Der Apostel Paulus beschreibt, was er als „Sünde" erlebt:

¹⁸ᵇDer Wille zum Guten ist bei mir zwar durchaus vorhanden, aber nicht die Fähigkeit dazu. ¹⁹Ich tue nicht das, was ich eigentlich will – das Gute. Sondern das Böse, das ich nicht will – das tue ich. [...] ²³ᵇUnd dieses Gesetz macht mich zu seinem Gefangenen.

(Röm 7,18b.19.23b)

↗ Apostel:
Seite 179

Sünde:
Seite 189

Taubenjagd

Das jährliche Taubenschießen in Waymer (USA) ist ein Fest. Angeschossenen Tauben wird der Hals umgedreht. Auch der junge Palmer soll „Halsumdreher" werden. Was keiner weiß: Er selbst besitzt eine Taube. Eines Tages aber landet diese vor den Augen seiner Jungenbande auf seinem Kopf ...

Er spürte ihre Blicke. Sein Herz hämmerte.
„Der Vogel gehört dir." Bohnes Stimme von hinten. Palmer drehte sich um. Drei Meter hinter ihm waren sie stehengeblieben. Es fühlte sich an wie zehn Kilometer.
5 Palmer breitete die Arme aus und ging leicht in die Hocke, als wollte er von einem Sprungbrett springen. „Was?"
Töle zeigte auf ihn. „Die gehört dir, stimmt's? Darum ist sie auf deinem Kopf gelandet."
„Und es war die, die damals in deiner Straße über uns weg-
10 geflogen ist", sagte Bohne.
„Genau!", krächzte Töle.

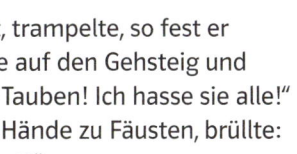

Palmer lachte auf. „Ihr spinnt! Warum sollte ich eine Taube haben? Ich hasse Tauben.
Ich werde Halsumdreher. Ja, ich drehe ihnen die Hälse um.
15 Ich mach sie zu Matsch."
Im Gully lag eine leere Getränkedose. Er trat darauf, mit aller Kraft, trampelte, so fest er konnte, zerquetschte sie, stampfte sie flach. Er hob sie auf, warf sie auf den Gehsteig und trampelte weiter darauf herum. „Zu Matsch! Zu Matsch! Ich hasse Tauben! Ich hasse sie alle!"
Sein Blick suchte die starrenden, brennenden Augen. Er ballte die Hände zu Fäusten, brüllte:
20 „Ich werde der beste Halsumdreher sein, den es jemals gegeben hat!"

Jerry Spinelli, Autor

Aufgaben

1 Vergleiche die beiden Schöpfungserzählungen am Beginn der Bibel (Gen 1,1–2,4a und Gen 2,4b–25) und fasse die Gemeinsamkeiten und Unterschiede in einer Tabelle zusammen.

→ eine Bibelstelle finden:
Seite 171

2 Führt mithilfe der Ausschnitte aus Gen 1 und 2 ein Schreibgespräch zu folgender These durch: „Gott hat den Menschen als freies Wesen geschaffen."

3 Begründe, warum Paulus sich als „gefangen" bezeichnet.

4 Stelle dir vor, Palmer könnte ganz frei reagieren. Gestalte ein neues Ende ab Zeile 11: „Palmer lachte auf ... ."

5 Setze dich mit Beispielen auseinander, in denen du selbst „das Böse" tust, obwohl du „den Willen zum Guten" hast. Erläutere, was frei machen kann, richtig zu handeln.

Paulus – ein freier Mensch?

↔ Welche Arten von Texten gibt es in der Bibel?
Seite 92–93

Saulus war der jüdische, Paulus der römische Name.

Die Apostelgeschichte ist die Fortsetzung des Lukasevangeliums. Lukas hat sie viele Jahre nach dem Tod des Apostels Paulus geschrieben. Er erzählt:

³Auf dem Weg nach Damaskus, kurz vor der Stadt, umstrahlte ihn plötzlich ein Licht vom Himmel. ⁴Er stürzte zu Boden und hörte eine Stimme, die zu ihm sagte: „Saul, Saul, warum verfolgst du mich?" ⁵Er fragte: „Wer bist du, Herr?" Die Stimme antwortete: „Ich bin Jesus, den du verfolgst. ⁶Doch jetzt steh auf und geh in die Stadt. Dort wirst du erfahren, was du tun sollst." ⁷Den Männern, die Saulus begleiteten, verschlug es die Sprache. Sie hörten zwar die Stimme, doch sie sahen niemand. ⁸Saulus erhob sich vom Boden. Er öffnete die Augen, aber er konnte nichts sehen. Seine Begleiter nahmen ihn an der Hand und führten ihn nach Damaskus. ⁹Drei Tage lang war Saulus blind. Er aß nichts und trank nichts.

(Apg 9,3–9)

Info: Wer war Paulus?

↗ Pharisäer:
Seite 186

↗ Apostel:
Seite 179

- Paulus wird als Jude geboren – wohl in Tarsus (Kilikien) um die Zeitenwende.
- Er ist zunächst strenger Pharisäer und ein scharfer Christenverfolger.
- Um 32 n.Chr. hat er auf dem Weg nach Damaskus eine Christus-Erscheinung. Er lässt sich in Damaskus taufen, setzt sich fortan für die Verbreitung des christlichen Glaubens ein und betitelt sich selbst als „Apostel".
- Ein wichtiges Thema seiner Verkündigung ist die sogenannte Rechtfertigung: Allein durch seinen Glauben an Jesus Christus ist der Mensch Gott recht. Der Mensch braucht und kann nichts weiter dafür tun.
- Seine „Basis" ist in Antiochia, von wo aus er zwischen etwa 35–57 n.Chr. mehrere ausgedehnte Missionsreisen in das östliche Mittelmeergebiet unternimmt.

↔ Abkürzungs-verzeichnis bibli-scher Bücher:
Seite 170

- Er gründet zahlreiche Gemeinden (unter anderem in Galatien und Korinth) und steht mit ihnen in brieflichem Kontakt. Sieben seiner Briefe sind Bestandteil des Neuen Testaments (1 Thess, 1 Kor, 2 Kor, Gal, Phil, Phlm, Röm).
- Er wird von Beamten des römischen Staates verhaftet und wohl unter Kaiser Nero um 60 n.Chr. in Rom hingerichtet.

Um das Jahr 32 n.Chr. hat Paulus tatsächlich eine Lebenswende erlebt. In einem Brief an die Galater hat er davon etwa 20 Jahre später so berichtet:

¹¹Brüder und Schwestern, das müsst ihr einsehen: Die Gute Nachricht, die ich verkündet habe, stammt nicht von Menschen. ¹²Denn ich habe sie nicht von einem Menschen empfangen. Ich wurde auch nicht von einem Menschen darin unterrichtet. Nein, Jesus Christus selbst hat sie mir offenbart. ¹³Ihr habt doch gehört, wie konsequent ich früher meinen jüdischen Glauben gelebt habe. Mit aller Kraft habe ich die Gemeinde Gottes verfolgt und wollte sie vernichten. ¹⁴Ich übertraf viele Gleichaltrige in meinem Volk darin, den jüdischen Glauben zu leben. Denn ich setzte mich mit aller Leidenschaft für das ein, was von meinen Vorfahren überliefert wurde. ¹⁵Aber: Gott hatte mich schon im Mutterleib ausgewählt und in seiner Gnade berufen. Er hatte beschlossen, ¹⁶mir seinen Sohn zu offenbaren. Bei allen Völkern sollte ich ihn bekannt machen.

↗ Gnade:
Seite 182

(Gal 1,11–16)

Caravaggio, Die Bekehrung des Paulus (1601)

Aufgaben

1 Verfasse mit einer Mitschülerin oder einem Mitschüler ein Gespräch zwischen zwei jüdischen Bürgern von Damaskus, die Paulus noch aus der Zeit vor seiner Lebenswende kannten.

2 Beschreibe das Kunstwerk von Caravaggio.

3 Vergleiche Caravaggios Darstellung mit Apg 9,1–19.

4 Vergleiche die Darstellung, die später in der Apostelgeschichte aufgeschrieben wurde, mit dem Bericht von Paulus selbst in seinem Brief an die Gemeinde in Galatien.

→ ein Bild analysieren: Seite 159

→ eine Bibelstelle finden: Seite 171

39

Was heißt „Der Glaube macht mich frei"?

↗ Rechtfertigung:
Seite 187

↔ Was trägt
Digitalisierung
zu Gerechtigkeit
und Frieden bei?
Seite 146–147

↔ Was lehrte
die Kirche im
Spätmittelalter?
Seite 158

Was Rechtfertigung heute bedeutet

Wir kennen das von Klein auf. Mir ist etwas aufgetragen worden. Ich habe es zu tun ver-
säumt, muss um Entschuldigung bitten und schäme mich. Weil ich das fürchte, suche ich
nach entlastenden Gründen für meinen Fehler, um mich zu rechtfertigen. Gelingt das nicht,
stehe ich dumm da. Dass wir uns mit unserem ganzen Leben vor dem Richterstuhl Gottes zu
5   verantworten haben, verdrängen wir. Mein eigenes Herz klagt mich an. Selbstvorwürfe schlagen mir auf den Magen. Manchmal spüre ich, dass ich mich nicht nur gegenüber einem
Menschen, sondern überhaupt falsch verhalten habe. Dieses „Überhaupt" ist unsere Weise,
vor dem Richterstuhl Gottes zu stehen. Was gibt uns den sicheren Stand?
Martin Luther schaut die Bibel durch und findet es überall: Im Römerbrief, Kapitel 3,21f – frei
10   übertragen – z.B.: „Ich bin der Überzeugung, dass der Mensch vor Gott nicht deshalb gerecht
ist, weil er gute Taten vollbracht hat, sondern ausschließlich deshalb, weil er auf Christus
vertraut."
Wenn wir heute Luther so lesen, schleicht sich die Frage ein: Spricht er von Gott und Christus
nicht viel selbstverständlicher als wir? Wir sind durch die wissenschaftlichen Entdeckungen
15   und den technischen Erfindungsgeist bestimmt. Allein die unglaublichen Fortschritte im Bereich der Medizin. Dass der Tod so vieler Menschen Jahrzehnte hinausgeschoben werden
kann! Brauche ich heute nicht allein das Vertrauen in den Arzt und eine gute Klinik? Tritt der
Mensch an die Stelle Gottes? Das wäre Größenwahn.
Wir reden im Anschluss an Martin Luther anders über den Menschen. Er wird verwandelt
20   durch das Wort Gottes. Wer durch das Wort der Liebe eines Menschen wirklich berührt wird,
der erfährt sich wie neu geboren und reißt Bäume aus, wo er sonst verzagt. Als eine Liebes-
erklärung kann uns das rechtfertigende Wort treffen: „Christus ist für dich gestorben, er
sucht dich auf in deiner Finsternis. Verlass dich darauf. In ihm steht Gott zu dir, ja, zu dir, du
Verzweifelnder!"
25   Luther schreibt: „Es ist (mit der Rechtfertigung) wie mit einem Kranken, der dem Arzt, der
ihm aufs Gewisseste die Gesundheit verspricht, Glauben schenkt und in der Hoffnung auf die
versprochene Genesung seinem Gebote gehorcht … Ist der Kranke nun etwa gesund? Nein,
er ist zugleich krank und gesund. Krank in Wirklichkeit, gesund aber kraft der gewissen Zusage des Arztes, dem er glaubt."
30   Aber fragen wir noch einmal, wird er denn gar nicht innerlich verändert? Natürlich wird er
verändert! Wenn ihn das befreiende Wort ergreift, dann wird es hell um ihn.

↗ Gebot:
Seite 181

Horst Hirschler, Theologe

↗ Reformation:
Seite 187

Plakat zu einer
Ausstellung zum
Reformations-
jubiläum 2017

Auf welche Weise fühlen Sie sich evangelisch? Diese Frage wurde Menschen aus Gesellschaft, Wirtschaft und Politik gestellt. Katrin Göring-Eckardt ist Politikerin und in der DDR aufgewachsen. Die Botschaft der Reformation mit ihrem Freiheitsgedanken hat ihr Leben geprägt und ist für sie hochaktuell. Ihre Antwort lautete knapp „Evangelisch sein – das ist Freiheit":

↗ evangelisch: Seite 181

Katrin Göring-Eckardt

Nein, nicht die Freiheit, 200 km/h zu fahren auf der Autobahn und auch nicht die Freiheit, auf Kosten anderer zu leben. Es ist die Freiheit, zu wissen, dass niemand und nichts auf dieser Welt uns zu sagen hat, wie wir zu leben, zu lieben, zu glauben hätten. Es ist die Freiheit der Christenmenschin, die eben Herrin über alle Dinge ist, wie sie auch Dienerin in allem ist.
5 So ähnlich hat es Luther formuliert. Und so hat es mein Leben von der Taufe an begleitet. Phil 4,4 „Freuet euch in dem Herrn allewege und abermals sage ich euch: Freuet euch! Eure Milde lasset kund sein allen Menschen und sorget nichts! Der Herr ist nahe!", so hat es mir der Pfarrer in der Sakristei des Augustinerklosters in Gotha zugesprochen. In einem Land, das die Religion ausmerzen wollte und dennoch die Kirchen duldete, in einem Land, in dem
10 die Treue zum Regime über allem stand. Wie gut war es da, zu wissen: Ich bin frei. Denn da ist einer, der hat die wahre Macht, nicht der Staat, nicht der Lehrer.
Da ist einer, der hat sie wirklich, und mit ihm lassen sich Berge versetzen. Und so gibt es kaum etwas Schöneres, Beglückenderes, als zu wissen und zu erleben: Es geht wirklich, die Mauern lassen sich einreißen. Das System ist zu stürzen und die scheinbar Mächtigen sind es
15 nicht, ohne Diktatur. Wie gut ist es, in den Zeiten der Angst und Unsicherheit zu wissen: Da ist Freiheit und: Der Herr ist nahe. Und es war gut zu wissen und zu spüren: Das gab es schon einmal. Reformation: Eine Freiheitsgeschichte, die vor 2000 Jahren begann und längst nicht zu Ende ist. So ist es geblieben: Frei sein, zu wissen, dass nicht der nächste Termin oder der nächste Karriereschritt oder die nächste Optimierung das Wichtigste sind. Das Wichtigste ist:
20 Gott ist nahe. Das Wichtigste ist: Gott ist Trost. Und das ist wunderbar. Ich bin evangelisch und so bin ich frei.

Katrin Göring-Eckardt, Politikerin und Mitglied der Synode der EKD

Moment mal!

Ist Freiheit typisch evangelisch?

Aufgaben

1 Gliedere den Text auf der linken Seite in vier bis fünf Abschnitte und formuliere für jeden Absatz eine Überschrift.

2 „Reformation für Jugendliche" ist das Ziel der Ausstellung auf Seite 40. Gestalte Sprechblasen mit kurzen Luther-Aussagen aus dem Text und dazu passende Sprechblasen heutiger Jugendlicher (Luther in heutiger Sprache, Fragen aus heutiger Sicht …).

3 Erkläre, inwiefern der Glaube Katrin Göring-Eckardt befreit hat und immer noch befreit.

4 Nimm Stellung zu Göring-Eckardts Äußerung „Reformation: Eine Freiheitsgeschichte, die vor 2000 Jahren begann und längst nicht zu Ende ist." (Zeile 17–18). Beziehe ein, inwieweit Katholikinnen und Katholiken eine solche Sicht teilen können.

↗ Nächstenliebe:
Seite 185

Was hat Rechtfertigung mit Nächstenliebe zu tun?

↗ Doppelgebot
der Liebe:
Seite 180

↗ Gebot:
Seite 181

Brandopfer:
Als Gabe für Gott
wurde ein Tier
verbrannt.

↔ Wo ist das
Himmelreich?
Seite 78–79

Das „Doppelgebot der Liebe"

[28]Ein Schriftgelehrter war dazugekommen und hatte die Auseinandersetzung mit angehört. Als er merkte, wie treffend Jesus den Sadduzäern geantwortet hatte, fragte er ihn: „Welches Gebot ist das wichtigste von allen?"

[29]Jesus antwortete: „Das wichtigste Gebot ist dieses: ‚Höre, Israel! Der Herr ist unser Gott, der Herr allein. [30]Und du sollst den Herrn, deinen Gott, lieben mit deinem ganzen Herzen, mit deiner ganzen Seele, mit deinem ganzen Willen und mit deiner ganzen Kraft.'

[31]Das zweite ist: ‚Liebe deinen Mitmenschen wie dich selbst.' Kein anderes Gebot ist wichtiger als diese beiden."

[32]Da antwortete ihm der Schriftgelehrte: „Ja, Lehrer, du sagst die Wahrheit: ‚Einer ist Gott, und es gibt keinen anderen Gott außer ihm. [33]Ihn zu lieben mit ganzem Herzen, mit ganzem Verstand und mit ganzer Kraft und seinen Mitmenschen zu lieben wie sich selbst', das ist viel wichtiger als alle Brandopfer und anderen Opfer."

[34]Als Jesus merkte, mit wie viel Einsicht der Schriftgelehrte geantwortet hatte, sagte er zu ihm: „Du bist nicht weit weg vom Reich Gottes."

(Mk 12,28–34)

Moment mal!

Soll ich mich wirklich selbst lieben?

Methode: eine digitale Präsentation erstellen

Unter einer digitalen Präsentation versteht man die Unterstützung eines gesprochenen Referates mithilfe von Folien, die mit einem Computerprogramm (zum Beispiel „PowerPoint" oder „Prezi") hergestellt werden.

So kannst du vorgehen:
1 Prüfe, welche Software geeignet ist, und probiere die Technik aus.
2 Lege fest, wie umfangreich die Präsentation sein soll (Beispiel: Zehn Folien bei je einer Minute Präsentationszeit ergeben ein Referat von zehn Minuten Dauer).
3 Erarbeite die Inhalte des Referates und entscheide, welche zentralen Informationen und Bilder präsentiert werden sollen.
4 Beschrifte die einzelnen Folien nach dem Motto „Weniger ist mehr!".
5 Lege das Layout fest, vor allem Schriftgröße und Schriftart, Farbe der Folien und Kopfzeile sowie die Art der Überblendung. Bedenke dabei, dass die einzelnen Folien nur für kurze Zeit zu sehen sind, also sofort und einfach lesbar sein müssen.

Im Jugendroman „Buddha-Boy" geht es um Mitgefühl: Bei einem Projekt im Fach Sozialkunde haben sich Emily, deren Spitzname Woody ist, und San Lee, der Ich-Erzähler, für die Arbeit in einer Suppenküche entschieden. Emily hat diese bereits jeden Monat mit einer Spende unterstützt.

Und dann war es Zeit für Mitgefühl. Wir kamen an ein altes, heruntergekommenes Gebäude, vor dem etwa fünfundzwanzig Leute standen und warteten. In der Kälte und im Matsch. Einige sahen aus, wie ich es von Menschen erwartet hatte, die sich wegen einer Mahlzeit in einer Suppenküche anstellten: schmutzig, abgemagert, alt, mit Einkaufswagen voller Decken
5 und Schrott. Aber andere wirkten wie ganz normale Leute, die irgendwo arbeiteten. Und auch zwei Mütter standen da, mit kleinen Kindern. Ich hätte nie geglaubt, dass auch kleine Kinder im Schnee für eine Mahlzeit anstehen müssen, nicht im 21. Jahrhundert in Amerika. Was dachten sie wohl, wenn sie die anderen Fußgänger sahen, die einen großen Bogen machten, um ja nicht mit der Schlange in Berührung zu kommen? Als ob Armsein ansteckend
10 wäre. Woody zog mich von dem Spektakel weg, um die Ecke des Gebäudes herum zu einem Seiteneingang. Kaum waren wir im Haus, als eine ältere Frau an Woody heranhuschte. „Emily, Liebes, wie schön, dich zu sehen! Und du hast einen Freund dabei! Bringst du uns deine Spende für diesen Monat?" „Nein, Schwester Mary Clare. Ich bin mit meinem Freund San Lee gekommen. Wir wollen bei der Essenausgabe helfen. Ähm … für ein Schulprojekt. Geht das?"
15 Schwester Mary Clare musterte mich von Kopf bis Fuß. „Na kleidungsmäßig ist er ja nicht gerade tipptopp, aber unser Herr und Heiland war das auch nicht. Kannst du Geschirr spülen, Stanley?" „Ich heiße San Lee." „Richtig, Stanley, das hab ich gesagt." „Nein, ich … Ich frage mich … ähm … Bitte, nehmen Sie es mir nicht übel, aber helfen hier nicht auch ein paar … äh … jüngere Leute aus?" Schwester Mary Clare beantwortete die Frage: „Also, Stanley, viel
20 zu viele Jugendliche scheinen zu beschäftigt zu sein, um an andere Menschen zu denken. Im Gegensatz zu deiner Freundin Emily hier. Als sie letztes Jahr mit ihrer ersten Spende zu mir kam, dachte ich: ‚Das wird nicht noch einmal passieren. Sie ist bestimmt nur eins der reichen Mädchen, die sich gut fühlen wollen.' Aber dann tauchte sie im folgenden Monat wieder auf, und im Monat danach und immer wieder – dreizehn Monate lang bis jetzt. Unsere Emily ist
25 was Besonderes."

Jordan Sonnenblick, Autor

↔ War Jesus ein Seelsorger?
Seite 76–77

Aufgaben

1 Stelle dar, worauf Jesus sich in seiner ersten Reaktion bezieht und woher die beiden „Gebote" stammen, die er zitiert.

2 Vergleiche die Ansicht Jesu zum wichtigsten Gebot mit dem, was du bisher über Paulus und die Rechtfertigung des Menschen erfahren hast.

3 Für Jesus waren Brandopfer ein Alltagsthema. Formuliere die Antwort des Schriftgelehrten neu. Ersetze die Worte „Brandopfer/Opfer" durch Begriffe oder Zusammenhänge aus unserem Alltag.

4 Erkläre die Aussage von Mary Clare, dass viele Jugendliche zu beschäftigt seien, um zu helfen. Nimm Stellung zu ihrem Standpunkt.

5 Recherchiert, welche christlichen Hilfsorganisationen es gibt. Erstellt digitale Präsentationen zu Organisationen, für die ihr euch engagieren würdet. Geht dabei auf folgende Punkte ein: Ursprünge und Geschichte, Leitbild, Hilfsangebote, Helferinnen und Helfer, nächste Anlaufstelle in eurer Region.

→ eine Internetrecherche durchführen:
Seite 173

Was ist, wenn ich Fehler mache?

Pompeo Batoni, Die Heimkehr des verlorenen Sohnes (1773)

[11]Dann sagte Jesus: „Ein Mann hatte zwei Söhne. [12]Der jüngere sagte zum Vater: ‚Vater, gib mir den Teil der Erbschaft, der mir zusteht.‘ Da teilte der Vater seinen Besitz unter den Söhnen auf. [13]Ein paar Tage später machte der jüngere Sohn seinen Anteil zu Geld und wanderte in ein fernes Land aus. Dort verschleuderte er sein ganzes Vermögen durch ein verschwenderisches Leben. [14]Als er alles ausgegeben hatte, brach in dem Land eine große Hungersnot aus. Auch er begann zu hungern. [15]Da bat er einen der Bürger des Landes um Hilfe. Der schickte ihn aufs Feld zum Schweinehüten. [16]Er wollte seinen Hunger mit den Futterschoten stillen, die die Schweine fraßen. Aber er bekam nichts davon.

¹⁷Da ging der Sohn in sich und dachte: ,Wie viele Arbeiter hat mein Vater und sie alle haben reichlich Brot zu essen. Aber ich komme hier vor Hunger um. ¹⁸Ich will zu meinem Vater gehen und zu ihm sagen: Vater, ich habe Schuld auf mich geladen – vor Gott und vor dir. ¹⁹Ich bin es nicht mehr wert, dein Sohn genannt zu werden. Nimm mich als Arbeiter in deinen Dienst.' ²⁰So machte er sich auf den Weg zu seinem Vater. Sein Vater sah ihn schon von Weitem kommen und hatte Mitleid mit ihm. Er lief seinem Sohn entgegen, fiel ihm um den Hals und küsste ihn. ²¹Aber sein Sohn sagte zu ihm: ,Vater, ich habe Schuld auf mich geladen – vor Gott und vor dir. Ich bin es nicht mehr wert, dein Sohn genannt zu werden.' ²²Doch der Vater befahl seinen Dienern: ,Holt schnell das schönste Gewand aus dem Haus und zieht es ihm an. Steckt ihm einen Ring an den Finger und bringt ihm Sandalen für die Füße. ²³Dann holt das gemästete Kalb her und schlachtet es: Wir wollen essen und feiern! ²⁴Denn mein Sohn hier war tot und ist wieder lebendig. Er war verloren und ist wiedergefunden.' Und sie begannen zu feiern. ²⁵Der ältere Sohn war noch auf dem Feld. Als er zurückkam und sich dem Haus näherte, hörte er Musik und Tanz. ²⁶Er rief einen der Diener zu sich und fragte: ,Was ist denn da los?' ²⁷Der antwortete ihm: ,Dein Bruder ist zurückgekommen! Und dein Vater hat das gemästete Kalb schlachten lassen, weil er ihn gesund wiederhat.' ²⁸Da wurde der ältere Sohn zornig. Er wollte nicht ins Haus gehen. Doch sein Vater kam zu ihm heraus und redete ihm gut zu. ²⁹Aber er sagte zu seinem Vater: ,Sieh doch: So viele Jahre arbeite ich jetzt schon für dich! Nie war ich dir ungehorsam. Aber mir hast du noch nicht einmal einen Ziegenbock geschenkt, damit ich mit meinen Freunden feiern konnte. ³⁰Aber der da, dein Sohn, hat dein Vermögen mit Huren vergeudet. Jetzt kommt er nach Hause, und du lässt gleich das gemästete Kalb für ihn schlachten.' ³¹Da sagte der Vater zu ihm: ,Mein lieber Junge, du bist immer bei mir. Und alles, was mir gehört, gehört auch dir. ³²Aber jetzt mussten wir doch feiern und uns freuen: Denn dein Bruder hier war tot und ist wieder lebendig. Er war verloren und ist wiedergefunden.'"

(Lk 15,11–32)

↗ Schuld und Vergebung:
Seite 188

SP

Info: Gleichnis

Die Gleichnisse im Neuen Testament sind Erzählungen Jesu, die helfen sollen, eine Vorstellung von Gott oder vom Reich Gottes zu bekommen. Mit Vergleichen aus der Alltagswelt der Zeitgenossen sollten die Menschen seine Botschaft besser verstehen.
Ein Beispiel ist der Hirte, der ein verlorenes Schaf wiederfindet (Lk 15,3–7). Die Menschen kannten die Situation genau und konnten nachfühlen, was es bedeutet, wenn Gott mit diesem Hirten verglichen wird. Manche Vergleiche können wir gut nachempfinden, wenn wir uns mit der Situation vertrauter machen und uns in Personen hineindenken.

↔ Wo ist das Himmelreich?
Seite 78–79

→ eine Rollenbiografie verfassen:
Seite 178

Aufgaben

1 Teilt die Erzählung aus dem Lukasevangelium in einzelne Szenen ein. Bildet dann so viele Gruppen, wie ihr Szenen erarbeitet habt, und stellt die jeweilige Szene als Standbild dar.

2 Formuliere mögliche Gedanken der beiden Personen auf dem Kunstwerk, die ihre Gefühle ausdrücken.

3 Gott wird mit dem Vater im Gleichnis verglichen. Beschreibe das Gottesbild, das Jesus auf diese Weise vermittelt.

→ ein Standbild inszenieren:
Seite 176
→ einen Bilddialog verfassen:
Seite 55

Was macht mich frei?

Laura Dekker, 2012

↔ Greta Thun-
berg:
Seite 148

→ eine Internet-
recherche durch-
führen:
Seite 173

MK

Aufgabe

Laura Dekker umsegelte mit 14 Jahren von August 2010 bis Januar 2012 erfolgreich die Welt. 2018 startete eine international tätige Großbank mit ihr eine Werbekampagne: „Wer viel vorhat, braucht einen, der es möglich macht." Die Werbebotschaft lautete: Die Bank ist wie Lauras Vater, der sie bei ihrer Weltumsegelung immer unterstützt hat.
Nimm Stellung, ob und wodurch Laura ein „freier" Mensch ist.

Wissen

SP

- „Ich bin o. k. – du bist o. k." – Erkläre, weshalb dieser Satz nicht als „Übersetzung" von Luthers Rechtfertigungslehre gelten kann.
- „Deine Rechtfertigungen kannst du dir sparen." Erkläre mithilfe des Fachbegriffs „Rechtfertigung", warum evangelische Christinnen und Christen diesem Satz aus der Alltagssprache grundsätzlich zustimmen können.
- Gestaltet eine Paulus- und eine Luther-Figur für eure Klasse und klebt Zettel darauf, auf denen jeweils biografische Daten und Grundgedanken stehen.
- Führt ein Schreibgespräch zur Aussage „Rücksicht auf andere nehmen – ist das nicht doch wieder eine Leistung?"
- Martin Luther hat das Verhältnis von Rechtfertigung und guten Taten eines Menschen häufiger mit dem Stamm und den Früchten eines Baums verglichen. Erkläre dieses Bild.

→ ein Schreibgespräch führen: Seite 36

Können

- Vervollständige deine Liste der Argumente für Klara und ihre Großmutter von Seite 30.
- Spielt die Fortsetzung der Szene als Rollenspiel.
- Erläutere, inwiefern das Gleichnis vom sogenannten „verlorenen" Sohn (Seite 44/45) in der Diskussion zwischen Klara und ihrer Großmutter (Seite 30) eine Rolle spielen könnte.

→ eine Rollenbiografie verfassen: Seite 178

Anwenden

 MK

- Spiele das Paulus-Online-Spiel der EKD unter www.bibel-spiele.net/paulus/.
- Stelle deiner Klasse das Bilderbuch „Du bist einmalig" des amerikanischen Missionars Max Lucado in einem Kurzreferat vor. Erläutere, welche Botschaft das Buch zum Leistungsdenken vermittelt.
- Überlegt euch ein diakonisches Praxisprojekt und führt es durch. Ihr könnt darauf zurückgreifen, was ihr euch im Rahmen der Erkundung diakonischer Einrichtungen erarbeitet habt. Möglich sind Projekte wie
  - Besuchsdienste mit Vorlesen im Seniorenheim,
  - Benefizveranstaltungen für das Einwerben von Spendengeldern,
  - Mitarbeit in einer lokalen „Tafel",
  - Spiele-Nachmittage in einer Einrichtung für Menschen mit Behinderung.
  Verfasst einen Bericht über eurer Praxisprojekt und veröffentlicht ihn schulintern oder in der lokalen Zeitung.

3 Gemacht als Mann und Frau – Was heißt das?

Wie viel Freiheit lässt man mir?

Wie wird in der Bibel von Männern und Frauen erzählt?

Was du in diesem Kapitel lernen kannst:

- Wenn du dieses Kapitel bearbeitet hast, kannst du erklären, was biblische Mythen über Menschen und ihre Beziehungen aussagen.
- Du kannst entfalten, dass Menschen auf Beziehungen angewiesen sind und diese in Freiheit und Verantwortung gestalten können.
- Du kannst erklären, was biblische Texte meinen, wenn sie von Sünde sprechen.
- Du kannst an Beispielen beschreiben, wie vielfältig die Bilder von Männern und Frauen in biblischen Erzählungen sind.
- Du kannst überprüfen, wie eigene und gesellschaftliche Bilder von Männern und Frauen entstehen.
- Du kannst begründet formulieren, wie diese Bilder vor dem Hintergrund biblischen Redens vom Menschen zu beurteilen sind.
- Du kannst einordnen, inwieweit Menschenbilder identitätsfördernd oder lebensfeindlich sind.

Darauf kannst du schon aufbauen:

- Du kannst darlegen, welche Funktion Schöpfungsmythen für den Menschen haben.
- Du kannst erläutern, welche Bedeutung die Gottesebenbildlichkeit für dich und andere hat.
- Du kannst erklären, warum der Mensch als Ebenbild Gottes für sich selbst, für seine Mitmenschen und für seine (Um-)Welt Verantwortung trägt.

Methoden, die dir auch in anderen Zusammenhängen helfen:

- einen Bilddialog verfassen
- ein Portfolio anlegen

Warum sehnen sich Menschen nach einem Gegenüber?

Wie tolerant sind wir?

Welche Rolle spielt Sexualität?

Warum sehnen sich Menschen nach einem Gegenüber?

Aufgabe

Wie jedes Jahr hat deine Schule zu einem „Tag der offenen Tür" eingeladen und möchte zeigen, woran die einzelnen Fächer arbeiten. Dein Religionskurs wurde ausgewählt, eine Ausstellung zum Kapitelthema „Gemacht als Mann und Frau – Was heißt das?" zu gestalten. Diese Karikatur soll eure Ausstellung begleiten. Gestalte Ideen-Skizzen für einen Cartoon mit drei weiteren Begegnungen der beiden dargestellten Personen: fünf, zehn und zwanzig Jahre später.

Dazu ist es wichtig, ...
- die Bedeutung partnerschaftlicher Beziehungen für das eigene Leben aufzuzeigen.
- zu erkennen, wie der Mensch und seine Beziehungen biblisch gedacht sind.
- sich mit religiösen und gesellschaftlichen Rollenerwartungen auseinanderzusetzen.

Zeus trennt die Kugelmenschen

Ein bekannter griechischer Mythos erzählt, dass es ursprünglich drei Geschlechter von Menschen gegeben habe. Das männliche, das von der Sonne abstammte, das weibliche, das seinen Ursprung in der Erde hatte, und ein drittes Geschlecht, das vom Mond abstammte. Alle diese Geschöpfe waren Kugelmenschen: Sie hatten vier Hände und Füße und zwei ent-
5 gegengesetzte Gesichter auf dem Kopf. Sie waren durch ihre Form besonders stark, mutig und sehr schnell, daher wurden sie von den Göttern gefürchtet. Einmal sollen sie sich sogar in den Himmel hinaufgewagt haben, um mit den Göttern zu kämpfen.

Zeus und alle anderen Götter überlegten, was sie tun sollten, um den Kugelmenschen ihre Stärke zu nehmen. Sie konnten sie schließlich nicht einfach töten, denn auch die Kugelmen-
10 schen feierten Gottesdienste und bauten Altäre für sie, die Götter. Andererseits durfte man ihren Übermut auch nicht so einfach hinnehmen.

Schließlich wusste Zeus, was zu tun war: „Ich habe einen Weg gefunden, wie wir die Menschen am Leben lassen und ihren Übermut beenden können. Ich werde sie trennen, jeden von ihnen in zwei Teile schneiden. So werden sie zahmer und wir haben großen Nutzen da-
15 von, denn dann werden es doppelt so viele Menschen sein. Sie sollen von da an aufrecht und auf zwei Beinen gehen." Und so teilte Zeus die Kugelmenschen in zwei Hälften. Apollon half bei dieser Schöpfungstat und heilte die Wunden: Er drehte das Gesicht und den Hals der neuen Menschen nach vorn, damit sie demütig nur noch in eine Richtung, auf den Gott vor ihnen, schauten. Er zog die Haut der Menschen vorne am Körper zusammen und band sie
20 zusammen. In der Mitte ließ er eine kleine Öffnung, die wurde zum Bauchnabel.

Und so entstand eine große Sehnsucht des Menschen nach seiner anderen Hälfte. Fanden sich zwei, schlangen sie die Arme umeinander und wollten wieder zusammenwachsen. Keine Hälfte wollte ohne die andere sein. Besonders schlimm war es, wenn die eine Hälfte starb und die andere allein blieb.
25 Seit Zeus die Kugelmenschen trennte, ist es der größte Wunsch des Menschen, wieder ganz und heil zu werden und sein Gegenüber zu finden, um mit ihm glücklich und vollkommen zu sein.

Im alten Griechenland, wo man sich diese Geschichte erzählte, war es daher üblich, mit einem Freund, der im eigenen Hause zu Gast war, eine Tonscherbe oder einen Würfel zu
30 zerbrechen. Die eine Hälfte bekam der Freund mit auf den Weg, die andere blieb beim Gastgeber. Wenn sich die Freunde wiedersahen, erkannten sie sich an den beiden Hälften der Scherbe oder des Würfels.

nach Platon, griechischer Philosoph

↗ Mythos:
Seite 185

Das zusammengesetzte Erkennungszeichen hieß griech. *symbolon*. Daher kommt unser Begriff „Symbol".

↔ Symbole und Zeichen:
Seite 15

Moment mal!

Ist es wichtig, den richtigen Partner oder die richtige Partnerin auch zu heiraten?

Aufgaben

1 Veranschauliche die Ziele der Kugelmenschen vor und nach ihrer Trennung in einer Grafik.

2 Erkläre, was der Mythos über den Menschen aussagt.

3 Gestalte eine Idee für einen ähnlichen Kettenanhänger, wie du ihn auf dem Bild siehst, ohne das Symbol „Herz" zu verwenden.

→ einen Inhalt veranschaulichen:
Seite 174

Wie erzählt die Bibel vom Menschen in der Partnerschaft?

Lucas Cranach d. Ä.,
Adam und Eva (1533)

↔ Wie frei ist der
Mensch?
Seite 36–37

Und Gott sprach: „Lasst uns Menschen machen! Unser Ebenbild, uns gleich sollen sie sein!" [...] Und Gott schuf den Menschen nach seinem Bild. Als Gottes Ebenbild schuf er sie. Er schuf sie als Mann und Frau.

(Gen 1,26a.27)

↔ Schöpfungs-
auftrag:
Seite 36

↗ HERR:
Seite 182–183

Gott, der HERR, dachte: „Es ist nicht gut, dass der Mensch so allein ist. Ich will ein Wesen schaffen, das ihm hilft und das zu ihm passt." [...] Da versetzte Gott, der HERR, den Menschen in einen tiefen Schlaf, nahm eine seiner Rippen heraus und füllte die Stelle mit Fleisch. Aus der Rippe machte er eine Frau und brachte sie zu dem Menschen. Der freute sich und rief: „Endlich! Sie ist's! Eine wie ich! Sie gehört zu mir, denn von mir ist sie genommen."

(Gen 2,18.21–23)

Die Frau – keine Schöpfung zweiter Klasse

Am Anfang der Paradiesgeschichte in Gen 2,7 macht Gott aus Erde (hebräisch: *adama*) den Menschen (hebräisch: *adam*). Nach der Feststellung, es sei nicht gut, dass der Mensch allein sei, erschafft Gott in Gen 2,22 aus der Seite (hebräisch: *zela*) des Menschen die Frau. Das hebräische Wort *zela* wird unterschiedlich übersetzt: In der griechischen Übersetzung des AT
5   heißt *zela* einfach „Seite" (*pleura*), nur in der lateinischen und nur an dieser Stelle wird *zela* mit „Rippe" übersetzt. Überall sonst heißt es „Seite" und es gibt keinen Grund, warum es nicht auch hier „Seite" heißen soll. Das ist nicht unwichtig, denn es ist nicht dasselbe, ob die Frau als die eine Seite des Menschen erschaffen wurde oder aus einem überzähligen Knochen des Mannes. Die Frau wird aus der Seite des Menschen gemacht – was übrig bleibt, ist
10 der Mann. Anders formuliert: Den Mann gibt es in der erzählten Geschichte erst in dem Moment, in dem es die Frau gibt.

Jürgen Ebach, Theologe

> **Moment mal!**
>
> Sind die Feinheiten einer Schöpfungs-
> erzählung wirklich wichtig?

Es ist nicht gut, dass der Mensch allein ist. Aus einer Radioandacht

Ganz am Anfang ist Adam der einzige Mensch im Paradies. Um ihn herum wimmelt es von Tieren und Pflanzen. Adam hat genug zu essen. Er kann sich von dem reichhaltigen und nahr-haften Früchtebuffet im Garten Gottes bedienen. Er darf arbeiten oder entspannen, wann er dazu Lust hat. Niemand redet ihm rein. Es geht Adam eigentlich total gut. Eigentlich! Wäre
5   da nicht die unfassbare Einsamkeit. Adam hat nicht eine Seele, mit der er sich unterhalten kann. Wie sein Tag war. Was schön war und was langweilig. Was morgen zu tun ist. Adam ist einsam – auch das gehört zum Menschsein dazu, weiß die Bibel. Aber die Schöpfungsge-schichte lässt doch erkennen: Das Leben allein ist nicht immer ein Paradies. Alleinsein kann richtig nerven. In der Schöpfungsgeschichte erkennt Gott die Einsamkeit des ersten Men-
10 schen. Er kann in das Innere des Menschen schauen. Gott weiß, was der Single Adam am nö-tigsten braucht. Einen anderen Menschen. Ein Spiegelbild. Ein Gesicht, das ihn anschaut, auf ihn reagiert und ihm Antwort geben kann. In der Bibel für gerechte Sprache sagt Gott an die-ser Stelle zu sich selbst: „Es ist nicht gut, dass der Mensch allein ist. Ich will für ihn eine Hilfe machen, so etwas wie ein Gegenüber." Als Eva lebendig vor ihm steht, kann Adam erst einmal
15 nur fassungslos staunen. Es klingt nicht besonders schlagfertig, wie Adam Eva anschaut und nüchtern feststellt: „Das ist doch Fleisch von meinem Fleisch!" Adam scheint nicht so recht die Worte für das Geschenk zu finden, das Gott ihm macht. Ich denke mir, Adam ist von Eva einfach überwältigt. Endlich hat er ein Gegenüber gefunden. Gut, dass Gott weiß, wie sehr wir Menschen eine solche Hilfe brauchen.

Frank Mühring, Pastor

Aufgaben

1 Analysiere das Bild von Lucas Cranach.

→ ein Bild analysieren: Seite 159

2 Vergleiche die Darstellung des ersten Menschenpaares von Cranach mit den entsprechenden Bibeltexten aus Gen 1 und Gen 2. Berücksichtige dabei insbesondere die Stellung der Frau.

3 „Die Frau – keine Schöpfung zweiter Klasse." Erläutere, wie Jürgen Ebach das begründet.

4 Arbeite den Kern der Radioandacht heraus, indem du so wenig Wörter und Aussagen heraus-schreibst wie möglich.

Wie gehen wir mit dem Zerbrechen von Beziehungen um?

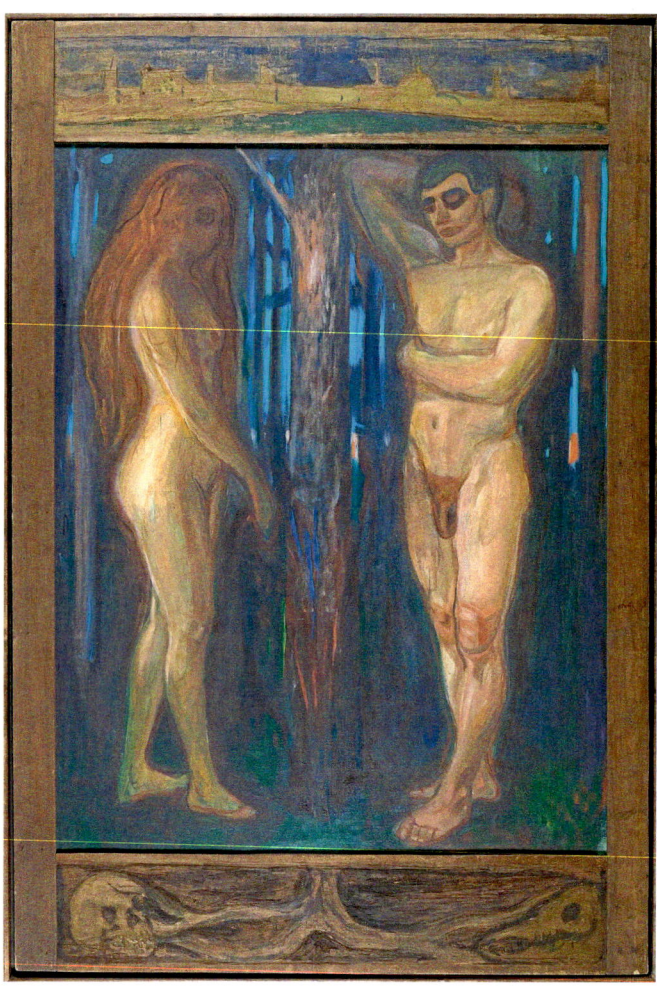

Metabolismus = Umwandlung, Veränderung

Edvard Munch, Metabolismus (ursprünglich „Adam und Eva") (1898/99)

Was hat Sünde mit Beziehung zu tun?

↔ Gen 2,15–17a: Seite 36

In Gen 3 wird erzählt, dass Adam und Eva verbotenerweise von den Früchten am Baum der Erkenntnis essen. Gott muss feststellen: „Nun ist der Mensch wie einer von uns und hat die Kenntnis des Guten und Bösen." (Gen 3,22a) Wie ein Kind, das auf eigenen Beinen stehen will, hat sich der Mensch Gott widersetzt. Adam und Eva bekommen von ihrem Schöpfer

↗ Schöpfer: Seite 188

5 Kleidung aus Fellen, werden aus dem Paradies vertrieben und müssen ihr Leben von nun an selbstständig und eigenverantwortlich führen – mit allen Herausforderungen, die das mit sich bringt. In den geschützten Raum des Paradiesgartens können sie nicht zurück.

Martin Luther hat dieser Erzählung in seiner Bibelübersetzung den Titel „Der Sündenfall" gegeben. Der Begriff „Sünde" macht deutlich, dass der Mensch plötzlich um sich selbst kreist.

↗ Sünde: Seite 189

10 Er bemerkt, dass er nackt ist. Er schämt sich. Seit der Mensch Gut und Böse kennt, sieht er sich und die Welt anders. Seine Beziehung zu Gott, zu seinen Mitmenschen und zur Welt ist verletzt worden. Die Gemeinschaft, die Gott in Gen 1 und 2 „sehr gut" geschaffen hat, ist nicht mehr perfekt. Man könnte auch sagen: Beziehungskrisen, Selbstzweifel, Misstrauen und auch Zweifel an Gott gehören von nun an zum Menschen.

Methode: einen Bilddialog verfassen

Bilddialoge vertiefen eine Bildanalyse und führen sie fort, indem man die Personen auf dem Bild zum Sprechen bringt.

So kannst du vorgehen:
1 Stelle dir vor, die Personen auf einem Bild könnten etwas (zueinander) sagen.
2 Arbeite heraus, was die Körperhaltung sowie die Blickrichtung über die jeweiligen Personen oder ihre Beziehungen zueinander aussagen. Du kannst die jeweilige Haltung nachahmen, um ein Gefühl für die Situation zu bekommen, in der die Personen sich befinden.
3 Verfasse einen fiktiven Dialog, der deine Überlegungen zu Körperhaltung und Blickrichtung einbezieht.
4 Lest eure Dialoge in der Klasse mit verteilten Rollen vor.

„Letztes Jahr haben sich meine Eltern getrennt, weil mein Vater sich neu verliebt hat. Ich finde das ziemlich mies, auch wenn seine Neue ganz nett ist und ich ihn ja lieb hab. Warum liebt er meine Mutter nicht mehr? Ich verstehe das nicht, es gab gar nicht so viel Streit. Jetzt muss ich jedes zweite Wochenende zu Besuch zu meinem Vater fahren. Im Grunde freue ich mich auf ihn, aber ich hab eben auch nur am Wochenende Zeit für meine Freunde." (Marc, 13)

„Unsere Eltern haben nächstes Jahr Goldene Hochzeit. Mir graut schon vor der Feier. ‚Aushalten, durchhalten, Maul halten‘, sagt meine Mutter zu ihrer Ehe. Sie hatte auch keine Wahl. Wovon hätte sie leben sollen? Sie war nie berufstätig. Und mein Vater? Der ist, wie er ist. Ich find's auch nicht leicht, mit ihm auszukommen. Eine Trennung wäre ein Segen für beide gewesen. Wenn ich nicht bei Freunden gelingende Ehen miterlebt hätte, hätte ich selbst nie den Mut zum Heiraten gehabt!" (Sabine Schmidt, 47)

Aufgaben

1 Veranschauliche das Verhältnis von Gott, Adam und Eva in einer Grafik, wie es vor und nach der Verbannung aus dem Paradies in Gen 1–3 dargestellt ist.

2 Verfasse einen Bilddialog zu dem Bild von Lucas Cranach auf Seite 52 oder Edvard Munch.

SP 3 Erkläre den Unterschied zwischen dem umgangssprachlich verwendeten Begriff „Sünde" und dem Begriff „Sünde" in der theologischen Fachsprache.

4 „Die Menschen reparieren nichts mehr. So ist es auch mit Beziehungen: Sie werfen sie einfach weg." (Marie, 14) Nimm Stellung zu Maries Einschätzung.

5 Nimm an, Marc und Sabine Schmidt hätten ihren jeweiligen Beitrag in einem Webforum zum Thema „Partnerschaft" gepostet. Reagiere auf einen der beiden und erzähle, was dich selbst im Hinblick darauf ermutigt oder entmutigt.

Welche Rolle spielt Sexualität?

Im Jugendbuch „Tanz der Tiefseequalle" sind Sera, ein beliebtes Mädchen, und Niko, ein Außenseiter mit Übergewicht, abwechselnd die Erzähler. Als Sera auf der Klassenfahrt von Marko begrapscht wird, kommt Niko zu Hilfe. Marko aber ist beliebt und ein heimlicher Anführer in der Klasse. Und so steht im Partykeller nicht nur Niko, sondern auch Sera am Rand. Da fordert Sera ihn, ohne nachzudenken, plötzlich zum Tanzen auf …

Klar, dass der eine Schrecksekunde Reaktionszeit braucht. Der hat nicht damit gerechnet, dass ihn heute jemand zum Tanzen auffordern wird. Dass ich ihn zum Tanzen auffordere. Sagt dann aber auch nicht Nein. Ich leg also die Arme mehr so locker auf seine Schultern und spür, wie er ganz vorsichtig seine Hände an meine Taille legt, mit so einem winzigen Zögern, kurz
5 bevor er mich echt berührt.

Mit Sera zu tanzen ist im ersten Moment ein Gefühl, als wenn ich mit einer Königin und Pocahontas gleichzeitig tanzte, ein Supernikomoment. Ich fasse vorsichtig um ihre Taille, und diese Taille ist so schmal, dass ich beinahe wieder loslasse.

Und dann weiß ich kurz nicht, wie es weitergehen soll. Aber Niko, der tanzt einfach los.
10 Und, was soll ich sagen, der tanzt exakt im Takt.

Und obwohl wir eher mit überdurchschnittlichem Abstand tanzen, streifen mich ihre Haare bei jedem Schritt, mit dem wir uns drehen, und ich rieche das Shampoo, irgendwelche exotischen Früchte. Ich halte vor Aufregung die Luft an und versuche gleichzeitig, unbemerkt zu schnuppern, und dann merke ich, dass Sera trotz allem nur ein ganz normales Mädchen ist,
15 weil es ihr viel schwerer fällt als mir, den Takt zu halten. Mir ist natürlich völlig klar, dass das hier irgendeinen Zweck erfüllt, dass Sera nicht einfach so mit mir tanzt, nur weil sie und ich übrig waren. Überhaupt wäre sie sowieso gar nicht übrig, wenn nicht irgendetwas hier gerade nicht stimmen würde, aber vielleicht genieße ich es gerade deshalb umso mehr – ein Augenblick, der selbst wie erfunden ist, sodass es ausnahmsweise völlig unnötig ist, sich eine
20 Maschine auszudenken, die etwas an der Situation ändert. Es ist natürlich nur eine Frage der Zeit, dass sich diese Situation ganz von alleine ändert, und gar keine Frage ist, wer damit beginnen wird, sie zu verändern.
„Aha, aha, unser neues Liebespaar!" Natürlich ist es Marko, der das Gewitter losbrechen lässt, in das alle sofort einstimmen, weil sie nur auf den Startschuss gewartet haben.
25 „Und, grapscht er gut, Niikoolaus, der Weihnachtsmann?"
„Der hat doch noch nie ein Mädchen angefasst!"
„Guck mal, sein Bauch berührt sie!"
„Igitt!"
„Hast du keine Angst, dass sein Fett ansteckend ist?"
30 „Guck mal, sieht aus wie eine tanzende Tiefseequalle!" Das war einer der schlaueren Mitschüler – sonst wüsste er nicht, dass eine solche Spezies überhaupt existiert.
„Mit ihrer Liebsten."
„Der Liebestanz der Tiefseequalle!" Großes Gelächter.
„Haben die überhaupt ein Geschlecht, die Quallen?"
35 „Gut versteckt vielleicht!" Noch viel lauteres Gelächter.
Ich schwebe weiter, eine Tiefseequalle weit unter der Oberfläche, ohne Gewicht. Andere Leute würden das als Mobbing der Sonderklasse bezeichnen, aber komischerweise ist es das für mich gar nicht.

Das Buch „Unverschämt – schön. Sexualethik: evangelisch und lebensnah" fragt danach, wie Sexualität das Leben bereichern kann und wie Sexualität nicht aussehen sollte. Fünf Wissenschaftlerinnen und Wissenschaftler haben es gemeinsam geschrieben.

Dankbar sein

Sexualität ist eine der schönsten und intensivsten Erfahrungen menschlichen Lebens, vor allem, wenn sie Ausdruck von Liebe ist. Nur was einen so leidenschaftlich ergreifen kann, was eine solche Kraft entfesseln kann, kann auch die Verzweiflungen und Zerstörungen bewirken, die viele Menschen aus ihrem Liebes- und Geschlechtsleben kennen. Genau weil mit Sexuali-
5 tät sowohl Liebe als auch Lust verbunden sind und sich hier Menschsein von seiner intensivsten Seite zeigt, kann sich Dankbarkeit einstellen. Wenn in der Sexualität ein Stück Himmel erfahrbar ist, weil wir hier Erfahrungen des Angenommen-Seins, des Eins-Seins leiblich erleben, dann kann man, selbst wenn Leidenschaft potenziell Leiden schaffen kann, als erstes sagen: Gott sei Dank dafür.

Bedingungen für eine verantwortliche Sexualität

Die wichtigste Bedingung ist die Freiwilligkeit. Fehlt diese Freiwilligkeit, wie beispielsweise in den furchtbaren Fällen von Missbrauch, wird Sexualität als körperlich und seelisch zerstörerisch erlebt.
5 Die zweite Bedingung ist die Achtung von Einzigartigkeit und Andersheit des Gegenübers. Sexualität verantwortlich zu leben, bedeutet, den anderen Menschen zu respektieren und darauf zu achten, keine Grenzen zu überschreiten oder Erwartungen
10 zu stellen, die der oder die andere nicht erfüllen

kann. Drittens ist es wichtig, einander auf Augenhöhe zu begegnen. Das bedeutet zum Beispiel auch, dass es Zuschreibungen wie „Männer dürfen …" oder „Frauen sollen …" nicht geben kann. Und schließlich ist die Bereitschaft, sich treu zu sein, einander zu vertrauen und in einer Beziehungskrise auch vergeben zu können, eine weitere wichtige Bedingung dafür,
15 dass Sexualität den Menschen und seine Beziehung stärkt.

> **Moment mal!**
>
> Ist es Gott überhaupt wichtig, wie ich mit meiner Sexualität umgehe?

Aufgaben

1 Seras Freundin beobachtet den Tanz und die Situation (Seite 56). Notiere, was ihr durch den Kopf geht.

2 Begründe mithilfe des ersten Textabschnittes aus dem Buch „Unverschämt – schön" oben auf dieser Seite, warum der Mensch Gott für seine Sexualität dankbar sein darf.

3 Notiert die vier Bedingungen, die im Textabschnitt für eine verantwortliche Sexualität angeführt werden. Führt ein Vier-Ecken-Gespräch.

→ ein Vier-Ecken-Gespräch führen: Seite 16

4 Prüfe, welche Bedingungen für eine verantwortliche Sexualität (rechte Seite) die Beziehung zwischen Sera und Niko (linke Seite) erfüllt.

Wie wird in der Bibel von Männern und Frauen erzählt?

Moment mal!

Warum kennt man aus der Bibel in erster Linie Männer?

Welche Frau ist oberste Richterin, regiert Israel und führt das Volk in eine siegreiche Schlacht? (Ri 4,4–8)

Was zeichnet wohl eine gute Ehefrau aus? (Spr 31,16.30)

Welcher Mann liebt seinen Freund so sehr wie sein eigenes Leben? (1 Sam 18,1–3)

Welcher Mann spielt so gut Harfe, dass sein Spiel bei Depressionen hilft? (1 Sam 16,14–23)

Welche Frau beklagt sich bei Jesus, weil ihre Schwester ihr nicht in der Küche hilft – und bekommt von ihm keine Unterstützung? (Lk 10,38–42)

Welcher Mann weint, weil er seinen eigenen Ansprüchen nicht gerecht wird? (Mk 14,72)

↗ Apostel: Seite 179

Welche Frau gilt als „hervorragende" Apostelin? (Röm 16,7)

Welche Frau ist als Diakonin berufstätig und unternimmt Dienstreisen? (Röm 16,1–2)

Welcher Mann redet nicht darum herum, dass er Schwächen hat? (2 Kor 11,30)

Welcher Mann wird „Vater vieler Völker", bekommt aber seine familiäre Vaterrolle nicht in den Griff? (Gen 21,9–14)

Wer bemerkt als Erstes die Auferstehung? (Joh 20,1–14)

Welche Frau gibt sich nicht mit einem Verbot zufrieden, sondern will klug werden? (Gen 3,6)

Welche Frau hält cool eine Statue vor ihrem Bruder versteckt und hat noch in höchster Lebensgefahr eine schlagfertige Antwort? (Gen 31,32–35)

Welche Frau arbeitet als Prophetin im Tempel zu Jerusalem? (Lk 2,36)

Marc Chagall, David und Batseba (1979)

Aufgaben

1 Untersuche, von welchen Männern und Frauen in den angegebenen Bibelstellen die Rede ist.
Überprüfe, ob die Bibel ein klares Männer-Frauen-Bild hat.

→ eine Bibelstelle
finden:
Seite 171

2 Beschreibe, wie Marc Chagall das Liebespaar David und Batseba darstellt. Vergleiche
Chagalls Darstellung mit der Geschichte, wie sie in 2 Sam 11,1–12,25 erzählt wird.

→ einen Bild-
dialog verfassen:
Seite 55

3 Verfasse einen Bilddialog zu Chagalls „David und Batseba".

4 Befrage Menschen aus deinem Umfeld, welche Bedeutung Maria, die Mutter Jesu, für ihren
christlichen Glauben hat.

→ ein Interview
führen:
Seite 173

Wie viel Freiheit lässt man mir?

↔ Was ist Freiheit
eigentlich?
Seite 34–35

Bereits kurz nach der Geburt lautet die erste Frage:
„Ist das Kind ein Mädchen oder ein Junge?" Daraufhin werden dann in den meisten Familien die
Strampler entweder in Rosa oder in Blau gekauft,
5 die Kinderzimmer mit Dinosaurier- oder Feenmus-
ter tapeziert. Später werden dann Schulranzen mit
Raumschiffen und Rennwagen oder mit Pferden
und Prinzessinnen als Aufdruck ausgesucht. Ich
habe mich während meiner Schulzeit oft gefragt,

10 ob wirklich alle Jungs total gerne mit Autos spielen und alle Mädchen gerne mit Puppen oder
ob sie es nur tun, weil alle anderen das auch machen oder sie denken, dass es von Eltern und
Großeltern erwartet wird.
Eine Frage hat mich so sehr beschäftigt, dass ich mich nach meinem Abitur entschlossen
habe, Gender Studies zu studieren: Wieso wird überhaupt in unserer Gesellschaft so viel Wert
15 auf das Geschlecht einer Person und die damit verbundenen Eigenschaften gelegt? Beispielsweise beim Buchen eines Flugtickets oder bei der Eröffnung eines Accounts in den sozialen
Netzwerken scheint die Frage, ob männlich oder weiblich ganz selbstverständlich zu sein.
Doch wieso ist das so wichtig? In meinem Studiengang beschäftigen wir uns unter anderem
mit der Frage, welche Bedeutung die Einteilung von Menschen in zwei Geschlechter hat. Die
20 klischeehaften Bilder von sanften, freundlichen, aber auch zickigen, kurz: emotionalen Mädchen stehen denen der Jungen gegenüber, die stark, laut und rational denkend sein sollen.
Doch inwiefern können diese Geschlechterstereotypen unsere Zukunft als Mann oder Frau
prägen? Eine zentrale These der Geschlechterforschung ist, dass das Geschlecht und die Ge-
schlechterverhältnisse nichts von der Natur Bestimmtes, sondern gesellschaftliche Phänome-

↔ Digital
Mensch bleiben:
Seite 146

25 ne und Ergebnis menschlichen Handelns sind. Das Geschlecht gilt als soziale Konstruktion,
die sich historisch wandelt, genauso wie die Gesellschaft und die Medien. Ein Geschlechter-
konstrukt meint, dass eine Frau, nur weil sie biologisch eine Frau ist, nicht automatisch den
„typischen oder traditionellen" Aufgaben einer Frau nachkommen muss. Die historische Ent-
wicklung hätte theoretisch auch dem Mann die Kinderversorgung zuordnen können und
30 dann hätten wir heute vielleicht ganz andere Geschlechterstereotype im Kopf.
Während des Studiums haben wir uns neben der Frage nach der Bedeutung von Geschlecht
in der Gesellschaft noch mit anderen Aspekten beschäftigt, die einen Menschen ausmachen,
wie beispielsweise dem Alter, der Kultur, der Religion, der Sexualität und sozialen Stellung in
der Gesellschaft. Nur weil sich jemand als Mädchen oder Junge sieht, heißt das natürlich
35 nicht, dass alle Mädchen und Jungen gleich sind, gleich denken oder gleich fühlen. Einen
Menschen machen verschiedene Aspekte und Eigenschaften aus, die nicht allein durch
das Geschlecht beeinflusst werden. Deswegen sollten Jungen und Mädchen nicht auf ge-
schlechtsspezifische Zuschreibungen reduziert werden, sondern selber bestimmen können,
welche Prioritäten sie sich für ihr Leben und ihre Zukunft setzen.

Merle Büter, Journalistin

Moment mal!

Sind klare Geschlechterrollen nicht wichtig für die eigene Sicherheit?

Methode: ein Portfolio anlegen

Ein Portfolio ist eine Mappe mit gezielt ausgesuchten Einlagen. Es zeigt etwas von dir und deiner Auseinandersetzung mit einem bestimmten Thema.

So kannst du vorgehen:
1   Sammle alle Arbeiten, die du zum Thema angefertigt hast: Texte, Collagen, Bilder mit Kommentar usw.
2   Wähle aus deinem Material die besten Dinge aus und stelle deine Einlagen zusammen.
3   Fertige zu jeder Einlage ein Deckblatt an, das Angaben zu folgenden Punkten enthält:
    a) Titel der Einlage
    b) was diese Einlage mit dem Thema zu tun hat
    c) warum du diese Einlage ausgewählt hast
    d) was die Einlage von dir und deiner Auseinandersetzung mit dem Thema zeigt

Info: Sexuelle Vielfalt

Lange Zeit dachte man, Menschen ließen sich entweder dem männlichen oder dem weiblichen Geschlecht zuordnen und eine Partnerschaft sollte es nur zwischen einem Mann und einer Frau geben. Wer nicht in dieses Schema passte, sollte sich anpassen und musste häufig (oder muss noch immer) Verachtung und Diskriminierung erfahren. Als Argument wurde oft die biblische Aussage, der Mensch sei als Mann und Frau geschaffen, benutzt.
Heute erkennt man zunehmend die sexuelle Vielfalt an.
Erstens: Wer bin ich? Menschen können biologisch eindeutig männlich, eindeutig weiblich oder auch nicht eindeutig sein – das nennt man intersexuell oder auch das dritte Geschlecht. Transsexuell sind dagegen Menschen, die sich mit ihrem ursprünglichen Geschlecht falsch fühlen und es ändern wollen.
Zweitens: Wen liebe ich? Beziehungen können schwul, lesbisch oder heterosexuell gelebt werden. Bisexuell bedeutet, dass man sich Beziehungen sowohl mit dem gleichen als auch einem anderen Geschlecht vorstellen kann. Wenn sich jemand als „queer" bezeichnet, steht dahinter die Botschaft, sich in überhaupt keine „Schublade stecken" zu lassen.

Aufgaben

1   Überprüfe die Beobachtungen von Merle Büter anhand eigener Erfahrungen (dein Kinderspielzeug, deine Kleidung, deine Karnevalskostüme usw.).

2   Befrage deine Eltern und Großeltern nach ihrem Rollenverständnis von Mann und Frau.

→ ein Interview führen: Seite 173

3   Lege ein Portfolio an zum Thema „Sexuelle Vielfalt in unserer Gesellschaft" (Filme, Bilder- und Jugendbücher zum Thema, Personen, die sich für sexuelle Vielfalt engagieren, Christopher Street Day usw.).

4   Die Abbildung zum Info-Text zeigt das Schild einer Toilette, die allen drei Geschlechtern offensteht. Erörtere, ob an deiner Schule eine solche Toilette eingerichtet werden sollte.

Wie tolerant sind wir?

Immer noch die „Scheißschwuchtel"

Bürgermeister, Firmenchefinnen, Lehrer: Viele Menschen gehen offen damit um, dass sie homosexuell sind. Lesben und Schwule heiraten und haben Kinder. Ein Coming-Out sollte doch auch für Jugendliche heute einfacher sein als früher. Aber viele junge Schwule und Lesben trauen sich jahrelang nicht, ihren Freunden oder ihrer Familie davon zu erzählen.

5 André zum Beispiel lebt in zwei Welten. Die eine teilt er mit Jugendlichen, die ähnlich fühlen wie er, hier ist er glücklich. In der anderen, seiner Hamburger Stadtteilschule, erzählt er niemandem mehr, dass er schwul ist. „In der Schule beiße ich die Zähne zusammen." Bis heute sei „Scheißschwuchtel" die beliebteste Beleidigung unter den Jüngeren, sagt er. Als er in der sechsten Klasse war, hat ein Zwölftklässler ihn als Schwuchtel beschimpft, über ein Geländer
10 geworfen und ihn dabei am Kopf verletzt. André hat deshalb die Schule gewechselt. Kurz vor dem mittleren Abschluss vertraute er sich auf der neuen Schule seinem besten Freund an und machte wieder eine schlimme Erfahrung: Der Freund erzählte es der ganzen Clique, daraufhin haben ihn die ehemaligen Freunde auf WhatsApp geblockt. Er passe irgendwie nicht mehr dazu, hat ein Mädchen gesagt. André verlor seinen Freundeskreis. Und erzählte in der
15 Schule niemandem mehr von seiner sexuellen Orientierung. André hat auch zu Hause lange nicht darüber gesprochen. Als sie sich trennten, brüllte der Vater die Mutter an: „Du hast unseren Sohn zur Schwuchtel erzogen." Da war André 13. Seit er Freunde außerhalb der Schule hat, denen er alles erzählen kann, verfliege auch seine traurige Stimmung immer schneller, sagt André. Er freut sich auf die Zukunft.

20 Jennifer bezeichnet sich selbst seit einem Jahr als lesbisch. Kurz zuvor hatte sich eine Freundin geoutet. Da habe sie gemerkt: „Stimmt, so ist es bei mir auch." In Freundeskreis und Schule hatte Jennifer keine Probleme, sagt sie, ihre Freunde hätten nur gesagt: „Ach, kommst du selbst auch endlich drauf?" Der Englischlehrer machte selbst kein Geheimnis daraus, dass er schwul ist. Die Stimmung in der Schule war tolerant. Aber Jennifers Mutter, von der Jenni-
25 fer denkt, sie habe eigentlich keine Vorurteile, reagierte schockiert. Warum passiert das ausgerechnet in unserer Familie? Nach etwa zwei Monaten hat sie sich entschuldigt. Ihr sei wichtig, dass Jennifer glücklich werde.

Wenn die Jugendlichen im mhc (Marcus-Hirschfeld-Centrum, einer Begegnungsstätte für Homosexuelle, Transpersonen und Queere in Hamburg) nicht wissen, ob sie sich outen sollen
30 oder nicht, wenn sie Probleme in der Schule oder mit den Eltern haben, können sie Markus Hoppe ansprechen. Der Sozialpädagoge begleitet den Jugendtreff, er ist selbst schwul. Er weiß, dass Jennifers Mutter keine Ausnahme ist. Viele hätten Bilder vom Leben ihrer Kinder im Kopf, von Hochzeit und Enkelkindern. Und sie brauchten Zeit, diese Bilder anzupassen.

35 In einigen wenigen Fällen rät Hoppe Jugendlichen davon ab, sich zu Hause zu outen. In orthodox religiösen Familien, christlichen wie muslimischen, komme es vor, dass die Eltern ihre Kinder in eine heterosexuelle Ori-
40 entierung zwingen wollen. Manchmal muss Hoppe das Jugendamt einschalten. Zwar endet es selten so extrem, aber Hoppe erlebt viele verunsicherte Teenager.

Parvin Sadigh, Journalist

↗ orthodox:
Seite 186

Christopher Street Day, Teilnehmer bei der Parade 2019 in Magdeburg

Seit 2011 gibt es in Deutschland die Möglichkeit der eingetragenen Lebenspartnerschaft für homosexuelle Paare; seit dem 1. Oktober 2017 gibt es laut Beschluss des Bundestages die Ehe für alle. Im Bürgerlichen Gesetzbuch heißt es jetzt: Die Ehe wird von zwei Personen verschiedenen oder gleichen Geschlechts auf Lebenszeit geschlossen.
Der Landesbischof der Evangelisch-lutherischen Landeskirche Hannovers, Ralf Meister, veröffentlicht auf seiner Homepage regelmäßig kurze Texte, in denen er zu aktuellen gesellschaftlichen Diskussionen Stellung bezieht. Dort positioniert er sich auch zur eingetragenen Lebenspartnerschaft, zur Ehe für alle sowie zur Homosexualität grundsätzlich:

Ehe für alle

Menschen leben nicht nur in der Ehe zwischen Mann und Frau, sondern auch in anderen Beziehungsformen in Verlässlichkeit, Verbindlichkeit und Verantwortung miteinander. Wir begrüßen es deshalb, wenn der Bundestag die Ehe für gleichgeschlechtliche Partnerschaften öffnet. Die Landeskirche stellt aktuell eingetragene Lebenspartnerschaften genauso unter
5 Gottes Wort und Segen wie auch die Ehen zwischen Mann und Frau. Die öffentlichen Segnungsgottesdienste sollen zum Ausdruck bringen, dass das Leben in Beziehungen ein Abbild der Treue des göttlichen Liebesbundes mit dem Menschen ist. Sie unterscheiden sich in den zentralen Elementen (gegenseitiges Treueversprechen, Ringwechsel, Segenszuspruch) nicht von einer Trauung. Wenn der Bundestag die Ehe für gleichgeschlechtliche Partnerschaften
10 öffnet, werden wir die Bezeichnung des Segnungsgottesdienstes anpassen, denn nach evangelischem Verständnis segnet die Kirche eine staatlich vollzogene Trauung.

↗ evangelisch:
Seite 181

Homosexualität

Homosexualität ist aus Sicht der Landeskirche weder Sünde noch muss sie geheilt werden. Das steht klar und deutlich in der Gottesdienstordnung für Segnungen von Paaren in eingetragener Lebenspartnerschaft: „Als Kirche begrüßen wir, wenn in gleichgeschlechtlicher Beziehung lebende Menschen eine eingetragene Lebenspartnerschaft eingehen und diese un-
5 ter Gottes Wort und Segen stellen", und: „In der Gemeinde Jesu Christi sind Unterschiede von Herkunft, Geschlecht und sexueller Orientierung aufgehoben."

↔ Sünde:
Seite 54, 189

Ralf Meister, Theologe und Landesbischof

Aufgaben

1 Beschreibe, wie André und Jennifer die Zeit ihres Coming-Outs jeweils erlebt haben.

2 Ladet jemanden von einer Begegnungs- oder Beratungsstelle für queere Jugendliche in den Unterricht ein und sammelt Fragen, die ihr stellen wollt.

3 Zeige auf, welche Position Ralf Meister zu Homosexualität und zur „Ehe für alle" einnimmt. Erkläre, mit welchen Argumenten und Beispielen er seine Meinung unterstützt.

4 „Wenn es die Ehe für alle gibt, schwächt das die traditionelle Form der Ehe." Begründe, warum dieses Argument falsch ist.

Welche starken Frauen gibt es in anderen Religionen?

Die Rolle der Hagar ist nicht die einer passiven, gehorsamen Frau, die alles über sich ergehen
5 lässt. Als Abraham sie verlassen wollte, fragte sie ihn, warum er dies tue, ob dies aufgrund seiner Entscheidung geschehe oder
10 ob er einem Befehl Gottes folge. Als er antwortete, dass er einem Befehl Gottes folgte, war sie beruhigt. Sie war eine gläubige
15 Frau, die Vertrauen in Bestimmungen Gottes hatte. Der Glaube war die Triebkraft, nicht aufzugeben und nicht stehenzublei-
20 ben, auch dann, wenn die Mühe aussichtslos schien. Sie legte ihren dem Verdursten nahen Sohn auf die Wüstenerde und
25 begann mit der Suche nach Wasser. In ihr loderte die Flamme des Vertrauens auf einen Gott, der sie so lange begleitet und sie
30 so weit gebracht hatte.

Frederick Goodall, Hagar und Ismael (1866)

Diese Flamme gab ihr die Kraft, mehrmals zwischen den Bergen hin und her zu laufen und immer weiter nach Wasser zu suchen.

Als sie, der Erschöpfung und Enttäuschung nahe, nach ihrem Sohn sah, fand sie neben ihm eine Quelle hervorsprudeln. Das Wasser, das Zeichen des Lebens und der Hoffnung mitten in
35 einem öden Land, bereitete ihr unendliche Freude. Dieses Geschenk nahm sie dankbar und in tiefer Demut an.

Das Wasser zog nach und nach Karawanen an, die Richtung Süden unterwegs waren, sie waren erstaunt, an dieser Stelle Wasser zu finden. Einige von ihnen siedelten sich an dieser Stelle an, sodass im Laufe der Zeit aus einem öden Land eine fruchtbare Stadt wurde, die
40 immer mehr Menschen anzog. Als Abraham nach einiger Zeit nach Hagar und Ismail schaute, fand er eine neue Stadt vor sich, in der seine Frau und sein Sohn wohlbehalten wohnten. An dieser Stelle liegt heute die Stadt Mekka, der Pilgerort der Muslime.

Hamideh Mohagheghi, muslimische Theologin

Zwei starke Hindu-Frauen

Anfang 2019 haben zwei Frauen in Indien die Welt der streng gläubigen Hindu auf den Kopf gestellt und eine

5 Jahrhunderte alte Tradition gebrochen: Obwohl es Frauen im Alter von zehn bis fünfzig Jahren streng verboten ist, haben Bindu Ammini

10 und Kanaka Durga, 42 und 44 Jahre alt, im indischen Bundesstaat Kerala einen Tempel besucht.

Nach Überzeugung der Hin-

15 du-Priester gelten Frauen insbesondere während ihrer

↗ Hindu:
Seite 183

Menstruation als unrein. Im gebärfähigen Alter dürfen sie den Tempel überhaupt nicht betreten. Die beiden Aktivistinnen, die sich als gläubige Hindu verstehen, wollten diese Ungerechtigkeit gegenüber Frauen nicht weiter hinnehmen. Bereits zuvor hatten sie und einige ande-

20 re Frauen versucht, den Tempel zu betreten, waren jedoch von wütenden Hindu vertrieben worden. Bei einem Protest für die religiöse Gleichberechtigung der Frauen im Oktober des Vorjahres waren mehr als 2000 Frauen verhaftet worden. Am Neujahrstag 2019 hatten sich Zehntausende Frauen zu einer Menschenkette zusammengeschlossen, um für ihre Rechte und ihren Zugang zum Tempel zu demonstrieren.

25 Im Interview mit der Zeitung „Times of India" erzählten die beiden nach ihrem gelungenen Versuch, sie hätten den Tempel sehr früh morgens und durch einen Hintereingang betreten. Sie seien zahlreichen anderen Gläubigen begegnet. Ein besonderer Moment sei ihr Gebet vor dem Schrein gewesen. Polizisten in Zivilkleidung hatten die Frauen zu ihrem Schutz begleitet. Diese Verpflichtung haben Polizisten bei jedem Besucher dieses religiösen Ortes. Die

30 Verantwortlichen des Tempels schlossen nach Bekanntwerden des Vorfalls den Zugang zum Tempel für etwa eine Stunde, um Reinigungsrituale durchzuführen. Auch Politiker reagierten: Die Bharatija Janata Party (BJP) von Ministerpräsident Narenda Modi sprach von einem „schwarzen Tag" und forderte die traditionellen Hindus zu Massenprotesten auf. Tränengas und Wasserwerfer bestimmten das Bild auf den Straßen. Die Familien von Bindu Ammini und

35 Kanda Durga wurden unter Polizeischutz gestellt.

Aufgaben

1 Lies in der Bibel Gen 16 und 21,8–21. Erstelle ein Soziogramm für die an der Geschichte beteiligten Personen.

2 Verfasse einen inneren Monolog der Hagar auf dem Bild von Frederick Goodall.

3 Prüfe, ob du die Figur Hagars anders oder genauso wahrnimmst wie die Muslimin Hamideh Mohagheghi.

4 Erkläre, warum man Bindu Ammini und Kanaka Durga als starke Hindu-Frauen bezeichnen kann.

→ ein Soziogramm erstellen:
Seite 177

→ einen inneren Monolog verfassen:
Seite 72

Gemacht als Mann und Frau – Was heißt das?

Aufgaben

→ eine Karikatur interpretieren: Seite 174

1 Interpretiere die Karikatur.

2 „Es ist nicht gut, dass der Mensch so allein ist", heißt es in Gen 2,18. Begründe, warum das Verhalten der Frau nicht gut mit der christlichen Sicht auf eine Partnerschaft zusammenpasst.

Wissen

- Die „Bibel in gerechter Sprache" übersetzt Mt 6,9 nicht mit „Vater unser im Himmel", sondern mit „Du, Gott, bist unser Vater und Mutter im Himmel". Nenne verschiedene Argumente, die man dafür anführen kann.
- Entwirf für die Kinder auf den Fotos auf Seite 48 Sprechblasen. Notiere die Auswirkungen, die Rollenbilder von Erwachsenen auf das Selbstbild von Kindern und Jugendlichen haben können.
- Untersuche Werbung für Kinderspielzeug. Überprüfe, welche Geschlechterbilder hier vermittelt werden.
- „Der Mensch ist auf Beziehung angelegt." Erläutere diese Aussage, indem du die Rolle des Menschen in den biblischen Schöpfungsmythen entfaltest.
- „Kleine Sünden bestraft der liebe Gott sofort." – Lege dar, warum dieser Spruch nichts mit dem biblischen Verständnis von Sünde zu tun hat.

Können

- Überarbeite deine Ideen-Skizzen vom Kapitelanfang (Seite 50) und bringe ein, was du in diesem Kapitel gelernt hast. Stellt euch die Ergebnisse gegenseitig vor.
- Vergleiche den griechischen Mythos von den Kugelmenschen (Seite 51) mit der Erschaffung des Menschen, wie sie in Gen 1 und 2 erzählt wird.

↗ Mythos: Seite 185

Anwenden

- Erstelle Steckbriefe für Männer- und Frauenfiguren aus dir bekannten Märchen.
- Interviewt verschiedene Paare aus eurer Familie oder eurem Freundeskreis. Fragt sie nach ihrem „Geheimrezept" für eine gelingende Beziehung und stellt die Antworten schriftlich zusammen.

→ ein Interview führen: Seite 173

- Gestalte eine Buchvorstellung zu einem Jugendroman, zum Beispiel zu „Tanz der Tiefseequalle" von Stefanie Höfler oder „#selbstschuld. Was heißt schon privat" von Thomas Feibel.

MK
- Die Menschenrechtsorganisation „100 % Mensch" veröffentlicht unterschiedliche Kampagnensongs zum respektvollen Umgang mit sexueller Vielfalt. Bereitet kurze Präsentationen vor, in denen ihr euch mit einzelnen dieser Songs auseinandersetzt.

→ eine digitale Präsentation erstellen: Seite 42

4 Was wollte Jesus?

War Jesus ein Seelsorger?

Wie weit können wir auf Gewalt verzichten?

Was du in diesem Kapitel lernen kannst:

- Wenn du dieses Kapitel bearbeitet hast, kannst du mehrere Wundererzählungen wiedergeben und deuten.
- Du kannst aufzeigen, wie mit den Taten und Worten Jesu eine neue Hoffnung anbricht.
- Du kannst anhand aktueller Beispiele darstellen, auf welche Weise Zuwendung neue Lebensmöglichkeiten eröffnet.
- Du kannst erläutern, was Jesus meinte, wenn er in Gleichnissen sprach.
- Du kannst begründet abwägen, ob Jesu Botschaft von der Feindesliebe umsetzbar ist.
- Du kannst verschiedene Möglichkeiten aufzeigen, wie man heute von Wundern sprechen kann.
- Du kannst dich mit der Frage auseinandersetzen, inwiefern Jesu Wirken bis heute Orientierung bietet.

Darauf kannst du schon aufbauen:

- Du kannst in Grundzügen darstellen, wer Jesus von Nazareth war und wie er gelebt hat.
- Du kannst einige Gleichnisse Jesu erzählen und deuten.
- Du kannst erläutern, dass sich Jesus den Armen, Kranken und Ausgestoßenen zugewandt hat.

Methoden, die dir auch in anderen Zusammenhängen helfen:

- einen inneren Monolog verfassen
- eine Schreibkonferenz durchführen

Wie wirkt Jesus noch heute?

Was ist ein Wunder?

Wo ist das Himmelreich?

Was ist ein Wunder?

Ein Autofahrer fährt viel zu schnell, kommt von der Straße ab und landet mit seinem Auto in einem Kirchendach. So überlebt er den Unfall. Unglaublich, aber wirklich geschehen!

Die Tatsachen
Wer? Ein 23-jähriger Mann.
Wo? In Limbach-Oberfrohna, einem Ort bei Chemnitz in Sachsen.
Wann? Am 25. Januar 2009 gegen 23.00 Uhr.
Wie? Der Fahrer war leicht betrunken, fuhr mit über 100 km/h eine Anhöhe hinauf und flog 30–35 Meter durch die Luft.
Welche Folgen? Der Mann erlitt schwere Verletzungen, die inzwischen vollständig verheilt sind. Er musste seinen Führerschein für längere Zeit abgeben. Das Kirchendach wurde für etwa 70 000 Euro repariert. Fernsehen und Zeitungen berichteten über den Fall. Eine Firma verdient Geld mit Aufklebern, Tassen und anderem Werbematerial. Immer wieder ist von einem Wunder die Rede.

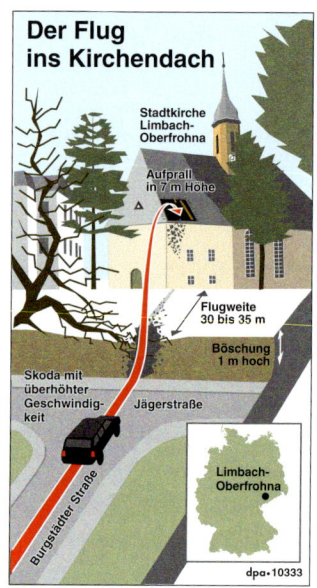

Interessant ist, wie die Menschen auf den Unfall reagieren.
Wissenschaftlerinnen und Wissenschaftler verfassen ein Gutachten, gehen von einem sehr seltenen, rätselhaften Zufall aus. Sie messen die Winkel und Abstände und können die Geschwindigkeit berechnen: Der Mann soll mit etwa 139 km/h gefahren sein. Die Böschung wirkte wie eine Sprungschanze.
Der **Mann selbst, Freunde und Angehörige** sind dankbar, dass er überlebt hat. Wäre er nicht genau zwischen zwei Dachbalken gelandet, wäre er vermutlich gestorben.
Auch in der **Kirchengemeinde** wird immer wieder über den Unfall gesprochen. Für den Mann wurde gebetet. Die einen meinen, es habe sich ein Wunder Gottes ereignet. Andere sagen: „Die wirklichen Wunder passieren ganz leise." Fast alle kennen Wundergeschichten aus der Bibel, die von Jesus erzählen. Sie glauben, dass Wunder mit der Botschaft Jesu zu tun haben. Aber was wollte Jesus überhaupt?

Aufgabe

Jedes Jahr am 25. Januar wird in Limbach-Oberfrohna an das Ereignis gedacht. Lege in einem Artikel für die Ausgabe der Tageszeitung oder für den Gemeindebrief dar, was ein Wunder für dich ist.

Dazu ist es wichtig, ...
- zu klären, was ein Wunder ausmacht.
- zusammenfassend darzustellen, was Jesus den Menschen sagen wollte.
- sich mit den Taten Jesu in Wundergeschichten auseinanderzusetzen.
- zu prüfen, wann und wie die Taten und Worte Jesu heute wichtig werden.

Das Wunder von Bern (Regie: Sönke Wortmann, 2003). Der Film erzählt die Geschichte von Deutschlands unerwartetem Sieg bei der Fußballweltmeisterschaft 1954 in Bern.

Die Auferweckung des toten Lazarus durch Jesus

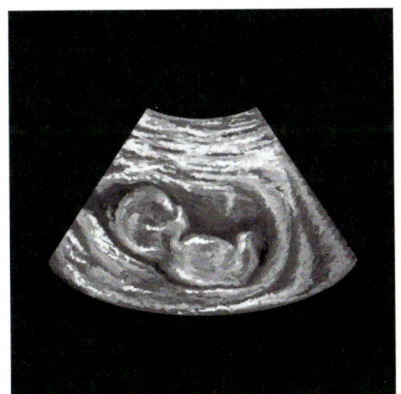

Ultraschallbild eines Embryos

Hochleistungssportler mit einer Beinprothese

Aufgaben

1 Wähle eine Textform aus und schreibe über den Unfall in Sachsen: einen Zeitungsartikel, ein wissenschaftliches Gutachten oder einen Text in Ich-Form oder eines Angehörigen des Mannes selbst. Vergleicht die Wirkung.

2 Formuliere ein eigenes Statement zu den Bildern dieser Doppelseite, ob für dich ein Wunder vorliegt.

3 Wähle eine der Abbildungen aus und verfasse zwei unterschiedliche Texte dazu: zum einen eine Schilderung des „Wunders" aus der Sicht einer beteiligten Person, zum anderen einen Bericht, der das jeweilige Geschehen rein sachlich darstellt und erklärt. Vergleicht die Wirkung.

Was steht hinter den Wundergeschichten?

John Constable, Gewitter über dem Meer (um 1824–26)

Methode: einen inneren Monolog verfassen

Ein innerer Monolog ist ein stummes Selbstgespräch einer literarischen Person. Der Monolog bringt das zur Sprache, was die Figur in einer bestimmten Situation wahrnimmt, denkt und empfindet.

So kannst du vorgehen:
1 Denke dich genau in die Figur ein: Wie würdest du dich fühlen, was würdest du empfinden, wenn du jetzt an ihrer Stelle wärst?
2 Schreibe in Ich-Form und in direkter Rede.
3 Lass auch unsystematische Gedankenbewegungen oder widersprüchliche Empfindungen zu und verwende einfache Sprache.

Am Abend dieses Tages sagte Jesus zu seinen Jüngern: „Wir wollen ans andere Ufer fahren." Sie ließen die Volksmenge zurück. Dann fuhren sie mit dem Boot los, in dem er saß. Auch andere Boote fuhren mit. Da kam ein starker Sturm auf. Die Wellen schlugen ins Boot hinein, sodass es schon voll lief. Jesus schlief hinten im Boot auf einem Kissen. Seine Jünger weckten ihn und riefen: „Lehrer! Macht es dir nichts aus, dass wir untergehen?" Jesus stand auf, bedrohte den Wind und sagte zu dem See: „Werde ruhig! Sei still!" Da legte sich der Wind und es wurde ganz still. Und Jesus fragte die Jünger: „Warum habt ihr solche Angst? Wo ist euer Glaube?" Aber die Jünger überkam große Furcht. Sie fragten sich: „Wer ist er eigentlich? Sogar der Wind und die Wellen gehorchen ihm."

(Mk 4,35–41)

Aufgaben

1 Beschreibe nacheinander die beiden Bilder der Doppelseite und vergleiche sie.

→ ein Bild analysieren: Seite 159

2 Inszeniert Mk 4,35–41 gemeinsam:
a) Verfasst innere Monologe aus der Sicht der Jünger, bevor sie Jesus wecken.
b) Lest den Text in verteilten Rollen und setzt passende Geräusche ein. Tragt dabei mehrere Monologe vor – alles ohne Unterbrechung.
c) Beschreibt am Ende der Szene eure Gefühle aus der Rolle heraus. Verfasst nun einen zweiten Teil eures Monologs als Rückblick auf das Erlebnis.

3 Verfasse einen inneren Monolog des Jugendlichen auf dem Bild oben. Vergleiche mit der Sturmstillung und erfinde einen Schluss mit dem Titel „Ruhe nach dem Sturm".

4 Manche übersetzen den Satz „Jesus hat Blinde geheilt" mit „Jesus hat Menschen die Augen geöffnet". Nimm Stellung zu einem solchen Wunderverständnis.

Mit welcher Absicht wurden Wundergeschichten festgehalten?

Wunder in der Antike

↔ Haben bibli-
sche Autoren
voneinander ab-
geschrieben?
Seite 96–97

Erzählungen von Macht über Naturgewalten waren
in der Antike weit verbreitet, sodass sie auch den
Autoren der Evangelien bekannt gewesen sein
müssen. Auch aus nicht jüdischen antiken Texten
5   sind solche Naturwunder bekannt. Die ursprünglich
nur den Göttern zugeschriebene Gewalt über die
Elemente und das Wetter ging in der griechischen
Antike mehr und mehr auf Halbgötter und besondere Menschen über, zum Beispiel auf Herakles,
10   Medea oder Orpheus. Aber auch Kaisern und Köni-
gen, zum Beispiel Caesar und Caligula, wurden solche Kräfte zugeschrieben. Von König Xerxes wurde
berichtet, dass er das Meer, das ihm nicht gehorcht,
auspeitschen lässt. Typisch für antike Wundererzäh-
15   lungen ist, dass sie zeigen, welche übermenschliche
Kraft der Wundertäter besitzt. Viele römische Kaiser ließen sich wie Götter verehren. Nach ihrem Tod
wurden sie in den Götterhimmel aufgenommen;
ein Adler des Göttervaters Jupiter geleitete sie.
20   Dass ihnen göttliche Kräfte zugeschrieben wurden,
ist daher nicht verwunderlich und in der Antike
auch nichts Ungewöhnliches.

Statue des Kaisers Claudius (10 v.Chr.–
54 n.Chr., Vatikanische Museen)

SP **Methode: eine Schreibkonferenz durchführen**

Eine Schreibkonferenz bietet die Möglichkeit, selbst verfasste Textentwürfe in der
Kleingruppe zu verbessern. Wichtig ist es, strukturierte Überarbeitungsvorschläge zu
machen und zugleich wertschätzend mit den Texten umzugehen. Zeiten, Abläufe und
die Gruppenzusammensetzung müssen vorher festgelegt sein.

So könnt ihr vorgehen:

1   Verfasst in Einzelarbeit jeweils einen Textentwurf zum vorgegebenen Thema.
2   Reicht die Textentwürfe jeweils mit
    dem Kommentarbogen der Textlupe
    in der Gruppe herum, bis mindestens
    zwei Personen die Spalten ausgefüllt
    haben.
3   Gebt die Kommentare an die Autorin
    oder den Autor zurück. Überarbeitet eure Entwürfe in Einzelarbeit.
4   Präsentiert die fertigen Texte in der Klasse.

Textlupe

Das gefällt mir besonders gut.	*Hier fällt mir etwas auf/habe ich noch Fragen.*	*Meine Tipps! Meine Angebote!*
...	...	...

Darstellungen Jesu als Apotheker waren zwischen dem 17. und 19. Jahrhundert beliebt. Die Arzneidosen sind mit seelischen Heilmitteln beschriftet; vorne etwa mit „Hoffnung" und „Gnade".

↗ Gnade: Seite 182

Christus als Apotheker, unbekannter Meister (18. Jh.)

Übertragung der Bibelstellen

Schild oben:
Die Starken bedürfen des Arztes nicht, sondern die Kranken. Lk 5,31 Mt 9,17

Suchet in der Schrift, denn sie ist's, die von mir, eurem Arzt, zeugen. Joh 5,39

Kommet her zu mir alle, die ihr mühselig und beladen seid. Mt 11,28

Wer zu mir kommt, den werde ich nicht hinausstoßen.

Spruchband:
Meine Sünden sind schwer und übergroß und reuen mich von Herzen.

Aufgaben

1 Erkläre, welchen Zweck es in der Antike hatte, von Wundertaten eines römischen Kaisers zu berichten. Beziehe die Darstellung des Claudius mit ein.

2 Der Autor des Markusevangeliums erzählt anders von den Taten Jesu, als es in der Antike üblich war.
a) Belege das anhand von Mk 8,22–26.
b) Entwirf ein Gespräch zwischen dem Autor des Markusevangeliums und einem antiken Leser darüber, was am Wundertäter Jesus besonders war. Führt eine Schreibkonferenz durch.

→ eine Bibelstelle finden: Seite 171

3 Analysiere das Bild „Christus als Apotheker" mit Einzelheiten.

4 Apotheken entstanden erst Jahrhunderte nach Jesus. Begründe, warum der Künstler ihn dennoch als Apotheker darstellt.

→ ein Bild analysieren: Seite 159

War Jesus ein Seelsorger?

Aus der Tiefe rufe ich dich!

↔ Warum sehnen sich Menschen nach einem Gegenüber? Seite 50–51

Die Anrufenden bei der Telefonseelsorge suchen zunächst jemanden, der da ist und der sie hört. Dem sie sich zumuten dürfen, der sie hält und aushält. Bei dem sie

5 klagen dürfen, jammern, schreien, schweigen. Sie hoffen, wahrgenommen zu werden, um sich selbst wieder fühlen zu können. Die Erfahrung am Telefon zeigt, dass es nicht hilfreich ist, für den Anrufenden

10 zu schnell die neue Perspektive zu suchen. Zunächst geht es immer um die Würdigung des Schmerzes, das Verstehen der Hoffnungslosigkeit. Erst dann sind vielleicht neue Perspektiven möglich oder einfach nur der nächste Schritt.
Selten geht es in den Gesprächen ausdrücklich um den Glauben der Anrufenden. Wer auf-

15 merksam hört, entdeckt aber Spuren davon: die Frage nach dem Sinn, die Sehnsucht, angenommen und gehalten zu sein, nicht nur in diesem einen Gespräch. Die Klagen der Anrufenden erinnern mich an die biblischen Klagepsalmen. Sie sind die Urform des menschlichen Rufens, und manche klingen wie Ausrufe der Anrufenden bei der Telefonseelsorge: „Niemand ist da, der mich beachtet. Mir ist jede Zuflucht genommen, niemand fragt nach meinem

20 Leben" (Psalm 142,2). Das ist der Urgrund des Glaubens: der Versuch, an-zu-rufen. Vielleicht hört mich jemand und gibt Antwort. Manchmal gibt es in der Telefonseelsorge nur noch die Klage. Die Wut. Das Schweigen. Keinen Gott mehr. Aber vielleicht einen Menschen, der wirklich zuhört, vielleicht mehr hört, als ich selbst von mir hören kann.

↗ Psalm: Seite 186–187

Annelie Bracke, Leiterin der Telefonseelsorge Köln

Moment mal!

War Jesus vielleicht einfach nur ein guter Zuhörer?

Erste Hinweise für Beratungsgespräche aller Art

Billiger Trost	Echter Trost
falsche Versprechen, „Es wird schon wieder gut."	den anderen erzählen lassen
von eigenen Situationen erzählen, „Das kenne ich. Ich habe es aber geschafft, du schaffst es auch."	das Problem ernst nehmen
Floskeln, „Kommt Zeit, kommt Rat." schnelle Ratschläge	die eigene Hilflosigkeit und Ratlosigkeit eingestehen
eigene Lösung anbieten, „Ich würde an Ihrer Stelle …"	dem Gegenüber zutrauen, selbst eine Lösung zu finden

Das Gleichnis vom großen Festmahl

Jesus ist bei einer Schabbatfeier zu Gast. Dort sagt er, man solle keine Freunde, Verwandte oder reiche Nachbarn einladen, sondern Arme und Kranke von der Straße.

[15]Als einer der Gäste das hörte, sagte er zu Jesus: „Glückselig ist, wer im Reich Gottes sein Brot essen wird!" [16]Jesus antwortete ihm: „Ein Mann veranstaltete ein großes Festessen und lud viele Gäste ein. [17]Als das Fest beginnen sollte, schickte er seinen Diener los und ließ den Gästen sagen: ‚Kommt, jetzt ist alles bereit!' [18]Aber einer nach dem anderen entschuldigte sich. Der erste sagte zu ihm: ‚Ich habe einen Acker gekauft. Und jetzt muss ich unbedingt gehen und ihn begutachten. Bitte, entschuldige mich!' [19]Ein anderer sagte: ‚Ich habe fünf Ochsengespanne gekauft und bin gerade unterwegs, um sie genauer zu prüfen. Bitte, entschuldige mich!' [20]Und wieder ein anderer sagte: ‚Ich habe gerade erst geheiratet und kann deshalb nicht kommen.' [21]Der Diener kam zurück und berichtete alles seinem Herrn. Da wurde der Hausherr zornig und sagte zu seinem Diener: ‚Lauf schnell hinaus auf die Straßen und Gassen der Stadt. Bring die Armen, Verkrüppelten, Blinden und Gelähmten hierher.' [22]Bald darauf meldete der Diener: ‚Herr, dein Befehl ist ausgeführt – aber es ist immer noch Platz.' [23]Und der Herr sagte zu ihm: ‚Geh hinaus aus der Stadt auf die Landstraßen und an die Zäune. Dränge die Leute dort herzukommen, damit mein Haus voll wird!' [24]Denn das sage ich euch: Keiner der Gäste, die zuerst eingeladen waren, wird an meinem Festmahl teilnehmen!"

(Lk 14,15–24)

← → Altarbild von Hermann Buß: Seite 153

Ein Stacheldraht trennt Arm und Reich: Oxfam kämpft für weltweite Gerechtigkeit in der Verteilung von Nahrungsmitteln

Aufgaben

1 Mitarbeiterinnen und Mitarbeiter der Telefonseelsorge werden vor ihrer Tätigkeit gründlich geschult und in ihrem Dienst begleitet. Begründe, warum das wichtig ist.

2 Nimm an, ein Freund oder eine Freundin hat wegen schlechter Schulnoten zu Hause Ärger und sucht Rat. Übe mit deinem Sitznachbarn oder deiner Sitznachbarin ein Rollenspiel ein. Wertet das Gespräch mithilfe der „Ersten Hinweise für Beratungsgespräche" gemeinsam aus.

→ eine Rollenbiografie verfassen: Seite 178

3 Gestalte das Gleichnis Jesu (Lk 14,16–24) so um, wie man es heute erzählen würde.

4 Jesus antwortet in Lk 14 mit seinem Gleichnis auf den Satz eines Gastes (V. 15). Schreibe eine Fortsetzung des Gesprächs, sodass klar wird, was er damit sagen will.

5 Das Hilfswerk Oxfam zeigte 2011 mit einer Aktion, was sie unter einer „richtigen" Tischgemeinschaft versteht. Vergleiche diese Tischgemeinschaft mit der, die Jesus im Gleichnis beschreibt.

Wo ist das Himmelreich?

Andreas, ein junger Jude, wird vom römischen Statthalter Pilatus erpresst. Er soll Material über neue religiöse Bewegungen in Palästina sammeln. Dabei wird er auf Jesus und seine Anhänger aufmerksam. Auch in Nazareth, dem Heimatdorf Jesu, stellt er Nachforschungen an und spricht mit dem Ehepaar Susanna und Tholomäus. Die beiden sind verzweifelt: Ihre drei Söhne haben sie im Stich gelassen. Bartholomäus, der jüngste, ist allerdings nicht wegen der herrschenden Armut aufgebrochen. Er hatte einen anderen Grund. Andreas kann das nicht verstehen:

↔ Sehnsucht nach einem anderen Leben: Seite 18–19

„Viele erwarten die Herrschaft Gottes", sagte ich. „Aber deswegen verlassen sie nicht ihre Eltern."

„Das ist es eben!", sagte Tholomäus. „Er hat es auch nicht von selbst getan. Einer aus unse-
5 rem Dorf hat ihn überredet. Er heißt Jesus. Er zieht durch das Land und verkündet, die Herrschaft Gottes beginne schon jetzt. Bartholomäus hat mir bei seinem Besuch einige Worte Jesu gesagt. Es sind schöne Worte:

↔ Selig-preisungen: Seite 94

> Glücklich seid ihr Armen, denn euch
> gehört die Herrschaft Gottes!
> Glücklich seid ihr, die ihr jetzt hungert,
10 > denn ihr werdet satt werden!
> Glücklich seid ihr, die ihr jetzt weint,
> denn ihr werdet lachen!

Mit diesen Worten zieht Jesus durchs Land und sagt einigen jungen Leuten, die es hier nicht mehr aushalten: Folgt mir nach! Es wird anders werden. Die Armen werden nicht mehr arm
15 sein, die Hungernden nicht mehr hungern, die Weinenden nicht mehr weinen."
Da schaltete sich Susanna ein. Sie war sichtlich erregt: „Dieser Jesus ist ein schlimmer Ver-
führer. Er verdirbt die jungen Leute. Das klingt ja so schön: Glücklich seid ihr Weinenden, denn ihr werdet lachen! Aber was bewirkt er tatsächlich? ..."

Gerd Theißen, Theologe

SP **Info: Reich Gottes**
Der griechische Begriff für „Reich Gottes" ist schwer zu übersetzen. „Gottes neue Welt", „Himmelreich", „Königsherrschaft" – alle Übersetzungen meinen das-selbe. Denn der Begriff bezeichnet sowohl die Herr-schaft als auch den Ort, den Herrschaftsbereich. Der Kern der Botschaft Jesu besteht darin, dass diese „neue Welt" sich zwar noch nicht vollständig durchge-setzt habe, mit ihm aber bereits angebrochen sei. Verschiedene Bibelstellen geben genauer darüber Aufschluss, wie sich Jesus das Reich Gottes vorge-stellt hat: Mt 18,1–5; Mt 5,3.10; Lk 10,9; Lk 11,2; Mt 12,28; Lk 17,20f., Lk 18,17.

→ eine Bibelstelle finden: Seite 171

Auf die Frage, ob er der erwartete Messias sei, antwortet Jesus:

„Blinde sehen und Lahme gehen. Menschen mit Aussatz werden rein, Taube hören, Tote werden zum Leben erweckt und Armen wird die Gute Nachricht verkündet. Glückselig ist, wer sich nicht von mir abbringen lässt."

(Mt 11,5f.)

↗ Messias:
Seite 185

Alle Knospen springen auf

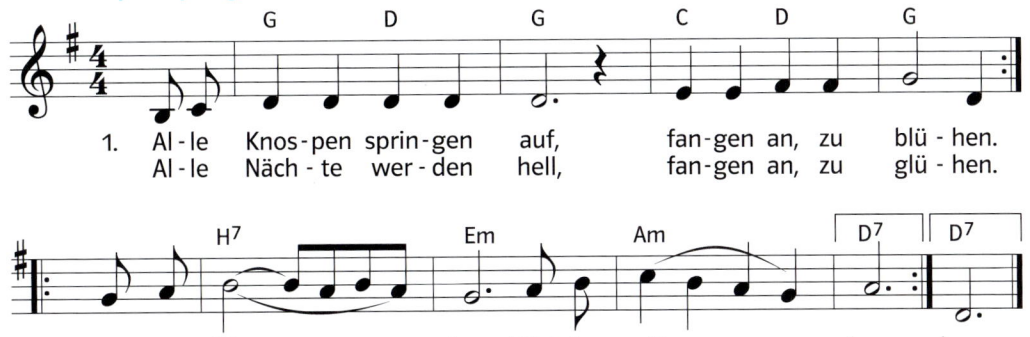

1. Al-le Knos-pen sprin-gen auf, fan-gen an, zu blü-hen.
   Al-le Näch-te wer-den hell, fan-gen an, zu glü-hen.

Knos-pen blü - - hen, Näch-te glü - - hen. hen.

2. Alle Menschen auf der Welt fangen an zu teilen. Alle Wunden nah und fern fangen an zu heilen. Menschen teilen – Wunden heilen. Knospen blühen – Nächte glühen.

3. Alle Augen springen auf, fangen an zu sehen. Alle Lahmen stehen auf, fangen an zu gehen. Augen sehen – Lahme gehen. Menschen teilen – Wunden heilen. Knospen blühen – Nächte glühen.

4. Alle Stummen hier und da fangen an zu grüßen. Alle Mauern tot und hart, werden weich und fließen. Stumme grüßen – Mauern fließen. Augen sehen – Lahme gehen. Menschen teilen – Wunden heilen. Knospen blühen – Nächte glühen.

Text: Wilhelm Willms, Melodie: Ludger Edelkötter, KiMu Kinder Musik Verlag GmbH, 50259 Pulheim

Aufgaben

1 Verfasse einen inneren Monolog eines Bewohners von Nazaret, nachdem er die Botschaft Jesu gehört hat. Führt gemeinsam eine Schreibkonferenz zum Thema „Reaktionen auf Jesu Botschaft" durch.

→ einen inneren Monolog ver-fassen:
Seite 72

2 Schlage die Bibelstellen zum Reich Gottes nach. Fasse in eigenen Worten zusammen, was Jesus darunter versteht.

→ eine Schreib-konferenz durch-führen:
Seite 74

3 Erkläre, warum manche über ein Ortsschild „Himmelreich" schmunzeln. Beschreibe, wie der Ort sein oder noch werden muss, damit der Name passt.

4 In Mt 11,5f. nennt Jesus sechs Anzeichen dafür, dass das Reich Gottes gekommen ist. Gestalte jeweils ein passendes Piktogramm (ein einfaches grafisches Zeichen wie ein Verkehrs- oder Hinweisschild) und vervollständige dazu jeweils den Satz „Das Reich Gottes ist da, denn …".

SP **5** Vergleiche Mt 11,5f. mit dem Liedtext. Verfasse selbst eine oder mehrere Strophen.

Wie sieht die neue Gerechtigkeit aus?

Gerecht oder ungerecht?

↔ Bin ich, was ich leiste?
Seite 30–31

Benjamin und Nele haben beide zusammen für eine Klassenarbeit gelernt, gleich lang und gleich viel. Benjamin schreibt jedoch eine Vier und Nele eine Eins.

Eine Ärztin verdient im Monat durchschnittlich 6000 Euro, ein Bauarbeiter 2500 Euro im Monat.

Ein Lehrer gibt allen seinen Schülerinnen und Schülern aus Protest gegen das Notensystem eine Zwei als mündliche Note.

Menschen mit einem höheren Bildungsabschluss haben durchschnittlich ein höheres Einkommen.

Jeder bekommt eine Grundversorgung vom Staat, unabhängig davon, ob er arbeiten möchte oder nicht.

Julie musste bis zum elften Geburtstag auf ein Smartphone warten, ihre vier Jahre jüngere Schwester bekommt es schon mit neun.

Eine Großmutter gibt ihren beiden Enkeln gleich viel Geld für den Führerschein, obwohl der eine fast doppelt so viele Fahrstunden braucht wie der andere.

Die Schülerinnen und Schüler, die ein Instrument gelernt haben, sind im Musikunterricht ein bis zwei Noten besser als ihre Mitschüler/-innen.

Die Letzten werden die Ersten sein (Mt 20,16).

ge|recht; jmdm., einer Aufgabe gerecht werden
...ge|recht (z. B. behindertengerecht, kindgerecht); Ge|rech|te, der u. die; -n, -n
Ge|rech|tig|keit, die;

SP

↔ Was versteht Jeremia unter Gerechtigkeit?
Seite 140–141

↗ Nächstenliebe:
Seite 185

Gebot:
Seite 181

Info: Gerechtigkeit
Gerechtigkeit ist dann gegeben, wenn Güter, aber auch Chancen fair verteilt sind.
Ob es gerecht ist,
- wenn jeder gleich viel bekommt,
- wenn jeder bekommt, was ihm zusteht oder
- wenn jeder bekommt, was er benötigt,

ist manchmal schwer zu entscheiden. Klar ist: Ungerecht behandelt zu werden, tut weh. Christinnen und Christen glauben, dass Ungerechtigkeiten beseitigt werden können, wenn Menschen aus Barmherzigkeit und Nächstenliebe handeln und sich an die Gebote Gottes halten.

Die Letzten werden die Ersten sein

Ein Unternehmer hat ein höchst erfolgreiches Produkt entdeckt, das seinem Unternehmen für die kommenden Jahre ein beträchtliches Wachstum verspricht. Er stellt
5 Arbeitskräfte ein und sichert ihnen über ein Grundeinkommen hinaus vertraglich zu, sie nach sechs Jahren zu 1% an den erwirtschafteten Überschüssen zu beteiligen. Da das Unternehmen weiter wächst, kann er nach
10 zwei Jahren weitere Arbeitskräfte einstellen. Wieder wird eine Gewinnbeteiligung in Aussicht gestellt. Nach weiteren zwei Jahren kann der Unternehmer diesen Schritt noch ein weiteres Mal wiederholen. Fast sechs Jahre nach der Entdeckung seines Produkts wirbt er einige Langzeitarbeitslose an, deren Beteiligung an den betrieblichen Überschüssen im
15 Vertrag offen bleibt.

Einen Monat später hält der Unternehmer im Rahmen einer Betriebsfeier eine Rede, in der er auf den Erfolg der letzten sechs Jahre zurückblickt und die Arbeit seiner Angestellten würdigt. Als erstes und sehr ausführlich würdigt er die, die erst seit einem Monat zum Betrieb gehören: Neben einem Blumenstrauß erhalten sie die Versicherung, in den nächsten
20 Tagen mit 1% am Überschuss beteiligt zu werden. In diesem Moment gehen die langgedienten Angestellten, die das Unternehmen mit aufgebaut haben, davon aus, entsprechend höher am Gewinn beteiligt zu werden, bekommen aber denselben Blumenstrauß und dieselbe, vor sechs Jahren vereinbarte Summe.

> **Moment mal!**
>
> Verwechselt Jesus Gerechtigkeit und Güte?

Aufgaben

1 Führt auf einem Zettel die Umfrage auf der linken Seite geheim durch (Antworten: Ja/Nein/Kommt darauf an) und fasst die Abstimmungsergebnisse zusammen. Setzt euch in kleinen Gruppen mit den Fällen auseinander, in denen es entweder sehr unterschiedliche Einschätzungen oder besonders viele „Kommt darauf an"-Stimmen gab.

2 Gib mit deinen Worten wieder, welches Problem in der Geschichte „Die Letzten werden die Ersten sein" aufkommt. Schreibe einen eigenen Schluss, in dem sich die Angestellten und der Chef auseinandersetzen.

3 Die Geschichte oben ist eine moderne Fassung von Mt 20,1–10. Untersuche, ob die Übertragung alle wesentlichen Aspekte berücksichtigt.

→ eine Bibelstelle finden: Seite 171

4 Lies Mt 20,11–16 und formuliere in eigenen Worten, was Jesus unter Gerechtigkeit versteht. Vergleiche es mit den Möglichkeiten, die im Info-Text genannt sind.

5 Angenommen, dem Weinbergbesitzer/dem Unternehmer wird ein schriftliches Zeugnis ausgestellt. Bewerte seine Fähigkeiten, indem du den Punkt „Umgang mit den Mitarbeiterinnen und Mitarbeitern" verfasst.

Wie weit können wir auf Gewalt verzichten?

↔ Was hat
Frieden mit Ge-
rechtigkeit zu tun?
Seite 142–143

Barack Obama erhielt 2009, bald nach seiner Einführung als Präsident der USA, den Friedens-nobelpreis. Begründet wurde das damit, dass Obama sich auf außergewöhnliche Weise für die Zusammenarbeit zwischen den Völkern einsetze. Obama hielt eine Dankesrede, als er den Preis bekam. Darin verteidigt er, dass in bestimmten Situationen Waffen eingesetzt werden dürfen.

„Krieg ist manchmal nicht nur notwendig, sondern moralisch gerechtfertigt"

Ich bin für die Entsendung tausender junger Ameri-kaner verantwortlich, die in einem weit entfernten Land kämpfen müssen. Einige von ihnen werden töten. Einige von ihnen werden getötet werden.

5 Daher bin ich heute mit einem unmittelbaren Ge-fühl dafür hier, was uns bewaffnete Konflikte kos-ten. Diese Fragen sind nicht neu. Krieg trat in der einen oder anderen Form mit dem ersten Men-schen in Erscheinung. Zu Anbeginn der Geschichte

10 fragte sich niemand, ob Krieg moralisch vertretbar sei; er war einfach eine Gegebenheit wie Dürren oder Krankheiten – das Mittel, mit dem Stämme und später Kulturen nach Macht strebten und ihre Differenzen beilegten. Im Laufe der Zeit versuchte

15 man mit Gesetzen, die Gewalt innerhalb von Grup-pen zu kontrollieren. Ebenso versuchten Philoso-phen, Geistliche und Staatsmänner, die zerstöreri-sche Kraft des Krieges einzuschränken. Das Konzept eines „gerechten Krieges" trat in Erschei-

20 nung; es legte nahe, dass ein Krieg nur gerechtfer-tigt ist, wenn er bestimmte Bedingungen erfüllt: dass er als letztes Mittel oder zur Selbstverteidi-

Barack Obama bei der Verleihung des Friedensnobelpreises 2009

gung geführt wird, dass die Verwendung von Gewalt verhältnismäßig ist und dass, wo möglich, Zivilisten von der Gewalt ausgenommen sind.

25 Wir müssen damit beginnen, die schwere Wahrheit anzunehmen, dass wir gewaltsame Konflikte in unseren Lebzeiten nicht werden abschaffen können. Es wird Zeiten geben, in denen Nationen – die allein oder gemeinsam handeln – den Einsatz von Gewalt nicht nur als notwendig, sondern als moralisch gerechtfertigt betrachten werden.

Ich bin der Meinung, dass Gewalt aus humanitären Gründen gerechtfertigt werden kann,

30 wie das auf dem Balkan oder an anderen Orten der Fall war, die vom Krieg Narben davon-getragen haben. Untätigkeit zerrt an unserem Gewissen.

Barack Obama, Präsident der USA von 2009–2017

Geistliche = Kirchenleute

verhältnismä-ßig = passend zur Situation

Zivilisten = normale Bürger

humanitär = menschlich

Balkan = Süd-osteuropa

Moment mal!

Darf man als Friedensnobelpreisträger für den Einsatz von Waffen sein?

Seit über 70 Jahren finden einmal im Jahr zu Ostern Friedensdemonstrationen statt.

Plakat beim Ostermarsch in Berlin 2003

Plakat beim Ostermarsch in Berlin 2019

Das Plakat auf dem Foto links zeigt Präsident George W. Bush, der vor Barack Obama Präsident der USA war und mehrere Kriege geführt hat. Die Darstellung spielt auf Jesus an.

Jesus spricht in der Bergpredigt

38„Ihr wisst, dass gesagt worden ist: ‚Auge um Auge und Zahn um Zahn!‘ 39Ich sage euch aber: Wehrt euch nicht gegen Menschen, die euch etwas Böses antun! Sondern: Wenn dich jemand auf die rechte Backe schlägt, dann halte ihm auch deine andere Backe hin!"

(Mt 5,38–39)

↗ Bergpredigt: Seite 180

→ Wie frei ist der Mensch? Seite 36–37

„Auge für Auge, Zahn für Zahn": Jesus erinnert hier an das Talionsrecht der Hebräischen Bibel. Die Regel wird oft als brutal beurteilt. Das ist ein Missverständnis. Denn sie richtete sich an den Täter. Er sollte seine Tat wiedergutmachen und den Schaden vollständig ersetzen. So sorgte der Rechtssatz dafür, dass die Gewalt nicht zunahm. Jesus verschärft diese Regel, indem er vom Opfer fordert, auf Gewalt und Ansprüche völlig zu verzichten.

↔ Welche Bedeutung hat Jesus in Islam und Judentum? Seite 114–115

Aufgaben

1 Gib mit eigenen Worten wieder, wie Barack Obama argumentiert.

2 Entwickelt gemeinsam Regeln – unabhängig von der Frage, ob es realistisch ist –, die für alle Menschen, alle Nationen und alle Gesellschaften gelten müssten, damit Krieg und gewaltsame Konflikte verhindert werden können.

3 Stelle dir vor, Jesus wird nach seiner Rede interviewt. Entwirf dieses Interview zu Mt 5,38–39 und beziehe die Informationen zum Talionsrecht mit ein.

→ ein Interview führen: Seite 173

4 Bereitet eine Podiumsdiskussion vor, die am Rande der Ostermärsche stattfindet. Lasst Obama, eine Friedensaktivistin und einen Pastor über Gewaltverzicht diskutieren.

Wie wirkt Jesus noch heute?

Nick Vujicic (* 1982)

Nick liebt Fallschirmspringen, Fußball und Schwimmen. Er malt. Er schreibt Bücher. Einmal war er sogar auf dem Titelblatt des „Surfer Magazine" abgebildet, nachdem er es als erster Mensch geschafft hatte, mit dem Surfbrett eine 360-Grad-Drehung hinzulegen.

↔ Wie tolerant sind wir? Seite 62–63

Nick wurde ohne Arme und Beine geboren. Die Ärzte waren schockiert, als seine Mutter ihn zur Welt brachte. Sie waren auf Nicks Zustand nicht vorbereitet gewesen und hatten keine Erklärung dafür.

5 Als er größer wurde, war Nick unglücklich. Es kam ihm unfair vor, dass er einen anderen Körper bekommen hatte als jeder sonst. Und er hatte Angst, niemals so leben zu können, wie er es wollte. Er fragte sich, was er mit seinem Leben anfangen sollte. Eines Tages las Nick einen Artikel über einen behinderten Mann, der Vorträge darüber hielt, wie man schwierige Situationen überwindet. Er begeisterte Tausende von Menschen. Nick entschied sich, dasselbe zu versuchen. Seine erste Rede hielt er in einer Halle vor 300 14-jährigen Schülern.

15 Er war so nervös, dass er zitterte. Aber nach ein paar Minuten hatten die meisten von ihnen angefangen zu weinen. Ein Mädchen hob die Hand. „Es tut mir leid, Sie zu unterbrechen", sagte sie, „aber dürfte ich wohl nach vorne kommen und Sie umarmen?" Und während sie sich umarmten, flüsterte sie ihm ins Ohr, dass ihr noch nie zuvor jemand gesagt habe, sie sei schön, und zwar so, wie sie war. Denn genau das hatte Nick zu allen Kindern im Raum gesagt.

20 Von da an wusste Nick, was er tun wollte. Er ist durch 44 Länder gereist und hat mehr als 3 000 Vorträge gehalten. Wohin er auch geht, überall bewegt er die Menschen und macht ihnen Mut. Er lässt sie wissen, dass sie alle geliebt werden und schön sind, selbst wenn es sich für sie nicht so anfühlt. „Wer denkt, dass er nicht gut genug ist, hat unrecht", sagt er. „Wer denkt, dass er nichts wert ist, hat unrecht."

Eine Frau träumte, sie beträte einen ganz neuen Laden am Markt, und zu ihrem Erstaunen stand Gott hinter dem Ladentisch. „Was verkaufst du hier?", fragte sie.

5 „Alles, was dein Herz begehrt", sagte Gott. Die Frau wagte kaum zu glauben, was sie hörte, beschloss aber, das Beste zu verlangen, was ein Mensch sich nur wünschen konnte. „Ich möchte Frieden für meine Seele und Liebe und Glück, und

10 weise möchte ich sein und nie mehr Angst haben", sagte sie. Nach kurzem Nachdenken fügte sie hinzu: „Nicht nur für mich allein, sondern für alle Menschen auf der Erde." Gott lächelte: „Ich glaube, du hast mich falsch verstanden, meine Liebe", sagte er, „wir verkaufen hier keine Früchte, nur die Samen."

Anthony de Mello, Schriftsteller

Vedran Smailović (* 1956)

Die Stadt Sarajevo wurde von dem Krieg, der rund um sie herum tobte, in Stücke gerissen. 1425 Tage lang rollten Panzer durch die Straßen, Bomben schlugen ein und Schüsse wurden abgefeuert. Es sollte die längste Belagerung einer Stadt in der Geschichte der modernen Kriegsführung werden.

↔ Die Geschichte einer Flucht: Seite 99

Eines Nachmittags hörte Vedran eine Explosion und schaute aus seinem Fenster. Eine Bombe war detoniert und hatte 22 Menschen getötet, die vor einer Bäckerei angestanden hatten, um Brot zu kaufen. Vedran sackte auf dem Fußboden zusammen. Er
5 fühlte sich so wütend, so traurig und so machtlos. Sein Leben, sein Land und seine Freunde wurden vernichtet – und was konnte er dagegen unternehmen? Er war kein Soldat, er konnte nicht kämpfen. Er war kein Politiker, er konnte nicht verhandeln. Er war ein Musiker. Wozu sollte das gut sein? Vedran tat das Ein-
10 zige, was er tun konnte. Er zog seinen schicksten Anzug an, nahm sein Cello und ging hinunter in die rauchgeschwängerten Straßen seiner Stadt. Er stellte einen Hocker in das Loch, das die Bombe gerissen hatte, und spielte. Ein Journalist kam, um ihn zu interviewen. „Sind Sie verrückt?", fragte der Journalist. „Sie fragen mich, ob ich verrückt bin,
15 weil ich Cello spiele?", erwiderte Vedran. „Warum fragen Sie nicht die, die Sarajevo zerstören, ob sie verrückt sind?" 22 Tage lang spielte er am selben Ort: einen Tag für jeden Menschen, der gestorben war. Er spielte, während Häuser brannten, Bomben fielen und ihm Granaten um die Ohren pfiffen. Er spielte für den Frieden. Er spielte für die Menschlichkeit. Und er spielte, um zu zeigen, dass es selbst in den finstersten, schrecklichsten Zeiten Hoffnung und
20 Schönheit geben kann, wenn man sich nur daran erinnert, richtig hinzusehen.

Wenn ich Mitleid empfinde, in einem Konflikt nachgebe oder jemandem helfe, dann denke ich nie an Jesus. Selbst wenn ich ganz bewusste Entscheidungen treffe und mich für eine gute Sache engagiere, tue ich das nicht, weil ich Jesus nacheifern und ihm ähnlich sein möchte. Vielmehr trage ich, wie wahrscheinlich alle Menschen, die tiefe Sehnsucht nach einer
5 guten und friedlichen Welt in mir. Ich kann nicht sagen, woher ich den Glauben habe, dass ich dazu etwas beitragen kann. Aber Jesus hat die Herrschaft Gottes unbeirrbar erwartet und radikal danach gelebt. Und vielleicht wächst in jedem, der seinen Worten und Taten ernsthaft begegnet, ein kleines Pflänzchen dieser verändernden Kraft.

↔ Wonach sehne ich mich? Seite 18–19

Claudia Bechstedt, Altenpflegerin

Aufgaben

1 Gib wieder, welche Botschaft Nick Vujicic und Vedran Smailović ihren Mitmenschen jeweils vermitteln möchten. Vergleiche sie mit der Botschaft Jesu.

2 Vergleiche die kurze Geschichte von Anthony de Mello mit dem Gleichnis Lk 13,18f.

3 Erkläre, warum die Geschichte von de Mello ein Argument gegen die Behauptung ist, Jesus habe sich geirrt und das Reich Gottes sei eine Utopie.

4 Stelle mit eigenen Worten dar, auf welche Weise sich Claudia Bechstedt am Handeln Jesu orientiert. Vergleiche ihre Sicht mit der Aussage, die in der Geschichte von de Mello deutlich wird.

→ eine Bibelstelle finden: Seite 171

→ einen Text analysieren: Seite 98

Was wollte Jesus?

Aufgabe

Skandal: Die Kirche wurde des Nachts gleich zweimal mit einem Graffiti beschädigt. Auch im Konfirmandenunterricht wird darüber gerätselt.

Setze dich mit den Behauptungen der beiden Graffiti-Täter auseinander. Beziehe ein, was du über Jesu Botschaft vom Reich Gottes in diesem Kapitel gelernt hast.

Wissen

- „Die Herrschaft Gottes hat schon begonnen." Nenne Ereignisse, die für Menschen zur Zeit Jesu zum Zeichen dieser Überzeugung wurden.
- Das griechische Wort, das wörtlich „Königsherrschaft" heißt, wird in der Bibel-Übersetzung „Die gute Nachricht" mit *Gottes neue Welt* übersetzt. Erkläre, wie die Herausgeber auf diese Übersetzung kommen.
- Ein berühmtes Zitat lautet: „Jesus hat das Himmelreich verkündet, und was kam, war die Kirche." Weise am Beispiel der Telefonseelsorge nach, dass sich die Kirche bemüht, mit ihren Angeboten an das Wirken Jesu anzuknüpfen.
- **SP** Ein Verlag möchte ein Wörterbuch „von Schülern für Schüler" herausgeben. Verfasse einen Entwurf für den Artikel „Gerechtigkeit" im Umfang von 40 bis 60 Wörtern.
- Manche deuten Wundergeschichten im übertragenen Sinne. Wende diesen Vorschlag auf Mk 10,46–52 an und verfasse einen inneren Monolog des Bartimäus nach seiner Heilung. Verwende dazu eine geeignete Redewendung („Blind sein für etwas", „Jemandem die Augen öffnen", „Es fällt mir wie Schuppen von den Augen" …).

→ eine Bibelstelle finden:
Seite 171
→ einen inneren Monolog verfassen:
Seite 72

Können

- Überarbeite den Entwurf deines Artikels von Seite 71. Berücksichtige dabei, was du in diesem Kapitel gelernt hast.
- Beschreibe die Zeichnung auf Seite 68. „Plötzlich stand Jesus in der Fußgängerzone …" Schreibe weiter, was sich möglicherweise ereignen würde, und begründe deine Ideen.

Anwenden

- Interviewt Menschen zu der Frage, ob Krieg notwendig oder Gewaltlosigkeit möglich ist.
- Ladet Menschen aus einem Seniorenheim zum gemeinsamen Essen, Singen oder Vorlesen ein.
- Führt in Kleingruppen Interviews mit haupt- oder ehrenamtlichen Seelsorgerinnen und Seelsorgern, zum Beispiel aus der Ehe- und Lebensberatung, der Notfall-, Gefängnis-, Militär- oder Krankenhausseelsorge.

→ ein Interview führen:
Seite 173

↗ Ehrenamt:
Seite 181

5 In welchen Sprachen redet die Bibel?

Gibt die Bibel heute noch Orientierung?

Was du in diesem Kapitel lernen kannst:

- Wenn du dieses Kapitel bearbeitet hast, kannst du beschreiben, mit welchen Herausforderungen Menschen von heute konfrontiert sind, wenn sie die Bibel lesen.
- Du kannst darstellen, welche unterschiedlichen Wege der Bibelauslegung es gibt.
- Du kannst an Beispielen zeigen, welche verschiedenen Arten von Texten es in der Bibel gibt.
- Du kannst erläutern, wie Bibeltexte unter Berücksichtigung ihrer Entstehungsgeschichte verstanden und analysiert werden können.
- Du kannst beschreiben, wie man mit Überlieferungen in Bibel und Koran umgehen kann, die aus heutiger Sicht problematisch sind.
- Du kannst darstellen, worin die Bedeutung der Lutherbibel für evangelische Christinnen und Christen besteht.
- Du kannst erklären, inwiefern biblische Texte für das eigene Leben und für die Gesellschaft relevant sein können.

Darauf kannst du schon aufbauen:

- Du kannst den Aufbau der Bibel erläutern und dich in ihr zurechtfinden.
- Du kennst die Bedeutung der Bibel für Juden und Christen.
- Du kannst aufzeigen, dass die Bibel Erfahrungen enthält, die Menschen mit Gott gemacht haben, und kennst einige besondere Texte.

Methoden, die dir auch in anderen Zusammenhängen helfen:

- einen synoptischen Vergleich durchführen
- einen Text analysieren

Haben biblische Autoren voneinander abgeschrieben?

Ist Bibel gleich Bibel?

Gilt Gottes Wort ewig und unabänderlich?

Gilt Gottes Wort ewig und unabänderlich?

Laura Schlessinger ist eine Radiomoderatorin in den USA, die Ratschläge am Telefon erteilt. Ein US-Bürger hat sich über die biblischen „Begründungen" ihrer Ratschläge so geärgert, dass er einen offenen Brief an die Moderatorin veröffentlicht hat:

Liebe Dr. Laura, vielen Dank, dass Sie sich so aufopfernd bemühen, den Menschen die Gesetze Gottes näherzubringen. Ich benötige ein paar Ratschläge von Ihnen im Hinblick auf einige der speziellen Gesetze und wie sie zu befolgen sind:

1. Wenn ich am Altar einen Stier als Brandopfer darbiete, weiß ich, dass dies für den Herrn einen lieblichen Geruch erzeugt (Lev 1,9). Das Problem sind meine Nachbarn. Sie behaupten, der Geruch sei nicht lieblich für sie.
2. Ich würde gerne meine Tochter in die Sklaverei verkaufen, wie es in Ex 21,7 erlaubt wird. Was wäre Ihrer Meinung nach heutzutage ein angemessener Preis für sie?
3. Lev 25,44 stellt fest, dass ich Sklaven besitzen darf, sowohl männliche als auch weibliche, wenn ich sie von benachbarten Nationen erwerbe. Einer meiner Freunde meint, das würde auf Mexikaner zutreffen, aber nicht auf Kanadier. Können Sie das klären? Warum darf ich keine Kanadier besitzen?
4. Ich habe einen Nachbarn, der stets am Samstag arbeitet. Ex 35,2 stellt deutlich fest, dass er getötet werden muss. Allerdings: Bin ich moralisch verpflichtet, ihn eigenhändig zu töten?
5. Ich weiß aus Lev 11,6–8, dass das Berühren der Haut eines toten Schweines mich unrein macht. Darf ich dennoch Fußball spielen, wenn ich dabei Handschuhe anziehe?

Ich weiß, dass Sie sich mit diesen Dingen ausführlich beschäftigt haben, daher bin ich auch zuversichtlich, dass Sie uns behilflich sein können. Und vielen Dank nochmals dafür, dass Sie uns daran erinnern, dass Gottes Wort ewig und unabänderlich ist.

Ihr ergebener Jünger und bewundernder Fan Jake

Aufgabe

Jakes Brief ist ironisch. Entwirf einen ernsthaften Brief an Dr. Laura. Gehe dabei der Frage nach, ob (und wenn ja, wie) Dr. Laura für ihre Lebensratschläge „biblische Begründungen" anführen kann.

Dazu ist es wichtig, ...
- zu erklären, wie man Bibelzitate verstehen kann, wenn man sie nicht wörtlich nimmt.
- das Problem zu beschreiben, dass die Texte in der Bibel zeitbedingt sind.
- Möglichkeiten aufzuzeigen, wie man mit diesem Problem umgehen kann.
- sich damit auseinanderzusetzen, welche verschiedenen Textgattungen es in der Bibel gibt und woran man sie erkennt.

Wege der Bibelauslegung

Die Bibel ist ein Buch, das viele verschiedene Bücher enthält. Sie ist deshalb das „Buch der Bücher". Niemand kann sie einfach so von vorne bis hinten durchlesen. Viele Geschichten enthalten Details, die wir heute nicht mehr ohne Weiteres verstehen, weil unsere Lebenswelt inzwischen eine ganz andere ist. Wer die Bibel lesen und verstehen will, muss die Texte auslegen, über ihre Botschaft nachdenken und sie deuten. In der Fachsprache nennt man das „Exegese". In der Geschichte der Bibelauslegung gibt es viele verschiedene Wege. Welchen man dabei wählt, hängt auch davon ab, welcher kirchlichen Tradition man sich zugehörig fühlt. Die folgende Übersicht zeigt eine Auswahl möglicher Wege der Bibelauslegung:

↔ Exegese: Seite 95

1. Der katholische Weg

Neben der Heiligen Schrift ist die Tradition Grundlage und Norm des Glaubens. So gibt es ein kirchliches Lehramt mit dem Papst an der Spitze. Formal gelten bestimmte Entscheidungen der Amtskirche und des Papstes nach wie vor als verbindlich. Nicht in Frage gestellt wird dabei, dass die Bibel immer wieder neu ausgelegt und wissenschaftlich erforscht werden muss.

2. Der biblizistische Weg

Die Bibel ist deshalb die Richtschnur, weil sie von Gott direkt „inspiriert" wurde und daher wortwörtlich gilt (Verbalinspiration). Die Lehre der Verbalinspiration bildete sich erst im 17. Jahrhundert, also lange nach der Reformation heraus. Dahinter stand das Bemühen, Gottes Wort ganz ernst zu nehmen. Die Lehre der Verbalinspiration prägt heute vor allem moderne evangelikale Bewegungen in den USA.

↔ Ist der Koran „Gottes Wort"? Seite 117

3. Der evangelische Weg

Der Schlüssel zum Verständnis der Bibel ist ein inhaltliches Kriterium. Luther nennt als Prüfstein: „was Christum treibet." Was das heißt, wird am besten an einem Beispiel deutlich: Vom Jakobusbrief war Luther inhaltlich enttäuscht, weil der Brief nicht die Frohe Botschaft betont, sondern die Wichtigkeit guter Werke. Luther nannte dieses biblische Buch daher einen „Brief aus Stroh" und verschob ihn ans Ende der Bibel. Die Bibel muss also mit der Frage gelesen und verstanden werden: Wo kommt die gute Nachricht von Jesus Christus zum Ausdruck? Oder: Was entspricht der Botschaft Jesu?

↗ Reformation: Seite 187

4. Der befreiungstheologische Weg

In der Bibel gibt es zahlreiche Texte, die das Thema „Ungerechtigkeit in der Gesellschaft" enthalten, z. B. bei den Propheten. Auch Jesus hat sich ganz deutlich Menschen zugewandt, die von anderen ausgegrenzt und verachtet wurden. In der Befreiungstheologie haben solche Texte ein besonderes Gewicht. Denn sie zeigen, dass es auch um die ganz konkrete Befreiung und Erlösung von Menschen geht, die jetzt leben und frei von Unterdrückung sein sollen. Das Ziel der Bibelauslegung ist es, auch im sozial-politischen Sinne etwas in der Gesellschaft zu bewirken.

Die „**Theologie der Befreiung**" entstand in den 1960er-Jahren in Lateinamerika. Es geht ihr um die Befreiung der Armen und Unterdrückten.

Aufgaben

1 Zeige auf, woran man erkennen kann, das Jakes Brief an „Dr. Laura" ironisch gemeint ist.

2 Untersuche in den vier Texten auf dieser Seite das Verhältnis von „Mensch", „Gott", „Bibel" und „Tradition". Veranschauliche deine Beobachtungen in vier Grafiken.

→ einen Inhalt veranschaulichen: Seite 174

3 Stelle in einer Tabelle Vor- und Nachteile aller vier Wege, die Bibel zu verstehen, zusammen.

4 Formuliere aus der Sicht Martin Luthers eine Erwiderung zum biblizistischen Weg. Berücksichtige dabei auch dein Vorwissen über die Entstehung der Bibel.

Welche Arten von Texten gibt es in der Bibel?

In der Bibel finden sich viele Erfahrungen wieder, die Menschen mit Gott gemacht haben. Und da Gott für alle Lebensbereiche wichtig war und ist, gibt es in der Bibel auch ganz unterschiedliche Arten von Texten: Liebesgedichte und strafrechtliche Bestimmungen für Einzeldelikte, hygienische Regeln und Meditationstexte, Sagen und Sozialgesetze, Lieder und Stammbäume, Gebete und Chroniken, Sprichwörter und prophetische Texte, Wundererzählungen und Grundgebote, Briefe und Visionen vom Weltende, Gleichnisse und Geschichten von Jesu Leiden und Sterben.

↔ Gleichnis:
Seite 45

↔ Speisevorschriften:
Seite 127

↗ HERR:
Seite 182–183

Esst kein Fleisch, in dem noch Blut ist. Treibt keine Wahrsagerei oder Zauberei. Wenn ihr einen Toten beweint, sollt ihr nicht das Haar abschneiden, den Bart stutzen oder euch Einschnitte am Körper oder Tätowierungen machen. Ich bin der HERR!

(Lev 19,26–27)

Danach sah ich – sieh doch: Im Himmel stand eine Tür offen. Und die Stimme, die ich am Anfang gehört hatte, – die Stimme, die wie eine Trompete klang – sagte zu mir: „Komm hier herauf. Ich will dir zeigen, was in Zukunft geschehen muss." Sofort ergriff der Geist Gottes Besitz von mir. Sieh doch: Im Himmel stand ein Thron und auf dem Thron saß jemand.

(Off 4,1–2)

Wer jedes Gerücht weiterträgt, plaudert auch Geheimnisse aus. Darum meide Leute, die zuviel reden!

(Spr 20,19)

Du hast mich bezaubert, meine Schwester und Braut, bezaubert mit einem einzigen Blick deiner Augen – mit einer einzigen Perlenkette um deinen Hals. Wie schön ist deine Liebe, meine Schwester und Braut! Wie köstlich ist deine Liebe, köstlicher als Wein! Der Duft deiner Salben übertrifft alle Wohlgerüche.

(Hld 4,9–10)

„Schwester" meint hier nicht eine leibliche Schwester, sondern ist ein Kosename für eine geliebte Frau.

Die Tür dreht sich in ihren Angeln – und der Faulpelz in seinem Bett.

(Spr 26,14)

Ich bin der HERR, dein Gott! Ich habe dich aus dem Land Ägypten herausgeführt – aus dem Leben in der Sklaverei. Du sollst neben mir keine anderen Götter haben! Du sollst kein Bild von Gott herstellen! Mach dir keine Nachbildung von etwas, das oben im Himmel, unten auf der Erde oder im Wasser unter der Erde ist.

(Ex 20,2–4)

Im 14. Regierungsjahr von Hiskija fiel Sanherib, der König von Assyrien, mit seinen Truppen in das Land Juda ein und eroberte alle befestigten Städte. Als der Assyrerkönig noch vor der Stadt Lachisch lag, schickte Hiskija Boten zu ihm und ließ ihm sagen: „Ich habe Unrecht getan. Kämpfe nicht weiter gegen mich. Ich werde alles zahlen, was du forderst." Sanherib verlangte als Tribut 300 Zentner Silber und 30 Zentner Gold. Hiskija musste alles Silber abliefern, das sich in den Schatzkammern des Tempels und des Königspalastes befand. Damals wurde auch die Goldverkleidung von den Türen und Türpfosten des Tempels entfernt und als Tribut dem König von Assyrien übergeben. Hiskija selbst hatte diese Goldverkleidung anbringen lassen.

(2 Kön 18,13–16)

> **Info: Gesetz(e) im AT**
>
> Im Alten Testament gibt es drei große Gesetzessammlungen: das „Bundesbuch"
> (Ex 20,22–23,33), das „Heiligkeitsgesetz" (Lev 17–26) und die sogenannte „Deuteronomi-
> sche Gesetzessammlung" (Dtn 12–26). Die drei Sammlungen enthalten Gebote und Ver-
> bote, die einander in Sprache und Inhalt sehr ähnlich sind; sie werden aber oft unter-
> schiedlich begründet.
>
> In der Bibel selbst heißt es zum Umgang mit den Weisungen Gottes, man solle Tag und
> Nacht darüber nachdenken und das ganze Tun „an den Geboten ausrichten" (Jos 1,8). Die
> Gebote sollten also schon zur Zeit der Entstehung des AT nicht einfach blind befolgt wer-
> den, sondern waren auf Auslegung angewiesen und sollten der Zeit angepasst werden.
> Im Judentum hat sich von Beginn an eine Kultur der Auslegung eingebürgert, bei der ver-
> schiedene, auch einander widersprechende Auslegungen im Talmud gesammelt wurden.

↗ Gebot:
Seite 181

Zwei pharisäische Schriftgelehrte etwa zur Zeit Jesu

Zu Rabbi Schammai kam eines Tages ein Mann, der Jude werden wollte und sprach zu ihm:
„Kannst du mich die ganze Tora lehren, während ich auf einem Bein stehe?" Schammai jagte
ihn fort. Darauf ging er zu Rabbi Hillel und trug ihm dieselbe Frage vor. Rabbi Hillel antwortete: „Was du nicht willst, das man dir tu, das füg auch keinem andern zu. Das ist die ganze
Tora. Alles andere ist Auslegung. Geh und handle danach."

Babylonischer Talmud, Traktat „Schabbath" 31a

Moment mal!

Was helfen die Weisungen der Bibel,
wenn man über ihre Auslegung sowieso
streiten muss?

Darstellung der Zehn Gebote auf zwei Steintafeln
nach jüdischer Zählweise (Ex 32,15)

↗ Zehn Gebote:
Seite 190

Aufgaben

1 Bestimme jeweils die Textsorte der abgedruckten Bibelabschnitte. Benenne die unterschiedlichen Merkmale.

→ einen Text
analysieren:
Seite 98

2 Legt eine Wandzeitung an, auf der ihr beispielhafte Texte aus der Bibel mindestens zehn
verschiedenen Textsorten zuordnet. Verwendet dazu die Bibeltexte auf dieser Doppelseite,
andere Bibeltexte aus diesem Buch oder selbst gewählte Texte aus der Bibel.

→ eine Wand-
zeitung gestalten:
Seite 178

3 Lies Lk 1,1–4, und Apg 1,1–3. Fasse zusammen, mit welcher Absicht Lukas sein Evangelium
und die Apostelgeschichte geschrieben hat. Untersuche dann die Weihnachtsgeschichte
(Lk 2,1–20): Nenne sowohl Verse, bei denen sich Lukas vermutlich an sein Vorhaben gehalten
hat, als auch solche, wo er das vermutlich nicht getan hat.

→ eine Bibelstelle
finden:
Seite 171

4 Nimm an, Rabbi Schammai und Rabbi Hillel würden sich am nächsten Tag begegnen.
Verfasse ein Streitgespräch der beiden über die richtige Antwort.

5 Vergleiche die Unterschiede zwischen Rabbi Hillel und Rabbi Schammai mit der Einstellung
Jesu, wie sie in Mk 12,28–31 überliefert ist.

Ist Bibel gleich Bibel?

„Das ist voll blöd!", mault Franzi. „Ich hab dir das schon letzte Woche gesagt, dass ich diese eine Bibel brauche. Pastor Uhlendorf hat uns das extra nochmal gesagt."
„Jetzt reg' dich nicht so auf", entgegnet Franzis Mutter. „Ich hab es einfach vergessen."
Franzi ist aufgeregt, denn heute wird sie das erste Mal zum Konfirmandenunterricht gehen.
5 Und weil dort nicht nur Mitschülerinnen und Mitschüler, sondern auch völlig unbekannte Jugendliche aus anderen Schulen dabei sein werden, ist sie besonders angespannt.
Franzis Mutter geht zum Bücherregal und zieht ein Buch aus dem oberen Fach. „Hier, nimm erst mal diese hier. Das ist meine Konfirmationsbibel, aber Bibel ist schließlich Bibel."

Eine Stunde später sitzt Franzi im Paul-Gerhardt-Haus, dem Gemeindehaus ihrer Kirche.
10 Pastor Uhlendorf hat sie gerade alle begrüßt und geht nun mit ihnen die organisatorischen Dinge durch. Als es um die Bibel geht, stellt Franzi fest, dass sie in guter Gesellschaft ist. Nur knapp die Hälfte der Konfis hat die „BasisBibel. NT und PS" dabei. Anton, Lars und ein anderes Mädchen haben wie sie eine Lutherbibel, Sophia hat die Einheitsübersetzung dabei und Ariane hat sogar eine sehr alte Bibel in Frakturschrift von ihrer Oma dabei, deren Buchstaben
15 kaum zu entziffern sind.
„Warum sollen wir eigentlich alle die gleiche Bibel haben?", fragt Franzi. „Meine Mutter sagt: Bibel ist Bibel." Pfarrer Uhlendorf schmunzelt und sagt: „Vom Prinzip her stimmt das auch. Aber lasst uns dazu ein kleines Experiment machen." Dazu schreibt er Mt 5,1–12 an die Tafel.
„Wir lesen gemeinsam einen kurzen Abschnitt im Neuen Testament. Dann könnt ihr selbst
20 urteilen, ob Bibel gleich Bibel ist."
Alle blättern etwas hin und her, und dann beginnt ein Junge aus der Parallelklasse damit, den Text vorzulesen. Zu Beginn kommt Franzi noch gut mit, aber schon ab dem dritten Vers fragt sie sich, ob sie die falsche Stelle aufgeschlagen hat.

↗ BasisBibel:
Seite 180

Als „Frakturschrift" bezeichnet man eine heute nicht mehr gebräuchliche Druckschrift.

↔ Wo ist das Himmelreich?
Seite 78

↔ Was ist Gerechtigkeit?
Seite 134–135

„³Glückselig sind die,
die wissen, dass sie vor Gott arm sind.
Denn ihnen gehört das Himmelreich.
⁴Glückselig sind die,
die an der Not der Welt leiden.
Denn sie werden getröstet werden.
⁵Glückselig sind die,
die von Herzen freundlich sind.
Denn sie werden die Erde als Erbe erhalten.
⁶Glückselig sind die,
die hungern und dürsten nach der Gerechtigkeit.
Denn sie werden satt werden."

(Mt 5,3–6)

Die katholische Einheitsübersetzung der Bibel (links) und die Luther-Übersetzung (rechts)

Wissenschaftliches Arbeiten mit den Texten der Bibel

Es gibt eine Vielzahl verschiedener Bibelübersetzungen. Wenn man sich bewusst macht, dass Deutsch nicht die Ursprungssprache der Bibel ist, dann wird schnell klar, wie es dazu kommt. Wer schon einmal einen Text aus einer Fremdsprache übersetzen musste, der weiß, dass man meist verschiedene Möglichkeiten hat, ein und denselben Text wiederzugeben. Da die Bibel
5 als Heilige Schrift angesehen wird, haben sich Menschen zu allen Zeiten sehr darum bemüht, in ihren Übersetzungen das zum Ausdruck zu bringen, was die Autoren der Bibel ihrer Meinung nach wirklich sagen wollten. Dabei hat sich das Wissen über die historischen Hintergründe der biblischen Texte immer wieder verändert, Forscherinnen und Forscher haben neue Erkenntnisse erlangt und ihre Sicht auf die Bibeltexte hat sich damit manchmal verän-
10 dert. Daher gibt es immer wieder den Versuch, die Bibel neu und noch besser zu übersetzen. Dabei beginnt man zunächst mit den Ursprungssprachen Griechisch (NT) oder Hebräisch (AT). Die zentrale Frage ist dann, welchen Sinn bestimmte sprachliche Wendungen oder ein ganzer Textabschnitt zur Zeit seiner Abfassung hatte. Erst am Ende steht die Übersetzung.

In der wissenschaftlichen Auseinandersetzung mit der Bibel hat sich die sogenannte **histo-**
15 **risch-kritische Exegese** durchgesetzt. Sie beschäftigt sich mit der Frage, ob und wie die biblischen Texte später manchmal auch erweitert und verändert wurden.

Aber wie kann man biblische Texte verstehen, wenn man nur Übersetzungen hat und kein Hebräisch und Griechisch kann? – Hierfür ist es hilfreich, verschiedene Bibelübersetzungen zu lesen und zu vergleichen.

↔ Sind die Bibel und der Koran das „Wort Gottes"? Seite 117

Info: Exegese
„Exegese" (altgriechisch *exegesis* = Auslegung oder Erläuterung) meint die Auslegung biblischer Texte. Sie sucht Antwort auf die Frage: „Was sagt dieser Text?"
Ein Exeget oder eine Exegetin ist die Person, die Exegese betreibt.

Aufgaben

1 Vergleiche den Bibeltext Mt 5,3–6 aus der BasisBibel mit derselben Textstelle der Lutherbibel und der Einheitsübersetzung. Das ist auch online unter www.die-bibel.de möglich. Betrachte die Textstelle anschließend in ihrer Gesamtheit (Mt 5,1–12). Erläutere, weshalb die Bibelausgaben voneinander abweichen.

2 Die Aufschrift auf der roten Banderole der Einheitsübersetzung lautet: „Die neue Einheitsübersetzung – Genau. Komplett. Verständlich." Erkläre, inwiefern eine Bibelübersetzung „genau" sein kann.

3 Setze dich mit der Frage auseinander, ob es sinnvoll ist, dass alle dieselbe Bibelausgabe benutzen.

→ eine Bibelstelle finden: Seite 171

↔ Lutherbibel: Seite 104–105

Haben biblische Autoren voneinander abgeschrieben?

Die ersten drei Evangelien des Neuen Testaments von Matthäus, Markus und Lukas heißen „synoptische Evangelien", weil sie sich in Aufbau und Wortlaut zum Teil sehr ähnlich sind. Das Wort „Synopse" stammt aus dem Griechischen und bedeutet „Zusammenschau". Legt man die drei Textabschnitte nebeneinander, kann man sie gut vergleichen und genauer nachvollziehen, was beim Schreiben passiert ist.

Aufgrund solcher synoptischer Vergleiche haben Wissenschaftler im 19. Jahrhundert die bis heute gültige „Zwei-Quellen-Theorie" entwickelt. Am genauesten ist ein synoptischer Vergleich mit den „Original-Texten" in Griechisch. Aber auch im Deutschen lässt sich mit einem synoptischen Vergleich die Zwei-Quellen-Theorie nachvollziehen.

SP

↗ Evangelium:
Seite 181

Info: Zwei-Quellen-Theorie
Die Grafik veranschaulicht, dass Matthäus und Lukas jeweils drei Quellen für ihr Evangelium benutzt haben: Beiden lag das Markusevangelium und eine Quelle vor, die vor allem Aussprüche Jesu enthielt („Q"). Als drittes hatte jeder noch eine ganz eigene Quelle („Sondergut").

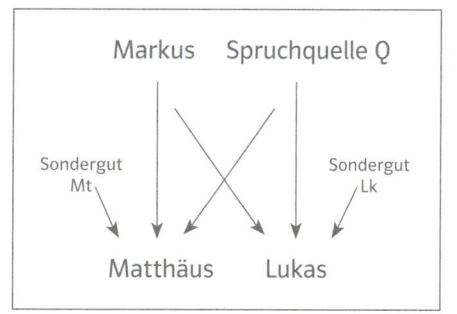

Methode: einen synoptischen Vergleich durchführen

Bei einem „synoptischen Vergleich" werden Texte aus den Evangelien „zusammen gesehen", das heißt Wort für Wort miteinander verglichen, um Gemeinsamkeiten und Unterschiede herauszuarbeiten.

So kannst du vorgehen:
1 Nutze für den synoptischen Vergleich eine Kopie zweier oder dreier Evangelientexte, bei der du mit Farbstiften Unterstreichungen vornehmen kannst.
2 Unterstreiche (zum Beispiel mit Grün) alle wörtlichen Übereinstimmungen zwischen Mk, Mt und Lk.
3 Unterstreiche (zum Beispiel mit Rot für Mt und mit Blau für Lk) alle Wörter, die so nicht oder etwas anders bei Mk vorkommen.
4 Überlege, was der Grund gewesen sein könnte, weshalb Mt (oder Lk) die Formulierungen von Mk nicht übernommen oder abgeändert haben. Tipps: Wurde die Verständlichkeit erhöht? Wurden unwichtige Details weggelassen? Wurde etwas geändert, was ein schlechtes Licht auf die Person hätte werfen können? Wurde etwas hinzugefügt?
5 Formuliere für Mt oder Lk eine spezifische Aussageabsicht.

Heilung der Schwiegermutter des Petrus

¹⁴Und da Jesus in das Haus des Petrus kam, sah er dessen Schwiegermutter bettlägrig und fiebernd. ¹⁵Und er berührte ihre Hand. Und es verließ sie das Fieber. Und sie richtete sich auf und bediente ihn. (Mt 8,14–15)	²⁹Und gleich aus der Synagoge herausgekommen, gingen sie in das Haus Simons und Andreas' mit Jakobus und Johannes. ³⁰Und die Schwiegermutter Simons aber lag fiebernd da; und gleich sagten sie ihm ihretwegen. ³¹Und herangetreten, richtete er sie auf, indem er [ihre] Hand ergriff. Und es verließ sie das Fieber. Und sie bediente sie. (Mk 1,29–31)	³⁸Aufgestanden aber von der Synagoge, ging er in das Haus Simons. Simons Schwiegermutter aber war von hohem Fieber befallen; und sie baten ihn ihretwegen. ³⁹Und [zu ihren Häupten] tretend, herrschte er das Fieber an. Und es verließ sie. Sofort aber aufgestanden, bediente sie sie. (Lk 4,38–39)

↗ Synagoge: Seite 189

↔ Petrus: Seite 25

Wortwörtliche Übersetzung von Rudolf Pesch

Moment mal!

Warum benutzen und lesen wir alle drei synoptischen Evangelien, wenn Markus eindeutig „das Original" war?

Aufgaben

1 Gib die Zwei-Quellen-Theorie mit eigenen Worten wieder. Nenne mehrere Gründe, warum es eine Theorie ist.

2 Führe bei der oben abgedruckten Synopse der Heilung der Schwiegermutter des Petrus einen synoptischen Vergleich durch. Lege für die Unterstreichungen eine Folie auf die Buchseite oder übernimm die Änderungen in dein Heft.

3 Wer ein Wunder nacherzählt, neigt meist dazu, es größer zu machen und zu verstärken. Belege das an den Änderungen des Lukas gegenüber dem Text von Markus.

4 Laut Zwei-Quellen-Theorie hatte Matthäus das Markusevangelium als Vorlage (und nicht umgekehrt). Vergleiche Mt 20,29–34 mit Mk 10,46–52 und stütze diese Theorie durch ein bis zwei Beobachtungen.

→ eine Bibelstelle finden: Seite 171

P 5 In der Geschichte von der Sturmstillung hat jeder der drei Evangelisten eine andere Anrede der Jünger an Jesus gewählt: Matthäus schreibt „Herr", Markus „Lehrer" und Lukas „Meister". Stell dir vor, du seist Deutschlehrerin oder Deutschlehrer: Welche Anrede ist aus sprachlicher Sicht am besten geeignet, um Jesus als Sohn Gottes kenntlich zu machen? Begründe deine Wahl.

↔ Sturmstillung: Seite 72

Gibt die Bibel heute noch Orientierung?

Rut und Noomi

Auch andere biblische Bücher sind nach Personen benannt: zum Beispiel Jona, Daniel oder Ester.

Es ist trocken und heiß in Betlehem. Auch in diesem Jahr wird die Ernte mehr als gering ausfallen und die Eheleute Noomi und Elimelech wissen nicht, wie sie mit ihren beiden Söhnen Machlon und Kiljon überleben sollen. Auch die Verwandten und Nachbarn haben nichts mehr, was sie noch teilen könnten. Da beschließt Elimelech: „Lasst uns in das Land Moab gehen."
5 Es fällt ihm schwer, weil man dort an fremde Götter glaubt. In Moab finden sie fruchtbares Land. Doch die Freude hält nicht lange an, denn Elimelech stirbt. Noomi ist nun Witwe und auf sich allein gestellt. Sie freut sich, als ihre Söhne die beiden Moabiterinnen Orpa und Rut kennenlernen und heiraten, und sie werden eine Familie. Doch beide Ehen bleiben kinderlos. Nach zehn Jahren sterben auch Machlon und Kiljon. Noomi und ihre Schwiegertöchter sind
10 am Boden zerstört. Aber sie halten zusammen und unterstützen sich. Endlich gibt es gute Nachrichten aus Noomis Heimat. „Die Dürre ist vorbei", ruft Noomi, „wir können nach Betlehem zurückkehren!" Während Noomi sich auf ihre Rückkehr freuen kann, bedeutet die Entscheidung für Orpa und Rut, dass sie ihre Heimat verlassen müssen. Noomi sieht ihre Trauer und sagt: „Geht zurück, jede ins Haus ihrer Mutter! Gott vergelte euch alles Gute, das ihr an
15 den Verstorbenen und an mir getan habt. Er gebe euch wieder einen Mann und lasse euch ein neues Zuhause finden." Orpa verlässt Noomi unter Tränen. In den letzten Jahren war sie ihre Familie. Aber Rut weigert sich: „Dränge mich nicht, dich zu verlassen. Ich kehre nicht um, ich lasse dich nicht allein. Wohin du gehst, dorthin gehe ich auch; wo du bleibst, da bleibe ich auch. Dein Volk ist mein Volk und dein Gott ist mein Gott. Wo du stirbst, da will auch ich ster-
20 ben; dort will ich begraben werden. Gott tue mir alles Mögliche an. Aber nur der Tod kann mich von dir trennen!"

nach Rut 1,1–17

SP **Methode: einen Text analysieren**

Texte werden von Menschen in ganz bestimmten Situationen zu einem ganz bestimmten Zweck geschrieben. Das gilt auch für die biblischen Texte. Um einen Text richtig zu verstehen, ist es hilfreich, sich klar zu machen, wer ihn wann wozu geschrieben hat.

So kannst du vorgehen:
1 Stelle fest, um welche Art von Text es sich handelt: Ist es ein Brief, der (einen) bestimmten Empfänger vor Augen hat? Oder eine fiktive Erzählung, mit der der Verfasser etwas veranschaulichen will? Hat der Verfasser eine bestimmte Voreinstellung, die in seinen Text einfließt? Ist er zum Beispiel ein gläubiger Christ oder ein nichtgläubiger Journalist? Ist der Text vielleicht gar kein Sachtext, sondern ein poetischer Text, ein Gedicht etwa?
2 Recherchiere (soweit möglich), von wem und wann der Text geschrieben wurde und was sein Verfasser (manchmal waren es auch mehrere!) damals vermutlich beabsichtigt hat. Tipp: In manchen Bibelausgaben stehen Einleitungen zu den biblischen Büchern.
3 Teile den Text in Sinnabschnitte ein, formuliere für jeden Sinnabschnitt eine Zwischenüberschrift und fasse den (oder die) Kerngedanken des Textes zusammen.
4 Untersuche, in welchem Zusammenhang der Text oder Textabschnitt steht.
5 Beurteile, ob die Aussage des Textes zeitgebunden oder zeitlos ist. Beantworte für dich die Frage: Was sagt der Text *mir* heute?

Die Geschichte einer Flucht

Mein Name ist Faisal. Als der Bürgerkrieg 2013 im Südsudan begann, war ich 11 Jahre alt. Ich habe mit meiner Familie in einem Dorf gelebt, wir hatten einen Garten und Hühner. Eines Abends kam eine
5 Rebellengruppe. Sie wollten, dass die Männer des Dorfes mit ihnen kommen, um zu kämpfen. Mein Vater und mein Onkel weigerten sich. Deshalb wurden sie erschossen. Ich hatte Glück, dass sie mich nicht mitnahmen, weil ich für mein Alter eher
10 klein war. Andere Jungen nahmen sie als Soldaten mit, steckten unsere Häuser an und stahlen, was sie gebrauchen konnten.

Arbeitsmaterialien für den Deutschunterricht für Flüchtlingskinder

↔ Wie weit können wir auf Gewalt verzichten? 82–83

Wir beerdigten unserer Toten und packten alles zusammen, was wir noch besaßen und tragen konnten. Meine Mutter und ich nahmen meine kleine Schwester Imani und flohen ins
15 Nachbarland Äthiopien. Dort lebten wir mit vielen anderen Geflüchteten in einer Stadt aus Zelten. Wir waren nicht willkommen, und es war schwierig, für den Lebensunterhalt zu sorgen. Imani und ich hatten ständig Hunger. Meine Mutter versuchte alles, damit wir genug zu Essen bekamen, aber Imani schaffte es nicht. Wir hatten keine Perspektive. Zwei Jahre später machten wir uns zusammen mit anderen auf den Weg in Richtung Libyen. Wir hatten gehört,
20 dass man von dort über das Mittelmeer nach Europa fahren konnte. Dafür verkaufte meine Mutter alles Wertvolle, das sie noch besaß. Wir hatten beide Angst vor der Fahrt über das Meer und vor der Ungewissheit. Wir hatten meinen Vater und Imani verloren und unsere Heimat aufgegeben – schlimmer konnte es nicht kommen. Doch das war falsch. Unser Boot kenterte, und meine Mutter ertrank.
25 Über Umwege bin ich nach Deutschland gekommen. Ich war allein, hatte große Angst und kannte niemanden. Die Sprache und Kultur waren mir fremd. Ich bin zwar Christ, aber auch die Kirche ist hier anders als in meiner Heimat. Heute lebe ich in einer Wohngruppe, gehe zur Schule und habe neuen Lebensmut gefasst. Ich habe Anschluss in meiner Kirchengemeinde, in der es einmal im Monat ein Abendessen mit anderen Geflüchteten gibt. Dafür bin ich
30 dankbar. Trotzdem wache ich manchmal nachts auf, weil ich in meinen Träumen alles Schlimme wieder und wieder erlebe. Das macht mich fertig. Aber ich sage mir: Wenn ich jetzt aufgebe, dann war alles umsonst. Ich lebe mein Leben auch für meine Eltern und meine Schwester, die alle viel zu früh sterben mussten.

auf der Basis von Fluchtgeschichten nacherzählt von Nele Rahlf

Aufgaben

1 Analysiere Rut 2 mithilfe der Methoden-Karte.

2 Vergleiche Boas' Verhalten in Rut 2 mit den Regelungen in Lev 19,9–10 und Lev 23,22. Beurteile, ob und inwiefern Boas den biblischen Weisungen gerecht wird.

3 Erzähle die Rut-Geschichte aus der Sicht von Rut oder Boas. Versetze dich in Boas oder Rut hinein und mache deutlich, was in ihnen vorgegangen sein könnte. Du kannst auch das Ende der Geschichte (Rut 4,13–22) einbeziehen.

4 Vergleiche das Schicksal Faisals mit der Geschichte von Rut. Beziehe ein, welche Erfahrungen die beiden jeweils in ihrer neuen Heimat machen.

5 Setze dich mit der Frage auseinander, inwiefern das Buch Rut heute zur Orientierung für unser (oder Faisals) Leben dienen kann.

→ eine Bibelstelle finden: Seite 171

↔ Gesetz(e): Seite 93

→ eine biblische Geschichte erzählen: Seite 171

Die Bibel – Lektüre für Fromme?

↔ Jesus Freaks:
Seite 156

↗ Nächstenliebe:
Seite 185

↔ Was hat Recht-
fertigung mit
Nächstenliebe zu
tun?
Seite 42–43

Wer freiwillig und aus Interesse in der Bibel liest, wird von anderen manchmal schief angeschaut. Dann heißt es, derjenige sei besonders fromm oder ein Freak, vielleicht ein Jesus Freak. Denn angeblich „weiß" man ja, was in der Bibel steht: Geschichten über Jesus und die Nächstenliebe.

Das Wort „fromm" wird in diesem Zusammenhang häufig abwertend verwendet, obwohl es in seiner Grundbedeutung einen positiven Sinn hat. Fromm sein bedeutet, das eigene Leben an den Grundsätzen des Glaubens auszurichten. Und natürlich spielt dabei die Bibel eine Rolle. Wenn Menschen, die die Bibel lesen, belächelt werden, liegt es häufig daran, dass die Bibel als spießig, veraltet und „unsexy" wahrgenommen wird. Dabei enthält sie ein ganzes Buch über die Liebe, das Hohelied.

Myrrhenöl ist kostbar, es hat ein würziges und leicht süßliches Aroma.

Heschbon ist eine Stadt im heutigen Jordanien.

Alabaster ist ein Mineral, das milchig-hell schimmert.

Der Karmel ist eine Gebirgsland-schaft entlang der Mittelmeerküste.

Sie

10„Mein Freund ist schön und stark, unter Zehntausend ragt er hervor. 11Sein Gesicht glänzt wie reines Gold. Sein Haar ist schwarz wie der Rabe. Es hängt herab wie Blüten der Dattelpalme. 12Seine Augen sind wie Tauben, die in Wasserrinnen baden. Weiß wie Milch sind seine Zähne, sie sitzen fest an ihrem Platz. 13Seine Wangen duften wie Gartenbeete, in denen würzige Kräuter sprießen. Seine Lippen sind wie Lilien, Myrrhenöl fließt von ihnen herab. 14Seine Arme gleichen goldenen Stäben, sie sind mit Edelsteinen besetzt. Sein Leib ist aus Elfenbein geschnitzt, Saphire schmücken seine Brust. 15Seine Beine gleichen Alabastersäulen, sie stehen fest auf goldenen Sockeln. Seine Erscheinung ist wie der Libanon, eindrucksvoll wie die Zedern. 16Sein Gaumen ist voll Süßigkeit, ja, alles an ihm ist begehrenswert.

(Hld 5,10–16a)

Er

2Wie schön sind deine Füße, Prinzessin, wenn du in Schuhen gehst! Deine Hüften sind rund wie Schmuckstücke, die ein Künstler gefertigt hat. 3Dein Bauchnabel ist wie eine Schale, die mit Würzwein stets gefüllt ist. Dein Bauch gleicht angehäuften Weizenkörnern, um die man Lilienblüten gestreut hat. 4Deine Brüste sind wie zwei junge Rehe, wie ein Paar Gazellen. 5Dein Hals gleicht einem Turm aus Elfenbein. Deine Augen glänzen wie die Teiche in Heschbon beim Tor mit dem Namen Bat-Rabbim. Deine Nase ist wie der Turm im Libanon, von dem man bis Damaskus sieht. 6Dein Kopf erhebt sich wie die Höhe des Karmel. Dein Haar glänzt wie die Purpurseide des Königs. Wie Wasser, das sich in Rinnen sammelt, fließt es von der Höhe herab.

(Hld 7,2–6)

Info: Das Hohelied

Das Hohelied ist eine Sammlung von Liebesgedichten. Das überrascht, wenn man bedenkt, dass im übrigen Alten Testament Liebe und Sexualität vor allem aus rechtlicher Sicht betrachtet wurden. Dabei ging es im Alten Israel um den Fortbestand der Familie und um wirtschaftliche Fragen.

Auf Hebräisch heißt das Buch *schir ha-schirim*, was wörtlich „Lied der Lieder" bedeutet, also das schönste Lied überhaupt. Es kommen eine Frau und ein Mann zu Wort, die sich begehren, ihre Liebe beschwören, sich aber auch voll Liebeskummer suchen. Der Text wurde früher König Salomo zugeschrieben, deshalb heißt es in manchen Übersetzungen auch „Das Hohe Lied Salomos".

Gustav Klimt, Der Kuss (1908/09)

Aufgaben

1 Analysiere entweder Hld 7,2–6a oder Hld 5,10–16a.

2 Wähle einen der beiden Texte aus dem Hohelied aus und gestalte ihn in unserer heutigen Sprache und mit modernen Sprachbildern um.

3 Analysiere das Bild von Gustav Klimt.

4 Vergleiche Klimts Bild mit Hld 4,12–16.

5 Bevor der Kanon der Bibel festgelegt wurde, gab es immer wieder die Forderung, das Hohelied nicht aufzunehmen, weil der Name Gottes nur ein Mal (Hld 8,6) vorkommt. Versetze dich in einen Befürworter des Hoheliedes hinein und begründe, weshalb das Hohelied in den Kanon der Bibel gehört.

→ einen Text analysieren:
Seite 98

→ ein Bild analysieren:
Seite 159

→ eine Bibelstelle finden:
Seite 171

Wie gehen Christen und Muslime mit frauenfeindlichen Traditionen um?

↔ Paulus:
Seite 38–39

↔ Verhältnis von Mann und Frau im Islam:
Seite 64–65, 116–117

Paulus an die Gemeinde in Korinth

³³Denn Gott geht es nicht um Unordnung, sondern um Frieden! Wie für alle Gemeinden der Heiligen gilt auch für euch: ³⁴Die Frauen sollen in der Gemeindeversammlung schweigen. Ihnen ist es nicht erlaubt, hier zu reden. Im Gegenteil: Sie sollen sich unterordnen, wie es das Gesetz vorschreibt. ³⁵Wenn sie etwas genauer wissen wollen, sollen sie zu Hause ihren Ehemann fragen. Denn für eine Frau ist es eine Schande, in der Gemeindeversammlung öffentlich zu sprechen.

(1 Kor 14,33–35)

Moment mal!

Kann man gar keine Bibelstelle wörtlich verstehen?

Paulus an die Gemeinde in Galatien

²⁶Ihr seid jetzt nämlich alle Kinder Gottes – weil ihr durch den Glauben mit Christus Jesus verbunden seid. ²⁷Denn ihr alle, die ihr getauft worden seid und dadurch zu Christus gehört, habt Christus angezogen. ²⁸Es spielt keine Rolle mehr, ob ihr Juden seid oder Griechen, unfreie Diener oder freie Menschen, Männer oder Frauen. Denn durch eure Verbindung mit Christus Jesus seid ihr alle wie *ein* Mensch geworden.

(Gal 3,26–28)

patriarchalisch: die Vorherrschaft des Mannes über die Frau betreffend

Die neutestamentliche Wissenschaft legt großen Wert darauf, dass Galater 3,28 tatsächlich in den von Paulus gegründeten Gemeinden praktiziert wurde. Man spürt etlichen Auseinandersetzungen in den Paulusbriefen ab, wie mühsam und konfliktreich es war, sich von traditionellen, männlich geprägten Rollenmustern zu lösen. Nicht jede patriarchalische Stelle in den
5 Paulusbriefen, die heute zu Recht als frauenfeindlich empfunden wird, ist allerdings Paulus selbst zuzuschreiben. So ist sich die neutestamentliche Forschung heute weitgehend einig, dass die Aufforderung, dass Frauen in der Gemeindeversammlung schweigen sollten (1 Kor 14,33b–36), nicht von Paulus selbst stammt, sondern eine später eingefügte Randbemerkung darstellt.
10 Seit Ende der 1960er-Jahre werden Frauen in den meisten deutschen Landeskirchen mit allen Rechten und Pflichten als Pfarrerin ordiniert. Schaumburg-Lippe war die letzte Landeskirche, die die Frauenordination 1991 einführte.

Evangelischer Erwachsenenkatechismus

Sure 4, 34

„Die Männer haben Vollmacht und Verantwortung gegenüber den Frauen, weil Gott die einen vor den anderen bevorzugt hat und weil sie von ihrem Vermögen (für die Frauen) ausgeben. Die rechtschaffenen Frauen sind demütig und ergeben und bewahren das, was geheim gehalten werden soll, da Gott es geheim hält. Ermahnt diejenigen, von denen ihr Widerspenstigkeit befürchtet, und entfernt euch von ihnen in den Schlafgemächern und schlagt sie. Wenn sie euch gehorchen, dann wendet nichts Weiteres gegen sie an. Gott ist erhaben und groß.“

Der Koran. Übersetzung von Adel Theodor Khoury unter Mitwirkung von Muhammad Salim Abdullah

Ein Hadith zum Umgang mit Frauen

„Die Frauen sind die Zwillingshälften der Männer. Gott erlegt euch auf, eure Frauen gut zu behandeln, denn sie sind eure Mütter, Töchter und Tanten. Die ihre Frauen schlagen, handeln nicht gut. Gib deiner Gattin gute Ratschläge und schlage sie nicht wie einen Sklaven. Die Rechte der Frau sind heilig. Sorge dafür, dass ihr die Rechte gegeben werden, die ihnen zustehen.“

Muhammad Salim Abdullah, muslimischer Theologe

Hadithe sind die von Muhammads Schülern aufgeschriebenen Erzählungen über die Lebensweise und die Überzeugung Muhammads: die Sunna.

↗ Sunniten: Seite 189

Berücksichtigt man im vorliegenden Beispiel den historischen Zusammenhang – Frauen wurden damals bei geringstem Verdacht ermordet bzw. verprügelt – und fragt sich, was Gott den damaligen Menschen sagen wollte, dann lautet die Antwort: Ermordet bzw. verprügelt eure Frauen nicht, sondern redet mit ihnen, vermeidet Intimitäten bzw. greift zu Schlägen erst
5 dann, wenn dies zu keiner Lösung führte. Diese koranische Aussage möchte also keineswegs Gewalt gegen Frauen in einem absoluten Sinne rechtfertigen. Sie wertet sie als Mittel der Konfliktaustragung ab, indem sie auf gewaltlose Möglichkeiten verweist. Wie kann dies in unserem heutigen Leben umgesetzt werden? Gewalt kommt nicht mehr infrage. Damals war die Hintanstellung von Gewalt ein Fortschritt. Heute wäre jede Gewalt in der Familie ein
10 Rückschritt. Wir Menschen heute müssen die Geschichte weiterschreiben und über die ersten Schritte, die Muhammad unternommen hat, hinausgehen. Dies nicht zu tun, bei einer wörtlichen Auslegung des Koran stehenzubleiben, bedeutet, die göttliche Absicht der Verbreitung von Liebe und Barmherzigkeit zu verhindern.

Mouhanad Khorchide, Professor für Islamische Religionspädagogik

Aufgaben

1 Vergleiche die Auszüge der Briefe des Paulus an die Gemeinden in Korinth und in Galatien miteinander.

2 Formuliere mit eigenen Worten, wie sich im Laufe der historisch-kritischen Auseinandersetzung mit der Bibel die Beurteilung des Schweigegebots für Frauen verändert hat.

3 Vergleiche Sure 4,34 mit der überlieferten Aussage Muhammads (dem Hadith).

4 Erläutere, weshalb ein wortwörtliches Verständnis sowohl bei biblischen Weisungen als auch bei koranischen Geboten zu Schwierigkeiten führt.

Was bedeutet Luthers Bibelübersetzung für die evangelische Kirche?

↗ Gottesdienst:
Seite 182

Es ist Anfang Mai. Franzi, Lars und Ariane machen sich schick und gehen in den Gottesdienst, denn heute wird der Vorgänger-Jahrgang konfirmiert. Sie wollen wissen, wie das genau abläuft. In einem Jahr sind sie selber an der Reihe, dann wollen sie sich nicht blamieren. Der aufregendste Moment ist der, an dem man aufgerufen wird, da sind sich die drei einig.

5　Ein Kirchenvorsteher und eine Kirchenvorsteherin stehen am Lesepult, Pastor Uhlendorf steht mit dem Rücken zum Altar und lächelt seine Konfirmanden in der ersten Reihe aufmunternd an. Vor ihm auf der Stufe zum Altar liegt ein langes Kissen aus dunkelrotem Samt. Der Kirchenvorsteher liest laut und deutlich „Gesine Hülsmann", und als diese vor dem roten Kissen steht, liest die Kirchenvorsteherin Gesines Konfirmationsspruch vor: „Denn er hat seinen

↗ Psalm:
Seite 186–187

10　Engeln befohlen, dass sie dich behüten auf allen deinen Wegen. – Psalm 91, Vers 11." „Christopher Twiehoff", ruft der Mann auf. Als Christopher ebenfalls vorne steht, liest die Kirchenvorsteherin: „Mit meinem Gott kann ich über Mauern springen. Psalm 18, Vers 30." Die beiden knien sich auf das Kissen, Pastor Uhlendorf legt ihnen die Hände auf den Kopf und segnet sie. Franzi bleibt mit den Gedanken bei den beiden Psalmversen hängen: Muss

15　jeder so einen Spruch aus der Bibel haben? Kann man den selbst aussuchen oder wird einem das zugeteilt? Nach dem Gottesdienst redet sie mit Ariane und Lars darüber. „Den kannst du dir natürlich aussuchen!", sagt Lars. „Mein Bruder wurde vorletztes Jahr konfirmiert, da war das auch so."

Zu Hause beim Mittagessen fragt Franzi ihre Eltern: „Könnt ihr euch noch an eure Konfirma-

20　tionssprüche erinnern?" Franzis Mutter muss nicht lange überlegen: „Verlass dich auf den Herrn von ganzem Herzen, und verlass dich nicht auf deinen Verstand, sondern gedenke an ihn in allen deinen Wegen, so wird er dich recht führen. – Sprüche 3,5–6." Franzis Vater guckt ein bisschen nachdenklich. „Irgendetwas aus dem Matthäusevangelium", murmelt er. Dann strahlt er seine Frau an und sagt: „Aber dafür weiß ich noch unseren Trauspruch!"

25　„Und zwar …?", hakt Franzis Mutter nach.

„Wo du hingehst, da will ich auch hingehen; wo du bleibst, da bleibe ich auch. Dein Volk ist mein Volk, und dein Gott ist mein Gott …", sagt Franzis Vater mit stolz geschwellter Brust. Und Franzis Mutter lächelt und ergänzt: „Naja, das ist fast vollständig … Wo du stirbst, da sterbe ich auch, da will ich auch begraben werden. Der Herr tue mir dies und das, nur der Tod

30　wird mich und dich scheiden."

„Meine Güte! Ihr habt ja ein gutes Gedächtnis!", sagt Franzi beeindruckt. Sie notiert sich die Bibelstellen, damit sie sie später nachschlagen kann.

↔ Die Kirche im Spätmittelalter:
Seite 158–159

↔ Sprichwörter der Bibel:
Seite 23

↗ Reformation:
Seite 187

↔ Bibelübersetzungen:
Seite 95

Info: Lutherbibel

Martin Luther übersetzte die Bibel ins Deutsche. Er war nicht der Erste, der das tat, aber seine Übersetzung war anders. Luther wollte den ursprünglichen Text ganz genau wiedergeben und den Lesern zugleich deutlich machen, was die Bibel eigentlich meint. Dabei hatte er vor allem die einfachen Leute im Blick. Er hat hierfür auch Sprichwörter und eigene Wendungen aufgenommen, die wir bis heute benutzen (zum Beispiel „Machtwort", „Lockvogel" oder „im Dunkeln tappen"). Durch den Buchdruck verbreitete sich die Lutherbibel schnell im deutschsprachigen Raum und wurde durch die Reformation zur grundlegenden Bibel der evangelischen Kirchen. Bis heute wurde die Lutherbibel mehrfach überarbeitet.

Die Lutherbibel in der Evangelischen Kirche in Deutschland

Die Lutherbibel ist eine wichtige Bibelübersetzung innerhalb der Evangelischen Kirche in Deutschland (EKD) und ihrer Gliedkirchen. Im Gottesdienst der lutherischen Kirchen soll keine andere Bibelübersetzung verwendet werden. Zum 500. Reformationsjubiläum 2017 hat die EKD eine neue Fassung der Lutherbibel herausgegeben. Fast 12 000 der rund 31 000 Verse wurden in der Neufassung geändert. Auf die Wörter gerechnet sind es allerdings nur acht Prozent. Die Änderungen reichen von geringfügigen Anpassungen in der Zeichensetzung über einzelne Wörter bis zur vollständigen Neuübersetzung einzelner Verse. Die neue Fassung ist bewusst an vielen Stellen zu Luthers Sprache zurückgekehrt.

Schlosskirche Wittenberg, „Ein feste Burg ist unser Gott" ist der Beginn eines Kirchenliedes von Martin Luther

Die **EKD** ist ein Zusammenschluss aus zwanzig selbstständigen Landeskirchen. Aufgrund ihrer Geschichte weichen die Grenzen zwischen Landeskirchen und Bundesländern zum Teil stark voneinander ab.

↔ Wo finde ich religiöse Spuren in der Sprache? Seite 22–23

„Bibel in gerechter Sprache" (2006)

Ich hoffe, viele Menschen lassen sich auf die „Bibel in gerechter Sprache" ein! Das ist keine Abwertung der wunderbaren und kraftvollen Übersetzung Luthers, die in unseren Kirchen Standard bleibt und in vielen Ohren und Herzen klingt. Aber es ist eine Anregung, zu vergleichen, zu lesen, es ist eine Möglichkeit auch für Menschen, die nicht des Griechischen und
5 Hebräischen kundig sind, neu zu verstehen, was der Urtext meint. Vor allem aber zeigt die „Bibel in gerechter Sprache", dass die Bibel kein Museumsstück ist, sondern lebendig, weil sie immer neu verstanden wird im eigenen Kontext. Das macht sie zum „Buch der Bücher". Und das stellt sie ins Zentrum unseres Glaubens.

Margot Käßmann, Ratsvorsitzende der EKD von 2009–2010

Aufgaben

1 Der Trauspruch von Franzis Eltern steht in Rut 1,16b–17. Vergleiche unter www.die-bibel.de die Luther-Übersetzung 2017 mit anderen Übersetzungen (zum Beispiel Lutherbibel, Basis-Bibel, Gute Nachricht, Einheitsübersetzung).

↔ Die Geschichte von Rut: Seite 98
↗ BasisBibel: Seite 180

2 Franzi liest ihren Eltern deren Trauspruch aus der Guten Nachricht vor. Die Eltern sind sich einig, dass sie den Text der Lutherbibel besser finden. Gestalte ein Gespräch zwischen Franzi und ihren Eltern. Beziehe für die Argumentation die Texte auf dieser Seite mit ein.

3 Erkläre die historische und die aktuelle Bedeutung der Lutherbibel in eigenen Worten. Beziehe das Bild der Schlosskirche in Wittenberg mit ein.

K 4 Recherchiere weitere typische Worte und Wendungen, die auf Luthers Bibelübersetzung zurückgehen. Erkläre, was Luther mit „dem Volk aufs Maul schauen" meint.

→ eine Internetrecherche durchführen: Seite 173

In welchen Sprachen redet die Bibel?

„Die Bibel verstehen heißt:
sich selbst neu verstehen."

Anselm Grün (1945), Benediktinermönch*

„Die Bibel enthält lauter alte Geschichten,
die jeden Tag neu geschehen."

*Ricarda Huch (1864–1947), deutsche
Schriftstellerin*

„Die meisten Menschen haben Schwierigkeiten mit den Bibelstellen, die sie nicht
verstehen. Ich für meinen Teil muss zuge-
ben, dass mich gerade diejenigen Bibelstellen beunruhigen, die ich verstehe."

*Mark Twain (1835–1910), amerikanischer
Schriftsteller*

Aufgabe

Suche dir eine der drei Aussagen zur Bibel aus. Erläutere diese Aussage mithilfe einer
Beispiel-Bibelstelle aus diesem Kapitel.

Wissen

- Nenne fünf verschiedene Textarten, die in der Bibel vorkommen, und erläutere, woran man sie erkennt.
- Erkläre einer Mitschülerin, die das Fach „Ethik" statt „Religion" besucht, was ein synoptischer Vergleich ist und wozu man ihn braucht.
- Die ehemalige „Partei Bibeltreuer Christen" (heute integriert in die Partei „Bündnis C – Christen für Deutschland") vertrat die Position, „dass die Weisheit der Bibel besser ist als vom Zeitgeist bestimmte Meinungen". Erkläre, welches Bibelverständnis hinter dieser Aussage steckt und weshalb es problematisch ist.
- Überprüfe, wie gut sich die folgenden biblischen Bücher eignen könnten, um darin einen Konfirmationsspruch zu finden: Levitikus, 2. Könige, Sprichwörter, Hohelied, Ezechiel, 1. Korinther, Matthäusevangelium, Psalmen.

Können

- Überarbeite deinen ersten Antwortbrief an „Dr. Laura" (Seite 90). Berücksichtige jetzt dabei, was du Neues über die Bibel gelernt hast.
- Interpretiere das Bild auf Seite 88 vor dem Hintergrund des Kapitels. Inwiefern passt es zu den Informationen und inwiefern nicht?

→ ein Bild analysieren: Seite 159

- Erst seit 1991 können in *allen* evangelischen Landeskirchen Frauen Pfarrerin werden. Damals haben manche männlichen Theologen in der evangelischen Kirche mit 1 Kor 14,34 argumentiert: Die Kirche dürfe sich nicht dem Zeitgeist anpassen, sondern müsse sich „an die Bibel halten". Prüfe, ob diese Argumentation den evangelischen und wissenschaftlichen Prinzipien der Auslegung der Heiligen Schrift gerecht wird.

Anwenden

`SP`
- Gestalte ein Bibeltagebuch, in dem du deine persönlichen Leseerfahrungen mit biblischen Texten aufschreibst.
- Entwirf einen Schutzumschlag zu einer dir gehörenden Bibel, der zum Ausdruck bringt, was du in diesem Kapitel gelernt hast.

6 Islam – Wie verwandt sind Juden, Christen und Muslime?

Wie entsteht eine Religion?

Wie können wir gut miteinander leben?

Was du in diesem Kapitel lernen kannst:

- Wenn du dieses Kapitell bearbeitet hast, kannst du darüber Auskunft geben, wie der Islam entstanden ist.
- Du kannst erklären, welche Bedeutung der Koran für Muslime hat, und mit der Bedeutung, die Jesus für Christen hat, vergleichen.
- Du kannst das jeweilige Gottesverständnis von Juden, Christen und Muslimen beschreiben.
- Du kannst am Beispiel des Korans und der Bibel erläutern, welche Bedeutung heilige Schriften in den drei monotheistischen Religionen haben.
- Du kannst den Glauben und die religiöse Praxis von Judentum, Christentum und Islam in verschiedenen Punkten miteinander vergleichen.
- Du kannst an Beispielen darstellen, wie Muslime heute in Deutschland leben, und Gründe für und gegen das Tragen eines Kopftuchs nennen.
- Du kannst dich respektvoll mit Einstellungen gegenüber anderen Religionen auseinandersetzen.

Darauf kannst du schon aufbauen:

- Du kannst erklären, welche Bedeutung Abraham für Juden, Christen und Muslime hat.
- Du kannst einige Gemeinsamkeiten der jüdischen, christlichen und muslimischen Religion benennen.
- Du kannst erklären, was bestimmte religiöse Symbole und Handlungen bedeuten.

Methoden, die dir auch in anderen Zusammenhängen helfen:

- ein Lerntagebuch führen
- ein Erklärvideo drehen

Welche Bedeutung haben religiöse Pflichten?

Wie nehmen wir einander wahr?

Lernen wir aus der Geschichte?

Eine Klassenfahrt – ohne Muslime?

Die Klasse 7a des Alexander-von-Humboldt-Gymnasiums in Dortmund plant zusammen mit ihrer Lehrerin Frau Schäfer eine Klassenfahrt nach München. In der Klasse befinden sich drei türkische Mädchen und ein türkischer Junge. Frau Schäfer hat sich bereits bei den Jugendherbergen vor Ort erkundigt und konnte fünf Tage im Frühjahr für die Klasse buchen. In einem Brief (Seite 111) informiert die Lehrerin die Eltern über die Fahrt. Bei der Durchsicht ihrer

Die Türme der Frauenkirche in München

Unterlagen bemerkt Frau Schäfer nach einigen Tagen, dass zwei türkische Schülerinnen den Anmeldeabschnitt mit dem Vermerk „Unsere Tochter wird an der Klassenfahrt nicht teilnehmen" abgegeben haben. Bei dem anderen türkischen Mädchen und dem türkischen Jungen in der Klasse ist dies nicht der Fall. Frau Schäfer findet es schade, wenn nicht alle mitkommen.

Methode: ein Lerntagebuch führen

Ein Lerntagebuch wird regelmäßig und mindestens über eine Unterrichtseinheit hinweg geführt.

So kannst du vorgehen:

1 Verfasse im Anschluss an jede Stunde einen Eintrag in dein Lerntagebuch.
2 Versieh jeden neuen Eintrag mit einer Überschrift, das heißt dem Datum und dem Thema der Stunde.
3 Beziehe dich in deinen Einträgen etwa auf die folgenden Fragen:
    • Wo habe ich noch Fragen? Was muss noch geklärt werden?
    • Was war mir neu? Was fand ich interessant?
    • Was denke ich selber über das Thema der heutigen Stunde?
    • Was habe ich heute gelernt?
    • Was nehme ich mir vor?
4 Schließe das Lerntagebuch mit einem Gesamtfazit zur Unterrichtseinheit ab.

Aufgabe

Hilf Frau Schäfer und der Klasse 7a: Erörtere, welche Gründe für die beiden Absagen eine Rolle gespielt haben können. Finde eine angemessene Lösung.

Dazu ist es wichtig, ...
• mögliche Gründe für die Absage zu benennen und zu prüfen.
• sich über den Glauben und das Leben von Muslimen zu informieren.
• die Interessen aller beteiligten Personen zu berücksichtigen.

Alexander-von-Humboldt-Gymnasium
Am Schulzentrum 2
44143 Dortmund

Liebe Eltern,

wie wir bereits auf dem letzten Elternabend besprochen haben, werde ich mit den Schülerinnen und Schülern im nächsten Jahr eine Klassenfahrt nach München unternehmen. Die Jugendherberge vor Ort konnte mir dafür den Zeitraum in der Woche vor den Osterferien endgültig zusichern. Dies ist der einzige noch freie Termin, der für uns in Frage kommt, da unterschiedliche Schulveranstaltungen andere Zeiträume blockieren.
Ich habe mit den Schülerinnen und Schülern bereits ein gemeinsames Programm vorbereitet, zu dem unter anderem eine Erkundung der Frauenkirche, ein Besuch im Olympiabad und ein gemeinsamer Grillabend gehören.

Ich bitte Sie, die Teilnahme Ihres Kindes an der Fahrt zu bestätigen. Das von uns abgesprochene Preislimit (ca. 250 Euro) wird nicht überschritten werden. Den genauen Preis werde ich Ihnen so bald wie möglich mitteilen.

Mit freundlichem Gruß

R. Schäfer

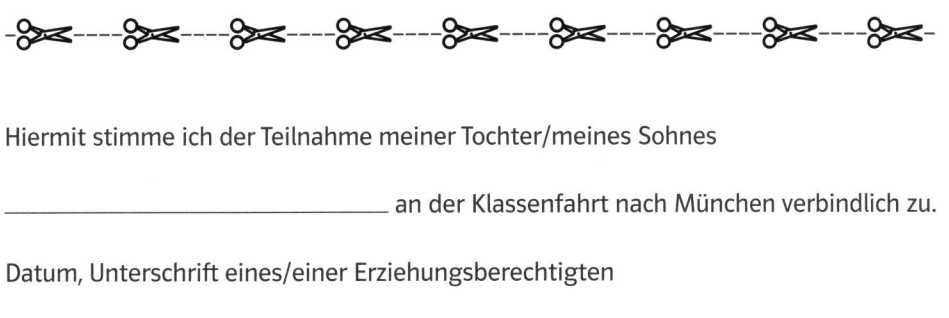

Hiermit stimme ich der Teilnahme meiner Tochter/meines Sohnes

_____ an der Klassenfahrt nach München verbindlich zu.

Datum, Unterschrift eines/einer Erziehungsberechtigten

_____

Aufgaben

1 Lege ein Lerntagebuch an. Halte dazu auf der ersten Seite dein bisheriges Wissen und deine Fragen zum Thema „Islam" fest.

2 Stelle Hypothesen auf, was die Gründe für die Absage der zwei türkischen Schülerinnen sein können. Beziehe in deine Überlegungen sowohl die Bilder auf der Einstiegsseite als auch die Informationen ein, die der Brief an die Eltern enthält.

Wie entsteht eine Religion?

In einem Religionsbuch für junge Musliminnen und Muslime wird von der Berufung des Prophe-
ten Muhammad – einem der wichtigsten Ereignisse des Islam – auf folgende Weise erzählt:

↔ Wer ist ein
Prophet?
Seite 132–133

↗ Ramadan:
Seite 187

Jedes Jahr im Monat Ra-
madan zog sich Muham-
mad in die Abgeschie-
denheit zurück. Er bestieg
5 einen Berg bei Mekka,
der heute „Berg des
Lichts" heißt. Knapp un-
terhalb seines abgeflach-
ten Gipfels befindet sich
10 die schmale Nische im
Fels, die „Hira" genannt
wird. Man kann sie heute
noch besuchen, wenn
man sich in Mekka auf-
15 hält. Es ist allerdings
ganz schön anstrengend,
dort in der Hitze hinauf-
zuklettern.

Die Höhle im Berg Hirā

Muhammad war mit der Situation in Mekka unzufrieden. Die Leute in seiner Stadt unter-
20 drückten die Frauen, die Armen und die Schwachen am Rande der Gesellschaft, sie waren
nur auf Gewinn aus, sie waren sehr stolz und reagierten auf gute Ratschläge mit schroffer
Zurückweisung. Muhammad war zwar sehr beliebt und genoss hohes Ansehen unter den
Mekkanern. Aber sie duldeten es nicht, wenn er sich einmischte und die Mächtigen der Stadt
zu Mäßigung und Gerechtigkeit aufrief.

25 Es war in einer jener Nächte, in der Muhammad in der Felsennische saß, ungefähr zehn Jahre, bevor die islamische Zeitrechnung beginnen würde. Muhammad war um die vierzig Jahre
alt, sein größtes Glück lag in der Ehe mit Khadidscha, die er fünfzehn Jahre zuvor geheiratet
hatte. „Lies!", dröhnte es in Muhammads Ohren, dazu dieses seltsame Klingeln. Er blickte er-
schrocken auf. „Lies!", kam es wieder aus der Dunkelheit. Muhammad konnte niemanden er-
30 kennen, aber er fühlte, wie etwas seine Brust umschloss. Er wusste nicht, was er lesen sollte,
er konnte gar nicht lesen. Der Druck nahm zu. Muhammad hatte das Gefühl, im nächsten
Augenblick zu ersticken.
„Lies!" Langsam nahm er eine Gestalt wahr. Sie schien eine Art Tuch vor ihm hochzuhalten.
Und dann sagte die Gestalt noch etwas.
35 „Was?", fragte Khadidscha später ihren Mann, als er nach Hause zurückgekehrt war. So hatte
sie ihn noch nie erlebt: voller Angst, zitternd und schweißgebadet. Er hatte sie gebeten, ihn
in Decken einzuhüllen. „Ich glaube, ich bin verrückt geworden!", keuchte er. Aber Khadidscha
ging auf ihn ein. „Nein, Muhammad, du bist der vernünftigste Mann, den ich kenne. Sag, was
hat die Gestalt noch gesagt?" Muhammad antwortete ihr nur zögernd. „Du bist der Gesandte
40 Gottes, und ich bin Gabriel."

Muhammad und der Koran

Vom Tag seiner Berufung an erhielt Muhammad immer wieder Botschaften, 22 Jahre lang. Diese Botschaften wurden später im Koran aufgeschrieben. Der Text des Koran ist in insgesamt 114 Abschnitte (Sura) unterteilt. Die einzelnen Suren sind in Verse (Ayat) unterteilt und nach ihrer Länge angeordnet. Im Vergleich zur Bibel ist der Koran in einem kurzen Zeitraum von weniger als 100 Jahren entstanden. Im Verständnis der Muslime ist er die direkte Niederschrift der „Rede Gottes". Muslime lernen den Koran möglichst schon als Kind in der Sprache, in der Muhammad ihn empfangen hat – auf Arabisch.

Nach muslimischer Vorstellung vollendet der Koran die Tora der Juden und das Evangelium der Christen. Er gilt als die letztgültige Weisung Gottes an den Menschen.

↗ Koran:
Seite 184

↔ Gibt die Bibel heute noch Orientierung?
Seite 98–99

↗ Evangelium:
Seite 181

Muhammad als „Siegel der Propheten"

Muhammad ist in Mekka geboren und im Jahr 632 n.Chr. in Medina gestorben. Seine Auswanderung nach Medina 622 n.Chr. (die Hidschra), ist ein weiterer Wendepunkt in seinem Leben, der zum Beginn des islamischen Kalenders wurde.

Muhammad gilt im Islam als das „Siegel der Propheten". Mit ihm hat die Kette der von Gott gesandten Propheten, zu denen auch Noah, Abraham, Mose und Jesus gehören, ein Ende. Als Muhammad 632 in Medina starb, hatte sich der Islam bereits über weite Gebiete der Arabischen Halbinsel ausgebreitet und es stellte sich die Frage, wer die Führung der muslimischen Gemeinschaft übernehmen und für ihren Zusammenhalt sorgen sollte. Einige waren der Ansicht, Ali, Muhammads Vetter und Schwiegersohn, sei die geeignete Person. Andere fanden, die Nachfolge in der Leitung der Gemeinschaft solle besser durch Wahl bestimmt werden, und wählten Abu Bakr, einen langjährigen Weggefährten Muhammads. Die erste Gruppe, die „Partei Alis" (*schiat Ali*), wurde später Schiiten genannt, die anderen Sunniten (von arabisch *sunna* = Brauch). Muhammad war mittlerweile ein politischer Führer geworden, nicht nur ein religiöser. Unter den Muslimen entbrannte ein Streit, wer die Führung des wachsenden muslimischen Reiches übernehmen sollte. Nach Ansicht der Schiiten konnte nur ein Blutsverwandter von Muhammad sein Nachfolger sein: Ali, Muhammads Cousin. Eine andere Position vertraten die Sunniten. Sie waren der Meinung, dass die „rechtgeleiteten Kalifen", die nicht blutsverwandt mit Muhammad sein müssen, die rechtmäßigen Nachfolger sind.

↗ Schiiten:
Seite 188

↗ Sunniten:
Seite 189

Aufgaben

1 Vergleiche die Berufung Muhammads mit der Erzählung vom Pfingstgeschehen (Apg 2,1–6).

2 Vergleiche die Berufung Muhammads mit der Verheißung Gottes an Abraham in Gen 12,1–4.

K 3 Ordne das auf Seite 112 beschriebene Ereignis in Muhammads Leben ein. Recherchiere dazu die wichtigsten Stationen im Leben des Propheten und erstelle einen tabellarischen Lebenslauf.

4 Formuliere mit eigenen Worten, was einen „Gesandten" auszeichnet und was der Ausdruck „Siegel der Propheten" meint.

5 Vergleiche das Wirken und die Bedeutung Muhammads im Islam mit der Wirkung und Bedeutung Jesu im Christentum.

→ eine Bibelstelle finden:
Seite 171

↗ Verheißung:
Seite 190

→ eine Internetrecherche durchführen:
Seite 173

Welche Bedeutung hat Jesus in Islam und Judentum?

 Jesus im Koran

Isas Eigenschaften

Ihr Leute der Schrift, übertreibt es nicht in Sachen Religion, und sagt nichts über Gott außer die Wahrheit. Der Messias, Isa, der Sohn Maryams, ist nur sein Gesandter und sein Wort, das er Maryam überbringen ließ, und er ist Geist von ihm. Also glaubt an Gott und seine Gesandten, und sagt nicht: „Drei!" Hört auf damit. Es ist besser für euch. Gott ist ein einziger Gott. Gepriesen sei er! Dass er ein Kind haben sollte! Ihm gehört doch alles, was im Himmel und auf der Erde ist.

↗ Messias: Seite 185

(Sure 4,171)

Die Rolle Isas

So sind die Gesandten. Wir haben einigen von ihnen den Vorzug vor anderen gegeben. Einige konnten mit Gott sprechen, und einige hat er vor den anderen um Stufen erhöht. Wir haben Isa, dem Sohn Maryams, deutliche Beweise gegeben und ihn mit dem Heiligen Geist gestärkt. Wenn Gott gewollt hätte, hätten sich die Menschen nach ihnen nicht bekämpft, nachdem sie sogar die deutlichen Beweise bekommen hatten. Aber sie waren nicht einer Meinung. Also gab es einige, die glaubten, und einige andere, die ungläubig waren. Wenn Gott gewollt hätte, hätten sie sich nicht bekämpft, aber Gott tut, was er will.

(Sure 2,253)

Isa ist auserwählt

Damals sprach Gott: „Isa, ich werde deine Lebenszeit ablaufen lassen, dich zu mir erheben und dich von denen reinigen, die ungläubig sind, und diejenigen, die dir gefolgt sind, werde ich bis zum Tag der Auferstehung über all die stellen, die ungläubig sind. Dann kehrt ihr zu mir zurück, und ich werde darüber richten, worüber ihr verschiedener Meinung wart."

(Sure 3,54–55)

↗ Zehn Gebote: Seite 190

Die Abbildung ist eine persische Miniatur. Sie zeigt Muhammad als „Siegel der Propheten" etwas hintenan (auf dem Kamel) und Jesus etwas vorneweg (auf dem Esel). Im Islam gilt ein strenges Bilderverbot. Auch Muhammad wird nicht bildlich dargestellt. Hier zeigen die beiden Gestalten nicht, wie Jesus und Muhammad ausgesehen haben. Die Miniatur ist hier abbildet, weil sie zeigt, wie aus muslimischer Sicht das Verhältnis von Muhammad und Jesus gesehen wird.

Das Apostolische Glaubensbekenntnis

Ich glaube an Gott, den Vater,
den Allmächtigen,
den Schöpfer des Himmels und der
Erde.

Und an Jesus Christus,
seinen eingeborenen Sohn, unsern
Herrn,
empfangen durch den Heiligen Geist,
geboren von der Jungfrau Maria,
gelitten unter Pontius Pilatus,
gekreuzigt, gestorben und begraben,
hinabgestiegen in das Reich des Todes,
am dritten Tage auferstanden von den
Toten,
aufgefahren in den Himmel;
er sitzt zur Rechten Gottes,
des allmächtigen Vaters;
von dort wird er kommen,
zu richten die Lebenden und die Toten.

Ich glaube an den Heiligen Geist,
die heilige christliche Kirche*,
Gemeinschaft der Heiligen,
Vergebung der Sünden,
Auferstehung der Toten
und das ewige Leben.
Amen.

Das jüdische Glaubensbekenntnis

Höre, Israel!
Der Herr ist unser Gott,
der Herr und sonst keiner.

(Dtn 6,4)

Das Glaubensbekenntnis der Muslime

Ich bezeuge, es gibt keine Gottheit
außer dem einen Gott, und Muhammad ist sein Prophet.

* Katholische Christen sprechen hier: „die heilige katholische Kirche", meinen aber dasselbe (katholisch = wörtlich: allumfassend)

↗ Glaubensbekenntnis: Seite 182

Gott = arabisch *Allah*. Auch arabische Christen nennen Gott Allah.

Christen und Juden haben denselben Gott

Christen und Juden sind durch eine gemeinsame Geschichte und durch den Glauben an ein
und denselben Gott miteinander verbunden. Das Christentum ist aus dem Judentum heraus
entstanden. Jesus war Jude. Christen bekennen allerdings im Unterschied zum Judentum,
dass Jesus Christus der Messias ist, der von Gott versprochene Retter, von dem im Alten
5 Testament bereits die Rede ist. Christen glauben, dass sich Gott in Jesus Christus den
Menschen auf neue Weise gezeigt hat. Diese Offenbarung Gottes gilt allen Menschen.
Sie ist nach christlichem Verständnis nicht an die Zugehörigkeit zum Judentum gebunden.
Jüdinnen und Juden auf der anderen Seite warten nach wie vor auf das Kommen des
Messias.

Evangelische Kirche in Deutschland

↗ Judentum als Weltreligion: Seite 183

Aufgaben

1 Arbeite heraus, was über Jesus („Isa") in den ausgewählten Koranversen ausgesagt wird.

2 Vergleiche die Bedeutung Jesu für Juden, Christen und Muslime mithilfe der Texte auf dieser
Seite.

3 Beurteile, unter welchen Voraussetzungen Juden, Christen und Muslime gemeinsam zu Gott
beten können.

4 Gestalte ein Gespräch zwischen einem jüdischen und einem muslimischen Jugendlichen zu
der Frage dieser Doppelseite.

5 Beschreibe und deute die persische Miniatur. Beziehe die daneben stehenden Informationen
in deine Deutung ein.

→ ein Bild analysieren: Seite 159

Wie sind Weisungen in Koran und Bibel zu verstehen?

Mein Kopf gehört mir

Ich war vierzehn Jahre alt, als mich eine Frau in der U-Bahn fragte:
„Warum trägst du das Kopftuch?" „Weil ich will", antwortete ich,
woraufhin sie „Willst du nicht!" zurückschrie. Und ich hörte nur noch
die Worte: Afghanistan, Gewalt an Frauen, Unterdrückung, Zwangs-
5 ehen, Ehrenmorde – das volle Programm eben. Seitdem gibt es solche
Szenen immer wieder.
Nein, ich möchte deshalb nicht bemitleidet werden oder gar in die ach
so beliebte Opferrolle. Ich schreibe dies, weil ich das Gegenteil will: als
freies, selbstständiges und mündiges Individuum wahrgenommen
10 werden. Doch genau das wird kopftuchtragenden Musliminnen ver-
wehrt. Die Frauen unter Kopftüchern werden auf unterdrückte Wesen
und Opfer reduziert. Drängt sich denn niemandem der Verdacht auf, dass es Musliminnen
geben könnte, die freiwillig, aus religiösen Gründen, ein Kopftuch tragen?
Klar. Darüber, ob das Kopftuch religiöse Pflicht ist, wird viel diskutiert. Jede Muslimin kommt
15 an den Punkt, an dem sie diese Frage für sich klärt – und sich für oder gegen das Tuch entscheidet. Für mich ist das Kopftuch eine religiöse Pflicht. Ich fühle mich mit dem Kopftuch
Gott näher. Außerdem bekenne ich mich gerne öffentlich zu meiner Religion, die mich sehr
geprägt hat und noch immer prägt. Für andere Musliminnen kann das Kopftuchtragen natürlich andere Gründe haben – wie das Schutzbedürfnis oder das Verhüllen vor männlichen
20 Blicken. Oder auch nicht religiöse Gründe wie Ausdruck der Weiblichkeit oder Druck durch die
Familie. Der große Kritiker-Fehler: Aus den zahlreichen Gründen suchen sie sich einen Grund
aus, auf den sie dann ihre gesamte Argumentation stützen. Ja, es gibt Fälle, in denen das
Kopftuch und die Frau von Männern als Aushängeschild der familiären Ehre missbraucht
werden. Leider. Doch daraus ein generell islamisches Problem zu machen, wird der Realität
25 nicht gerecht und ist unfair gegenüber all jenen Frauen, die sich freiwillig für das Kopftuch
entschieden haben. Ich bin unabhängig, habe meinen eigenen Willen. Ich bin frei. Und deshalb: Bitte befreit jemand anderen.

Kübra Gümüşay, Journalistin

Kübra Gümüşay

↔ Wie frei ist der Mensch? Seite 36–37

↔ Wie gehen Christen und Muslime mit frauenfeindlichen Traditionen um? Seite 102–103

*Und sprich zu den gläubigen Frauen, sie sollen ihre Blicke senken und ihre Scham bewah-
ren, ihren Schmuck nicht offen zeigen, mit Ausnahme dessen, was sonst sichtbar ist. Sie
sollen ihren Schleier auf den Kleiderausschnitt schlagen und ihren Schmuck nicht offen
zeigen, es sei denn ihren Ehegatten, ihren Vätern, den Vätern ihrer Ehegatten, ihren Söhnen, den Söhnen ihrer Ehegatten, ihren Brüdern, den Söhnen ihrer Brüder und den Söhnen
ihrer Schwestern, ihren Frauen, denen, die ihre rechte Hand besitzt [Sklaven], den männlichen Gefolgsleuten, die keinen Trieb mehr haben, den Kindern , die die Blöße der Frauen
nicht beachten. Sie sollen ihre Füße nicht aneinanderschlagen, damit man gewahr wird,
was für einen Schmuck sie verborgen tragen. Bekehrt euch allesamt zu Gott, ihr Gläubigen, auf dass es euch wohl ergehe.*

(Sure 24,31)

Sind die Bibel und der Koran das „Wort Gottes"? – Eine christliche Sicht

Während der Koran ein Buch ist, das in kurzer Zeit einem einzigen Menschen (Muhammad) offenbart wurde, stellt die Bibel Texte aus zwei Jahrtausenden nebeneinander. Der Koran kennt nur Gott als Autor und Muhammad als Empfänger der Botschaft. Die Bibel hingegen hat eine Vielzahl unterschiedlicher Verfasser und berichtet von deren ganz persönlicher
5 Geschichte mit Gott. Das Verständnis der beiden heiligen Schriften hängt eng zusammen mit dem unterschiedlichen Verständnis von Offenbarung und von Wort Gottes: Für Juden und Christen offenbart sich Gott in der Geschichte, er erwählt und leitet sein Volk Israel. Für Christen hat diese Offenbarung ihren Höhepunkt in Jesus Christus. In ihm kommt Gott den Menschen ganz nahe, er wird selbst Mensch. Die heiligen Schriften der Bibel entstanden
10 somit nach dieser Erfahrung mit Gott. Sie berichten davon, wie Gott sich auf die Menschen und ihre Geschichte einlässt. Nach dem Koran hingegen offenbart sich Gott im Buch. Der Islam ist somit eine Buchreligion.

nach Joachim Gnilka, evangelischer Theologe

↗ Koran:
Seite 184

↔ Welche Arten von Texten gibt es in der Bibel?
Seite 92–93

Ist der Koran „Gottes Wort"? – Eine muslimische Sicht

Frau Mohagheghi, was bedeutet eigentlich der Koran für Muslime?
Für Muslime ist der Koran die wichtigste Quelle: Sie ist die Offenbarung Gottes. Der Koran ist im siebten Jahrhundert auf der Arabischen Halbinsel entstanden. Alle Erzählungen, Gebote und Gesetze, die im Koran niedergeschrieben sind, richten sich zunächst einmal an die
5 Menschen, die zu dieser Zeit lebten.

Wie kann man dann den Koran in der heutigen Zeit lesen und verstehen?
Zuerst muss man den Koran aus der Perspektive der damals lebenden Menschen lesen und verstehen. Es ist enorm wichtig, den Sinn der Erzählungen zu verstehen und über ihre Bedeutung bzw. Botschaft für die Menschen heute nachzudenken.

10 **Und wer entscheidet nun, was „islamisch" ist und was nicht?**
Wie jede andere Religion auch, ist der Islam in eine Kultur eingebettet. In den unterschiedlichen Kulturen ist der Islam angekommen und besteht weiter. Und so entwickeln sich unterschiedliche Formen der Frömmigkeit. Das heißt: „Den" Islam und „die" islamische Lebensweise gibt es nicht.

aus einem Interview mit Hamideh Mohagheghi, muslimische Theologin

↔ Wie gehen Christen und Muslime mit frauenfeindlichen Traditionen um?
Seite 102–103

Aufgaben

1 Gib mit eigenen Worten wieder, was der Koran über die Bekleidung gläubiger Musliminnen sagt.

2 Fasse die Aussagen von Kübra Gümüşay zusammen. Benenne, aus welchen Gründen sich Musliminnen möglicherweise für ein Kopftuch entscheiden.

3 Zu Zeitungsartikeln, die im Internet erscheinen, gibt es meist öffentliche Leserkommentare. Verfasse einen kurzen Kommentar zur Meinung von Kübra Gümüşay.

4 Arbeite aus den Antworten von Mohagheghi heraus, inwiefern der Koran „Gottes Wort" ist.

5 Begründe, weshalb nach Gnilka nur der Islam eine „Buchreligion" ist und weshalb Jesus und der Koran die richtigen Vergleichspunkte zwischen den beiden Religionen sind und nicht die Bibel und der Koran.

Was unterscheidet Moscheen von Kirchen und Synagogen?

MK Methode: ein Erklärvideo drehen

Ein Erklärvideo ist ein kurzes Video von einer bis maximal zehn Minuten Dauer. Ziel ist es, einen Sachverhalt oder einen Vorgang möglichst einfach zu erklären. Am besten nimmt man dabei Bilder oder kleine Figuren zu Hilfe, die das Erklärte anschaulich machen. Figuren oder Bilder müssen klar erkennbar sein.

So kannst du vorgehen:
1 Überlege, womit du deine Erklärung veranschaulichen könntest. In Frage kommen Wörter, Zahlen oder Symbole (mit dickem Filzstift auf Papier gemalt), aber auch Spielzeug-Figuren.
2 Erstelle ein Skript. Das sind ausformulierte Sätze in möglichst einfacher Sprache. Markiere danach in jedem Abschnitt oder Satz diejenigen Wörter, die symbolisch dargestellt werden sollen.
3 Übe deinen Text. Wenn ihr in Gruppen arbeitet, nehmt denjenigen oder diejenige aus eurer Gruppe als Sprecher/Sprecherin, der oder die am deutlichsten spricht.
4 Baue einen Tisch auf, auf dem die (Papier-)Vorlagen bewegt werden, und probiere, welche Fläche von der Kamera erfasst wird.
5 Mache einige Probedurchläufe.
6 Drehe das Video und stelle die Kamera dazu auf ein Stativ.

Moschee – Kirche – Synagoge

Was ist der Unterschied zwischen einer Moschee und einer Kirche?

Beide haben erstmal eine große wichtige Gemeinsamkeit: Sie sind Gotteshäuser, gesegnete Orte, in denen Gott angebetet wird. Es gibt eine Stelle im Koran, in der 22. Sure, wo Kirchen, Synagogen und Moscheen als Gotteshäuser erwähnt werden. Daraus sollte man einiges an
5   Toleranz zwischen den Religionen ableiten können. Ich gehe auch gerne in Kirchen und fühle dort die Aura. Ich bete und spreche auch mit Gott, wenn ich in einer Kirche bin.

Kirchen haben einen Kirchturm und Moscheen so etwas Ähnliches …

… das Minarett. Es ist wie der Kirchturm. Aber wir haben keine Glocken darin, die zu verschiedenen Zeiten und Gottesdiensten läuten. In islamischen Ländern ruft ein Muezzin über
10   die Mikrofonanlage zum Gebet. Das Minarett hat auch symbolische Bedeutung. Es steht für die Einheit Gottes. Wir glauben, so wie die Christen und die Juden, an den einen Gott.

Was ist, wenn wir die Innenräume vergleichen?

Kirchen haben Bänke oder Stühle und Kniebänke. Eine Moschee ist eigentlich leer, denn es wird auf dem Teppich gebetet, weswegen man beim Betreten immer die Schuhe ausziehen
15   muss. Die meisten Moscheen haben für die Schuhe Regale zum Abstellen. Hauptsache, der Teppich bleibt sauber, weil man sich ja beim Beten mit der Stirn auf den Boden drückt. Man wäscht sich für das Gebet. Die meisten Moscheen haben einen Waschraum. Bei der Gebetswaschung wäscht man Hände, Gesicht und Füße. Auch die Unterarme bis zu den Ellenbogen, man streicht sich über Kopf und Hals und spült seinen Mund und die Nase.

20   **_Mir ist aufgefallen, dass es nicht so viele Bilder und Statuen wie in christlichen Kirchen gibt._**

Bei uns im Islam gibt es die Meinung, man sollte Menschen oder andere Lebewesen nicht abbilden. Die Christen haben aus Jesus Gott gemacht, das könnte uns auch mit Mohammed passieren, wenn wir ihn überall abbilden und beginnen, ihn zu verehren. Unser Prophet soll immer Mensch bleiben. Das Bilderverbot ist ein Weg, Gott in seiner Einmaligkeit zu schützen.

25   **_Also ist eine Moschee ein leerer Raum, der mit Teppich ausgelegt ist?_**

Nicht ganz. Vorne ist eine Treppe, die auf eine Kanzel führt, wo der Prediger steht. Die Gebetsrichtung nach Mekka wird in jeder Moschee durch eine halbrunde Nische angezeigt. Also in die Richtung muss ich blicken und kann so am besten Kontakt mit Gott aufnehmen. Statt Gesangbüchern gibt es Regale, in denen Korane stehen. Im Laufe der Zeit hat sich die
30   Tradition entwickelt, Frauen und Männer beim Gebet immer mehr zu trennen. Ich persönlich fände es schöner, wenn Frauen und Männer nebeneinander beten würden.

aus einem Interview mit Mouhanad Khorchide, Professor für Islamische Religionspädagogik

↗ Bildnisse von Gott:
Seite 180

Mohammed = andere Aussprache des Propheten-namens

Muhammad = korrekte Umschrift aus dem Arabischen

↗ Koran:
Seite 184

Aufgaben

1 Beschreibe mithilfe der Bilder die Einrichtung einer Moschee. Notiere mögliche Fragen.

2 Arbeite aus dem Interview Gemeinsamkeiten und Unterschiede von Kirche und Moschee heraus. Beziehe anschließend auch die Synagoge in deinen Vergleich ein.

↗ Synagoge:
Seite 189

3 „Die Christen haben aus Jesus Gott gemacht", sagt Professor Khorchide. Erkläre, wie diese Aussage gemeint sein könnte.

MK 4 Dreht Erklärvideos zu den einzelnen Gotteshäusern. Teilt euch dazu in Gruppen auf und bezieht eure Fragen aus Aufgabe 1 ein.

Welche Bedeutung haben religiöse Pflichten?

Muslime, die sich an die Fastenzeit halten, dürfen von der Morgendämmerung bis zum Sonnenuntergang nicht essen und nicht trinken. Ebru Sen ist Türkin. „Ich bin nicht besonders religiös", sagt die 28-Jährige über sich selbst. Am islamischen Fastenmonat Ramadan nimmt die junge Muslimin aber teil. Ebenso wie der 19-jährige Sefa Asci.

Ein Interview zum Ende des Ramadan: „Man übt sich in Demut."

↗ Ramadan:
Seite 187

WDR: Ebru und Sefa, jedes Jahr 30 Tage lang fasten – haltet ihr das wirklich immer durch?

Ebru: Ich muss gestehen, ganz hundertprozentig halte ich es nicht immer durch, aber ich versuche
5 es. Es ist aber nicht immer mit dem Alltag vereinbar. Man muss die Fastenzeit gut managen. Die ersten Stunden gehen ja noch relativ gut, aber so um zehn, elf Uhr sagt der Magen: „Hallo, ich will was essen." Am schlimmsten ist es, wenn andere einem
10 etwas voressen. Da muss man wirklich Durchhaltevermögen zeigen.

Eine Familie feiert das Zuckerfest

Sefa: Ich versuche auch jedes Jahr zu fasten. Aber manchmal geht es einfach nicht, zum Beispiel wegen der Arbeit.

WDR: Man soll in der Fastenzeit an seinen Tugenden arbeiten. Wie klappt es damit,
15 **was nehmt ihr euch vor?**

Sefa: Höflich, nett und hilfsbereit sein.

Ebru: Man versucht während des Ramadans ganz aktiv, ein guter Mensch zu sein. Vielleicht wird es ja irgendwann zur Gewohnheit.

WDR: Was bedeutet Ramadan noch für euch?
20 **Ebru:** Die Zeit des Ramadans bedeutet ja eigentlich auch, sich in Selbstbeherrschung zu üben. Also nicht Hungern um des Hungerns Willen. Es ist auch ein schönes Zusammengehörigkeitsgefühl. Mit dem Verzicht denkt man auch an diejenigen, die wirklich hungern müssen und es nicht ganz so gut haben wie wir. So übt man sich ein bisschen in Demut. Man wird aber auch nicht komisch angeguckt, wenn man nicht fastet. Das muss schon aus einem
25 selbst kommen.

WDR: Wie sieht so ein typischer Ramadan-Tag für dich aus?

Sefa: Ich steh morgens ums viertel nach vier auf, dann esse ich gemeinsam mit der Familie. Danach putze ich mir die Zähne und geh wieder ins Bett. Dann gehe ich zur Arbeit. Und abends gehen wir zum Fastenbrechen in die Moschee und essen dort gemeinsam.

30 **WDR: Worauf freut man sich nach den 30 Tagen am allermeisten?**

Sefa: Ich freue mich aufs Zuckerfest. Da gibt es viel Süßes. Und man kann essen, wann man will. Man feiert mit der ganzen Familie. Das ist vergleichbar mit Weihnachten.

WDR: Warum würdet ihr anderen Leuten das Fasten mal nahelegen?

Ebru: Es ist eine Übung an sich selbst und was man sich zutraut. Es ist eine Herausforderung.
35 **Sefa:** Man sollte vieles im Leben mal ausprobieren, damit man weiß, wie es funktioniert.

Fasten – Gibt es das nur im Islam?

Fast alle Religionen raten uns, während einer gewissen Zeit im Jahr zu fasten. Fasten bedeutet eigentlich, weder zu essen noch zu trinken, aber das ist manchmal unmöglich, besonders bei Fastenzeiten, die einen Monat dauern. Normalerweise meint Fasten deshalb, bestimmte Dinge nicht zu essen oder zu bestimmten Tageszeiten nichts zu essen. Fasten ist in Religio-
5 nen sehr verbreitet, denn es hilft, den Körper zu reinigen. Fasten erlaubt einem, sich aufs Beten zu konzentrieren. Fasten ist auch eine gute Gelegenheit, sich daran zu erinnern, wie froh man sein kann, genug zu essen zu haben, und Gott für die Speisen zu danken und dafür, dass man lebt.

Juden fasten an verschiedenen Tagen. Der bekannteste jüdische Fasttag ist **Jom Kippur** zehn
10 Tage nach dem Neujahrsfest Rosch Ha-Schana. Zehn Tage sollen die Juden damit zubringen, sich mit den Menschen, die sie im Lauf des vergangenen Jahres gekränkt haben, wieder auszusöhnen und für das nächste Jahr Besserung zu geloben. Fasten müssen diejenigen, die religiös mündig sind, also Mädchen mit 12 und Jungen mit 13 Jahren. Das Fasten beginnt am Abend vor Jom Kippur und dauert bis zum nächsten Sonnenuntergang. Jom Kippur ist nicht
15 der einzige Fasttag im jüdischen Kalender, aber bei Weitem der wichtigste.

Muslime fasten im **Ramadan**, dem neunten Monat des muslimischen Mondkalenders. Im Ramadan fasten alle erwachsenen Muslime, sofern sie gesund und nicht gerade auf Reisen sind. Der Ramadan endet mit einem großen Fest, das bis zu vier Tage dauern kann. Dieses Fest wird mit einem großen Festessen gefeiert und mit Spenden für die Armen und Besu-
20 chen bei Freunden, denen man etwas zu essen mitbringt. Nach den Lehren von Islam, Judentum und den meisten anderen Religionen ist das Fasten nicht so wichtig wie die Gesundheit, deshalb muss man sich schonen, wenn man krank ist, und mit dem Fasten warten, bis es einem wieder besser geht.

Im Christentum dauert die **Fastenzeit** vierzig Tage. Sie endet an Ostern. Mit der Fastenzeit
25 wird der vierzig Tage gedacht, die Jesus allein und fastend in der Wüste verbrachte, bevor er wieder zu den Menschen zurückkehrte. Die Fastenzeit wird von den verschiedenen Christen unterschiedlich begangen. Die meisten Christen fasten an **Aschermittwoch** (dem ersten Tag der Fastenzeit) und am **Karfreitag** (dem Tag von Jesu Tod). Manche Christen fasten an jedem Freitag der Fastenzeit, andere essen in dieser Zeit kein Fleisch und keinen Käse.

Marc Gellmann, Rabbiner, und Thomas Hartmann, katholischer Priester

> **Moment mal!**
>
> Warum fasten auch Menschen, die nicht religiös sind?

Aufgaben

1 Beschreibe, inwiefern Ebru und Sefa das Fasten einerseits lohnend, andererseits schwierig finden.

2 Trage die Informationen, die dir die Doppelseite zum Fasten in den einzelnen Religionen gibt, in einer Tabelle zusammen.

3 Interviewe Menschen unterschiedlicher Religionen in deiner Umgebung, wozu sie sich religiös verpflichtet fühlen und wie ernst sie diese Pflicht nehmen.

→ ein Interview führen: Seite 173

Wie nehmen wir einander wahr?

Ich bin sehr religiös erzogen worden. In meiner Familie halten wir alle wichtigen Vorschriften ein. Ich finde das gut. Das hält unsere Familie zusammen. Dafür muss man manchmal auch verzichten können, wenn meine Freundinnen zum Beispiel ins Schwimmbad gehen oder sich mit Jungen treffen. Bei denen stößt das nicht immer auf Verständnis. Für mich ist das aber in Ordnung.

Ich habe sehr unterschiedliche Erfahrungen gemacht. Viele Menschen in Deutschland wissen eigentlich gar nichts über meinen Glauben und verlassen sich auf das, was die Medien ihnen sagen – für die ist man dann gleich ein Terrorist. In meinem Freundeskreis sind aber auch viele Nicht-Muslime, die teilweise echt überrascht waren, als sie mehr über den Islam erfahren haben.

Ich hatte eigentlich noch nie größere Probleme wegen meiner Religion. Allerdings trage ich auch kein Kopftuch und halte mich auch sonst nicht an alle Gebote. Für meine Eltern ist das o. k., auch wenn sie sich wünschen würden, dass meine Geschwister und ich die religiösen Pflichten etwas stärker einhalten. Das wäre mir aber zu anstrengend. Manches lässt sich einfach in Deutschland nur schwer durchhalten.

Ich finde es gut, dass man in Deutschland mit dem Kopftuch zur Schule gehen darf. In der Türkei war das bis 2014 nicht erlaubt. Ich bin in Deutschland geboren, trotzdem habe ich oft das Gefühl, in zwei unterschiedlichen Welten zu leben. Einerseits will ich die Pflichten meiner Religion nicht vernachlässigen und andererseits möchte ich mich hier in der Gesellschaft nicht als Fremde fühlen müssen.

Ich bin Anfang des Jahres zum Islam konvertiert. Ich fühle mich sehr wohl mit meiner neuen Religion und bereue diese Entscheidung nicht. Ich bin zwar nicht perfekt in der Ausübung, aber ich bemühe mich. Meine Freundin ist Muslimin und unterstützt mich tatkräftig. Meiner Familie und meinen Freunden habe ich erstmal nichts davon gesagt, ich glaube, sie sind noch nicht so weit, dass sie mich verstehen.

Vorurteile, Verallgemeinerungen, Unterstellungen …

Man erkennt schon am Aussehen, wer zu welcher Religion gehört.

Der Islam ist eine Religion, die Gewalt verherrlicht und den Terrorismus unterstützt.

Der Islam verurteilt jede andere Religion.

Wer gläubig ist, muss sich an Tausende von Vorschriften halten und hat nicht mehr viel Spaß am Leben.

Muslime weigern sich, sich in Deutschland zu integrieren.

Muslimische Männer sind Machos.

Der Koran ruft zur Unterdrückung der Frau auf und zwingt sie, sich zu verhüllen.

↗ Koran:
Seite 184

Antisemitismus heute

Der Antisemitismusbeauftragte der Bundesregierung hat Juden davon abgeraten, sich überall in Deutschland mit der Kippa zu zeigen. „Ich kann Juden nicht empfehlen, jederzeit überall in Deutschland die Kippa zu tragen. Das muss ich leider so sagen", sagte Felix Klein den Zeitungen der Funke Mediengruppe. Er habe seine Meinung „im Vergleich zu früher leider geän-
5 dert". Er begründete das mit der „zunehmenden gesellschaftlichen Enthemmung und Verrohung", die einen fatalen Nährboden für Antisemitismus darstelle. Etwa 90 Prozent der Straftaten seien dem rechtsradikalen Umfeld zuzurechnen. Bei muslimischen Tätern seien es zumeist Menschen, die schon länger in Deutschland lebten. „Viele von ihnen gucken arabische Sender, in denen ein fatales Bild von Israel und Juden vermittelt wird."
10 Gleichzeitig forderte Klein Schulungen für Polizisten und andere Beamte im Umgang mit Antisemitismus: „Es gibt viel Unsicherheit bei Polizisten und bei Behördenmitarbeitern im Umgang mit Antisemitismus." Das Thema gehöre auch in die Ausbildung der Lehrer und Juristen.

↗ Antisemitismus:
Seite 179

Internetausgabe der Zeitung „Tagesspiegel" vom Mai 2019

Aufgaben

1 Vergleiche die Erfahrungen der Musliminnen und Muslime miteinander. Halte Positives und Negatives in einer Tabelle fest.

MK 2 Wähle ein bis zwei Sprechblasen oben aus und stelle ihre Aussage richtig. Entscheide dich dazu für eine Form (z. B. ein Erklärvideo), die sich für eine sachliche und respektvolle Auseinandersetzung mit deiner Frage anbietet.

→ ein Erklärvideo
drehen:
Seite 118

MK 3 Recherchiere, was es mit dem Orchester des West-östlichen Divans (West-Eastern Divan Orchestra) auf sich hat. Halte deine Ergebnisse schriftlich fest.

→ eine Internetrecherche durchführen:
Seite 173

Lernen wir aus der Geschichte?

Geschichte der Muslime in Deutschland

Die Geschichte jüdischer Gemeinden in Deutschland reicht in die Zeit des Römischen Reiches zurück: Die jüdische Gemeinde Köln wird zum Beispiel bereits im Jahr 321 n.Chr. von Kaiser Konstantin in einem Brief erwähnt.

Dagegen beginnt die Geschichte der Muslime in Deutschland mit einem Beistandspakt zwischen dem Kalifen Harun ar-Raschid und Karl dem Großen im Jahr 791 n.Chr. Die ersten muslimischen Gemeinden entstanden viel später. Man kann den Beginn etwa daran festmachen, dass 1731 zwanzig Muslime als „lange Kerls" vom Preußenkönig Friedrich-Wilhelm I. in den Dienst gestellt wurden. Es gab vereinzelte Moscheebauten, zuweilen nur als Zierde und ohne Funktion, weil es für die Herrscher des 18. Jahrhunderts „in" war, im orientalischen Stil zu bauen. Im Ersten und Zweiten Weltkrieg wurden von den Deutschen Gefangene muslimischen Glaubens nach Deutschland gebracht. Ein muslimisches Leben entwickelte sich daraus nicht.

Gastarbeiter in der BRD

Gastarbeiterkinder (1980er-Jahre)

Tatsächlich fängt die Geschichte des Islam in Deutschland jedoch erst mit den Gastarbeitern an, die seit den 1960er-Jahren in die damalige Bundesrepublik Deutschland geholt wurden. Sie kamen nicht nur aus den südeuropäischen, sondern zunehmend auch aus muslimischen Ländern, vor allem aus der Türkei, aber auch aus Marokko und Tunesien. Dass auf diese Weise

5   binnen nur dreier Jahrzehnte die zweitgrößte Glaubensgemeinschaft Deutschlands entstehen würde, ahnte damals niemand. Man rechnete – sofern man überhaupt darüber nachdachte – mit einer ständigen Fluktuation von Arbeitskräften, die man nach Belieben einstellen oder wieder entlassen konnte; ein Daueraufenthalt war nicht eingeplant, weder von den Deutschen noch von den Muslimen selbst. Sie hatten davon geträumt, dass die Menschen,

10   die sie ja geholt hatten, sie freundlich aufnehmen würden und dass die Türklinken hierzulande aus Gold seien. Vor den Konsulaten in ihrer Heimat hatten sie tagelang in kilometerlangen Schlangen ausgeharrt, um das Zipfelchen Glück zu erhaschen, das der Stempel im Pass verhieß.

Doch alles wurde unerwartet schwer. Die Gastarbeiter lebten in Deutschland ein einsames

15   und entsagungsreiches Leben. Eine Statistik aus dem Jahr 1972 besagt, dass 89 Prozent der damaligen Migranten Männer waren. Der Anwerbestopp 1973 und die danach ermöglichte Familienzusammenführung veränderten die Situation grundlegend; im Jahre 1992 waren bereits 45 Prozent der Migranten Frauen. Die Folge dieser Politik war, dass sich die Familien hierzulande einzurichten begannen, wenn auch noch mit dem Gedanken, sich von hier aus in

20   der Heimat eine sichere Zukunftsexistenz aufzubauen und dorthin zurückzukehren. Jedoch ergaben sich bald neue Lebensumstände, denen Rechnung getragen werden musste: Die Kinder wuchsen in Deutschland auf, mussten hier die Schule besuchen und deshalb Deutsch lernen.

Ursula Spuler-Stegemann, Islamwissenschaftlerin

Fluktuation = Wechsel

Eine leidvolle Geschichte bestimmt unser Verhältnis

Ab 1941 – deutschlandweites Arbeitsverbot für alle Juden

20.06.1942 – Verbot des Schulbesuchs für jüdische Kinder

25.04.1933 – Juden werden aus deutschen Sport- und Turnvereinen ausgeschlossen.

01.09.1941 – Alle Juden, die älter als sechs Jahre sind, müssen den gelben Stern mit der Aufschrift „Jude" tragen.

30.04.1939 – Juden können zwangsweise in sogenannte „Judenhäuser" eingewiesen werden.

Denkmal für die ermordeten Juden Europas in Berlin – Feld mit 2711 Beton-Stelen nach einem Entwurf von Peter Eisenman (2005)

09./10.11.1938 – groß angelegte Zerstörung von jüdischen Geschäften, Wohnhäusern und Synagogen

20.01.1942 – Die deutschen Machthaber beschließen, alle Juden zu ermorden.

03.12.1938 – Bestimmte Bereiche der Stadt Berlin dürfen von Juden nicht mehr betreten werden. Gleichzeitig Verbot des Schwimmbadbesuchs.

04.07.1940 – Juden dürfen Lebensmittel in Berlin nur noch nachmittags von 16–17 Uhr kaufen.

1945 – Am Ende des Zweiten Weltkriegs waren über 6 Millionen jüdischer Menschen aus ganz Europa ermordet worden.

↗ Synagoge:
Seite 189

Aufgaben

1 Ordne die Ereignisse der Judenverfolgung als Stichworte auf einem Zeitstrahl an. Arbeite heraus, wie sich die Lebensbedingungen der Juden immer mehr verschlechtert haben.

2 Menschen nutzen das Stelenfeld (Foto oben) nicht nur, um zum Gedenken an die Opfer Steinchen auf einzelne Stelen zu legen, sondern sie benehmen sich dort teilweise wie auf öffentlichen Spiel- oder Rasenflächen. Eisenman sagte dazu 2010: „Ich wollte eine täglich präsente Erinnerung an den Holocaust für die Deutschen machen, keine private, sondern eine öffentliche Erinnerung. Etwas, das ganz normale Bürger besuchen können, ohne sich schuldig zu fühlen." Nimm Stellung zu Eisenmans Aussage.

3 Der damalige Bundespräsident Christian Wulff sagte in einer Rede 2009: „Das Christentum gehört zweifelsfrei zu Deutschland. Das Judentum gehört zweifelsfrei zu Deutschland. Das ist unsere christlich-jüdische Geschichte. Aber der Islam gehört inzwischen auch zu Deutschland." – Erläutere mithilfe der Informationen auf dieser Doppelseite, weshalb Wulff beim Islam „inzwischen auch" sagte, bei Christentum und Judentum aber „zweifelsfrei".

Wie können wir gut miteinander leben?

Die Drei-Religionen-Grundschule in Osnabrück

An einer Grundschule in Osnabrück lernen
christliche, jüdische und muslimische Schüler
gemeinsam und voneinander. Respekt für-
einander ist das A und O. Sebastian und Ali

5 kennen sich aus mit Moscheen, Kirchenliedern und Gebetsmänteln. Die beiden Neun-
jährigen besuchen die Drei-Religionen-Schule in Osnabrück. Kippa und Kopftuch gehören
für die Kinder dort zum Alltag. Sie wissen,

10 dass „halal" und „koscher" Speisevorschriften
bezeichnen. Sie kennen Feste wie Chanukka,
Zuckerfest oder auch Christi Himmelfahrt.

Die Religion habe für Kinder, Eltern und Lehrer an dieser in Deutschland einmaligen

15 Grundschule einen besonderen Stellenwert,
erklärt die 43-jährige Schulleiterin Birgit Jöring. Es gibt getrennten Religionsunterricht
für christliche, muslimische und jüdische
Schüler. Ansonsten sind die Klassen ge-

20 mischt. Alle Feste werden gemeinsam gefeiert. Es gibt Projektwochen zu religiösen Themen,
Besuche in den Gebetshäusern, Diskussionen über Trennendes und Gemeinsames.
„Jeder lernt seine eigene Religion kennen, um sich dann mit den anderen über ihre auszutauschen", sagt Jöring. Nach ihrer Erfahrung schützt genau das vor Radikalisierung, Antisemitismus und Islamfeindlichkeit. „Wer seine eigene Religion wertschätzt, kann auch die andere

25 achten." Die Resonanz der weiterführenden Schulen gibt ihr Recht. Von dort komme die Rück-
meldung, die Schüler seien sehr tolerant und sozial engagiert. Auch Rabbiner Avraham Rad-
bil, dessen Söhne ebenfalls die Schule besuchen, ist überzeugt von der Idee: „Die Kinder erfahren viel übereinander und lernen somit von klein auf, Unterschiede zu respektieren." Die
Mädchen und Jungen an ihrer Schule schätzten es, wenn manche Mitschüler religiös lebten,

30 erklärt Jöring. „Kippa und Kopftuch sind hier ausdrücklich erwünscht." Es sei aber auch klar,
dass im Schwimm- und Sportunterricht Mädchen und Jungen gemeinsam unterrichtet würden und dass alle teilzunehmen hätten. „Und wer Weihnachtslieder nicht mitsingen will,
muss das nicht. Aber wir erwarten, dass er respektvoll zuhört. Und das klappt auch."

Alis Mutter Fidaa Zeitun sind der islamische Religionsunterricht in deutscher Sprache und

35 das halal zubereitete Mittagessen wichtig. Dafür nimmt sie in Kauf, dass ihr Sohn aus einem
anderen Stadtteil täglich mit dem Bus zur Schule fahren muss. Alexandra Laermann findet es
gut, dass an dieser Schule entgegen dem Trend in der Gesellschaft die Religion hochgehalten
wird und dass Juden, Christen und Muslime gleich behandelt und geachtet werden.

↗ jüdische
Speisevorschriften:
Seite 183

↔ Was ist
Religion?
Seite 16–17

↗ Antisemitismus:
Seite 179

Moment mal!

Schulträger der Drei-Religionen-Schule ist das Bistum
Osnabrück. Wo bleiben die Evangelischen?

Info: Speisevorschriften

Die islamischen Speisevorschriften sind im Koran und in der Sunna geregelt. Muslime kennen erlaubte Nahrung (halal) und verbotene Nahrung (haram). Haram sind zum Beispiel Alkohol, Blut oder Aas, Fische ohne Schuppen (Aal) sowie Tiere, die selbst Fleischfresser sind oder die geschlachtet wurden, ohne auszubluten. Muslime und Juden halten Schweine für unreine Tiere und essen diese deshalb nicht. Vermutlich ist diese Lebensregel entstanden, weil sich ihr Fleisch früher schwer aufbewahren ließ, schnell verdarb und dann viele Krankheiten übertrug. Nach der alten Speiseregel richten sich viele Muslime und Juden aber auch heute noch.

Im Judentum heißen die Speisegesetze Kaschrut, erlaubte Speisen bezeichnet man als koscher. Danach sind viele Tiere (Säugetiere, die Paarhufer und Wiederkäuer sind) als Lebensmittel verboten.

Für Christen gibt es keine Speiseregeln im Sinne von verbotenen Speisen. Allerdings verzichten manche Christen freitags auf Fleisch und essen dafür Fisch. Dabei denken sie an Jesus, der am Karfreitag gestorben ist. Der Fisch war außerdem ein Zeichen der ersten Christen.

Paarhufer sind z. B. Rinder, Schweine und Schafe.
Wiederkäuer sind z. B. Rinder, Ziegen und Schafe.

↗ Fisch als Symbol:
Seite 181

Schlachten in Deutschland

Im Islam und im Judentum gehört zu den Speisevorschriften, dass nur geschächtetes Fleisch gegessen werden darf. Beim Schächten wird das Tier mit einem extrem scharfen Messer durch einen raschen Schnitt durch die Kehle getötet. Dabei
5 werden Luftröhre, Hauptschlagader und Blutgefäße sofort vollkommen durchtrennt und das Tier kann ausbluten. Nur geschächtete Tiere gelten als „halal" (Islam) beziehungsweise „koscher" (Judentum), weil sie kein Blut mehr enthalten. Aus Tierschutzgründen ist das Schächten seit vielen Jahren
10 umstritten. Teilweise wurde (und wird) der Streit darüber unsachlich geführt. Man muss davon ausgehen, dass für die Tiere sowohl der rasche Schnitt durch die Kehle schmerzhaft ist als auch der in deutschen Schlachthäusern übliche Bolzenschuss, bei welchem dem Tier zur Betäubung vor dem
15 Schlachten ein Stahlstift mehrere Zentimeter tief ins Gehirn geschossen wird. Bei sämtlichen Schlachtmethoden hängt die Frage, ob das Tier unnötig leiden muss, von der Erfahrung und den Fähigkeiten des Schlachters ab.

↗ Sunniten:
Seite 189

Aufgaben

1 Nenne Gründe, weshalb Eltern ihre Kinder auf die Drei-Religionen-Grundschule schicken.

K **2** Erstelle eine Mindmap zu den Speisevorschriften in den Religionen. Nimm als Grundlage die Informationen aus den beiden Texten und ergänze weitere Informationen.

3 Erstellt für ein gemeinsames Fest an der Drei-Religionen-Grundschule eine Einkaufsliste. Achtet darauf, dass alle ohne Bedenken alles essen und trinken können.

4 Wie können wir gut miteinander leben? Sammelt Ideen, wie an eurer eigenen Schule ein friedliches Miteinander der verschiedenen Religionen gefördert werden könnte.

→ eine Mindmap erstellen:
Seite 175
→ eine Internetrecherche durchführen:
Seite 173

Islam – Wie verwandt sind Juden, Christen und Muslime?

Aufgaben

1 Beschreibe das dargestellte Wasserbecken auf dem Foto.

↔ Zeichen und Symbole: Seite 15

2 Wenn man Zeichen und Schrift verbindet, könnte man COEXIST lesen. Deute diese Gestaltung.

3 Entwerft selber grafische Darstellungen und Gegenstände mit einer ähnlichen Bedeutung.

Wissen

- Entwirf einen Lückentext zum Thema „Islam". Tausche ihn mit den Lückentexten deiner Mitschülerinnen und Mitschüler. Fülle die Lücken aus und überprüfe dein Wissen.
- Schlage die Fragen auf, die du zu Beginn in deinem Lerntagebuch von Seite 111 zum Thema „Islam" formuliert hast. Notiere nun die passenden Antworten.
- Manchmal werden Muslime „Muhammadaner" genannt. Erkläre, aus welchen Gründen sie diese Bezeichnung für sich ablehnen.
- Muslime sollen den Koran auf ein Tischchen oder eine erhöhte Stelle legen. Begründe diese Bestimmung und vergleiche sie damit, wie Christen mit Bibeln umgehen.
- **MK** Recherchiere, was die „Fünf Säulen des Islam" sind. Gestaltet Plakate dazu und nutzt dafür Informationen aus diesem Kapitel sowie weitere Informationen.

→ eine Internet-recherche durch-führen:
Seite 173

→ ein Plakat erstellen:
Seite 177

Können

- Auf Seite 111 dieses Kapitels hast du dich mit den Gründen für die Absage der beiden türkischen Mädchen zur Klassenfahrt beschäftigt. Verfasse einen Brief an Frau Schäfer, in dem du die möglichen Gründe ausführlich erläuterst.
- Formuliere mögliche Lösungsansätze für Frau Schäfer. Entwirf ein Konzept für die Klassenfahrt oder schlage vor, wie man mit der auf Seite 110 geschilderten Situation umgehen kann.
- Als du am Freitagnachmittag zufällig deinen Mitschüler/deine Mitschülerin triffst, fragt er/sie, ob du nicht einfach in die Moschee mitgehen willst. Ihr kommt dort an, als das Gebet schon angefangen hat. Dein Freund oder deine Freundin ermuntert dich, teilzu-nehmen. Erkläre, wie du dich verhältst.

Anwenden

- Im Zentrum der Bergpredigt (Mt 6,1–18) spricht Jesus über das Almosengeben, das Beten und das Fasten. Teilt euch in drei Gruppen auf und arbeitet die Kernaussagen heraus.
- Entwickelt gemeinsam Ideen für einen Raum der Stille in eurer Schule, der für Schülerin-nen und Schüler aller Religionen und Weltanschauungen nutzbar sein soll.
- Informiere dich über verschiedene Richtungen im Islam (Sunniten, Schiiten, Aleviten). Halte ein Referat im Umfang von 10–12 Minuten zu diesem Thema.
- In den vergangenen Jahren wurden ungenutzte Kirchen vereinzelt in Moscheen umge-baut. Erörtert gemeinsam, was für und gegen einen solchen Umbau spricht.

→ eine Bibelstelle finden:
Seite 171

↗ Bergpredigt:
Seite 180

7 Wie verstehen Propheten Gerechtigkeit?

Was ist Gerechtigkeit?

Warum gibt es keine Propheten mehr?

Was du in diesem Kapitel lernen kannst:

- Wenn du dieses Kapitel bearbeitet hast, kannst du genauer beschreiben, was du unter Gerechtigkeit und Ungerechtigkeit verstehst.
- Du kannst beschreiben, wie sich die Propheten Amos und Jeremia für Gerechtigkeit eingesetzt haben.
- Du kannst erklären, wie Amos und Jeremia (Gottes) Gerechtigkeit verstanden haben.
- Du kannst erläutern, inwiefern ihre Botschaften auch heute noch eine Rolle spielen.
- Du kannst beurteilen, ob es auch heute noch Propheten gibt.
- Du kannst darstellen, wie sich (gläubige) Menschen um ein besseres Zusammenleben und um Gerechtigkeit in der Gesellschaft bemühen.
- Du kannst die Konsequenzen aufzeigen, die Menschen aus (religiösen) Grundsätzen für ihr Leben ziehen.

Darauf kannst du schon aufbauen:

- Du kannst darstellen, wo und wie sich Menschen für andere engagieren.
- Du kannst biblische Geschichten vom Umgang der Menschen miteinander nacherzählen und ihre Bedeutung erklären.
- Du kannst von verschiedenen Personen berichten, die sich für Gerechtigkeit eingesetzt haben oder einsetzen.

Methoden, die dir auch in anderen Zusammenhängen helfen:

- ein Kugellagergespräch führen
- eine Struktur legen

Was hat Frieden mit Gerechtigkeit zu tun?

Wer ist ein Prophet?

Was trägt Digitalisierung zu Gerechtigkeit und Frieden bei?

Wer ist ein Prophet?

Im Religionsunterricht der 8b stellt Frau Graf den Schülerinnen und Schülern ein Projekt vor: „Ihr wisst vielleicht, dass vor ein paar Jahren eine Politikerin in Duisburg öffentlich gesagt hat, Greta Thunberg erinnere sie an den Propheten Amos. Kennt ihr die junge Klimaschutzaktivistin aus Schweden? Es gab ein riesiges Presse-Echo: Manche fanden es gut, manche fanden es völlig übertrieben, und manche wussten gar nicht, was Propheten überhaupt sind. Die Volkshochschule unserer Stadt hat nun alle Schulen eingeladen, „Propheten-Koffer" für eine Ausstellung zu erstellen."

„Was soll das denn sein – ein Propheten-Koffer?", fragt Luise nach.

„Ihr beschäftigt euch mit einem Propheten oder einer Prophetin eurer Wahl. Zu dieser Person erstellt ihr mindestens sechs Objekte, die in den Koffer kommen und die das Besondere der Person zum Ausdruck bringen. Der Koffer soll dazu dienen, dass die Besucherinnen und Besucher im Volkshochschul-Foyer den Propheten oder die Prophetin kennenlernen können", gibt Frau Graf Auskunft. „Habt ihr noch weitere Fragen?"

„Ja", sagt Tim, „dürfen nur Texte in den Koffer?"

„Nein, es können auch Zeichnungen, CDs, Bücher, Zeitungsartikel usw. im Koffer enthalten sein."

„Okay", spricht Tim weiter, „aber ich habe gar keine Idee, wen ich da nehmen könnte."

„Soll ich eine Person nehmen, die noch lebt?", möchte Robin wissen.

„Und woher weiß ich, dass die Person auch wirklich ein Prophet ist?", fragt Anna nach. „Was ist eigentlich das Besondere an denen?"

Aufgabe

Gestalte einen eigenen Koffer zu einem Propheten oder einer Prophetin.

Dazu ist es wichtig, . . .
- zu klären, was das Besondere an biblischen Propheten und Prophetinnen ist.
- sich damit auseinanderzusetzen, ob ihr Reden und Handeln auch heute noch relevant ist.
- zu prüfen, ob es auch „moderne" Prophetinnen oder Propheten gibt.
- sich begründet für einen Propheten oder eine Prophetin zu entscheiden.

Was macht Propheten und Prophetinnen aus?

„Kugellager" ist eine Methode, die dazu dient, mit möglichst vielen Mitschülerinnen und Mitschülern über ein vorgegebenes Thema ins Gespräch zu kommen.

So könnt ihr vorgehen:
1 Teilt euch in zwei gleich große Gruppen auf. Bildet einen Innen- und einen Außenkreis.
2 Setzt oder stellt euch so hin, dass sich je ein Schüler beziehungsweise eine Schülerin aus dem Innenkreis und einer beziehungsweise eine aus dem Außenkreis ansehen.
3 Tauscht euch etwa zwei bis vier Minuten über das Gesprächsthema aus, das der Lehrer oder die Lehrerin vorgibt.
4 Bewegt euch nach Anweisung der Lehrerin oder des Lehrers weiter, zum Beispiel „Der Innenkreis bewegt sich um drei Personen nach rechts", und schließt eine weitere Gesprächsrunde an.
5 Führt vier bis fünf Gesprächsphasen durch. Dabei könnt ihr die Regeln unterschiedlich abwandeln: (keine) Rückfragen zulassen, das Thema wechseln …

Aufgaben

1 Nenne konkrete Personen, die du als Prophet oder Prophetin bezeichnen könntest.

2 Führt ein Kugellagergespräch zum Thema „XY ist ein Prophet/eine Prophetin, weil …".

3 Ordne die oben aufgeführten Eigenschaften der Wichtigkeit nach: Notiere zuerst die Eigenschaften, die ein Prophet oder eine Prophetin unbedingt haben sollte, und zuletzt diejenigen, die ein Prophet oder eine Prophetin deiner Meinung nach am wenigsten benötigt. Begründe deine Rangfolge.

4 Ergänze weitere Eigenschaften, die ein Prophet oder eine Prophetin deiner Meinung nach haben sollte.

Was ist Gerechtigkeit?

Seit der Antike befassen sich nicht nur Philosophen und Theologen mit der Frage: Was ist Gerechtigkeit? Auch in der Schule, zu Hause, unter Freunden und in vielen anderen Lebensbereichen werden wir mit dieser Frage konfrontiert: Ist das eigentlich gerecht?
Anlässlich des 96. Katholikentages wurden Menschen aufgefordert, in 100 Worten zu erklären, was sie persönlich unter Gerechtigkeit verstehen:

Wahre Gerechtigkeit ist unserer Meinung nach selten, obwohl jeder sich Gerechtigkeit wünscht. Seit der Kindheit wünscht jeder sich Gerechtigkeit, jeder ist mit dem Wunsch danach groß geworden. Uns geht es in den meisten Fällen um Materielles, manchmal allerdings auch um Sachen wie Gesundheit oder Schicksal. Aber solche Dinge können wir nicht
5 beeinflussen, egal wie viel Macht wir hätten. Alle Entscheidungen trifft letztlich Gott. Je älter und vernünftiger wir werden, desto mehr ärgern uns Ungerechtigkeiten, da wir viele ungerechte Situationen erleben. Die Frage nach Gerechtigkeit bestimmt unser Leben. Aber was ist Gerechtigkeit?

von Nina und Sandra, 8a

↔ Rechtfertigung und Nächstenliebe:
Seite 42–43

Gerechtigkeit gegenüber sich selbst und gegenüber anderen. Gerechtigkeit heißt: das Leben akzeptieren und schätzen – das eigene und das der anderen. Wer Gerechtigkeit erfährt, wird auch mit anderen gerecht umgehen. Gerechtigkeit heißt auch: sich entfalten können. Damit das jeder kann, müssen aber Grenzen eingehalten werden. Gerechtigkeit heißt: sich so zu
5 verhalten, dass auch andere sich durch das eigene Verhalten wohl fühlen können. Gerechtigkeit heißt: Respekt, Gleichheit, Toleranz, Mitdenken und Einfühlen, Zeit nehmen, Interesse zeigen, sich des Lebens bewusst sein!

von Sonne

Gerechtigkeit ist …
… wenn man überall skaten darf, wo man will.
… wenn man lachen darf, wo man will.
5 … wenn man Meinungsfreiheit hat.

↔ Reich Gottes:
Seite 78

… wenn alle Leute gleich behandelt werden.
… wenn alle Kinder ein Recht auf Schulbildung haben.
10 … wenn niemand nach dem Aussehen verurteilt wird.
… wenn jeder gleich den richtigen Lebenspartner bekommen würde.

Philipp und Elisa

```
                    G
          VIELFALT
MENSCHENRECHTE
          SCHOEPFUNG
                    ICH
          REICHGOTTES
EINEWELTLADEN
          ARBEIT
                    GEBET
                    KINDER
          WELT
          BILDUNG
                    T
```

Machen wir ein Spiel: Wir versuchen uns eine wirklich gerechte und völlig faire Gesellschaft auszudenken! Unsere Ausgangsposition ist die: Eine Gruppe von Leuten lebt

5 gemeinsam in einem bestimmten abgeschlossenen Gebiet, unserem Spielbrett. Die Gegend bietet alles, was die Menschen brauchen. Genug zu essen und zu trinken, warme Schlafplätze und ausreichend Raum für je-

10 den. Es gibt Männer und Frauen, junge Menschen und alte. Damit wir mit unserer bestmöglichen Gesellschaft auch tatsächlich bei null anfangen können, wird festgelegt, dass die Personen auf unserem Spielbrett nichts über sich selbst wissen. Sie wissen nicht, ob sie intelligent oder dumm sind, nicht, ob sie schön oder hässlich sind, stark oder schwach, alt oder

15 jung, Männer oder Frauen. Diese Menschen müssen nun sehen, wie sie miteinander klarkommen. Dafür brauchen sie Regeln. Jeder von ihnen will natürlich als Erstes seine menschlichen Grundbedürfnisse erfüllen: Er will Zugang zum Trinkwasser, er will genug zu essen und einen warmen Schlafplatz. Alle weiteren Bedürfnisse sind noch unbekannt. Damit niemand zu kurz kommt oder übervorteilt wird, könnten folgende Regeln dabei herauskommen:

20 1. Es gibt gleiche Grundfreiheiten für alle. Die Freiheit des Einzelnen darf nur um der Freiheit der anderen willen eingeschränkt werden.
2. Soziale und wirtschaftliche Ungleichheit müssen folgendermaßen beschaffen sein:
   a) Der erzielte Wohlstand muss auch den am wenigsten Begünstigten den größtmöglichen Vorteil bringen.
25 b) Es herrscht faire Chancengleichheit. Alle Güter müssen prinzipiell allen offenstehen.
Bist du davon überzeugt oder zumindest damit einverstanden? Dann bist ein geistiger Verwandter des US-amerikanischen Philosophen John Rawls, der sich dieses Modell ausgedacht hat.

Richard David Precht, Philosoph und Autor

↔ Bin ich, was ich leiste? Seite 30–31

↔ Wie frei ist der Mensch? Seite 36–37

> **Moment mal!**
>
> Ist es tatsächlich gerecht, wenn jeder gleich behandelt wird?

Aufgaben

SP 1 Verfasse einen Text, in dem du in 100 Wörtern erklärst, was du unter Gerechtigkeit verstehst.

2 Gib in eigenen Worten wieder, was die jeweiligen Verfasserinnen und Verfasser unter Gerechtigkeit verstehen. Vergleiche dies mit deinem eigenen Text.

3 Benenne, an welchen Stellen du das Wortgitter anders füllen würdest. Schreibe deine Version auf und begründe deine Veränderungen.

4 Gib die oben genannten Regeln in deinen eigenen Worten wieder und überprüfe, in welchen Punkten du John Rawls' Theorie zustimmst oder nicht.

5 Beschreibe ein Beispiel von Ungerechtigkeit. Erläutere Ursachen und Folgen.

Welches Unrecht sieht Amos?

↔ Prophet:
Seite 138

Amos ist auf dem Weg nach Samaria. Er kommt durch die Stadt Betlehem, ein paar Stunden später erreicht er die Stadt Gibea. Am Stadttor sitzt ein Soldat. Er hat ein rotes Gesicht, eine blaue Nase und einen Speer in der Hand. Sein Atem riecht nach Wein. „Wer bist du?", fragt der Soldat. „Amos aus Tekoa im Staat Juda." „Wohin gehst du?!" „Nach Samaria." „Wenn du
5 dich ruhig verhältst", sagt der Soldat, „und keine Beleidigungen gegen den König Jerobeam führst, kannst du nach Samaria gehen."

Amos wandert weiter. Endlich, am Morgen des dritten Tages, sieht er in der Ferne die Hauptstadt des Reiches Israel. Die Straße führt zum Stadttor hinauf. Auf dem Platz hinter dem Tor ist Markt. Auf Tüchern haben Bauern am Boden Bohnen, Zwiebeln, Knoblauch, Kümmel und
10 Dill aufgeschichtet. Eine alte Bäuerin sitzt hinter einem Honigtopf. Ein Vogelfänger verkauft eine Wachtel. Eine Magd zerrt ein Mastkalb an einem Strick hinter sich her. Das Kalb brüllt. Die Magd lacht. „Du brüllst nicht mehr lang", sagt sie zum Kalb. „Heute Abend kochst du im Kessel!"
Die Magd wendet sich an die Bäuerin hinter dem Honigtopf. „Meine Herrschaften feiern
15 nämlich ein Fest", sagt sie. „Es gibt Lammpasteten, Fische aus dem See Genezareth, Eierkuchen, und der Wein fließt in Strömen!"
Die Magd geht in eine schmale Gasse hinein. Beim Eingang der Gasse bauen zwei Männer an einem Haus. Die Mauern sind noch niedrig. Die Arbeiter schichten einen Stein auf den andern.

20 Die Magd steigt die Gasse hinauf, und Amos folgt ihr. Längs der Gasse stehen stattliche Häuser in schmucken Gärten. Einige Häuser haben Stallungen angebaut. Vor einem Stall striegelt ein Knabe einen Rappen. Sein schwarzes Fell glänzt wie Seide.
Da hört Amos hinter sich Stimmen: „Platz da! Auf die Seite!"
Vier Männer keuchen die Gasse herauf. Sie tragen ein Bett auf den Schultern. Es ist ein gro-
25 ßes Bett; fast so breit wie die Gasse. Die Träger stellen das Bett neben Amos ab und ruhen sich aus. Der Schweiß läuft ihnen über die nackten Oberkörper.
Amos schaut das Bett an. Es ist aus poliertem Zedernholz gemacht. Die Bettpfosten sind mit Schutzriemen aus Elfenbein verziert: Löwen, Elefanten, Palmen und Blumen.
Amos schüttelt den Kopf. Er schläft nie in einem Bett, sondern immer in seinen Mantel
30 eingewickelt auf dem Boden.
„Da staunst du, Bauer", sagt einer der Träger. „So etwas sieht man nicht alle Tage!"
„Wem gehört es?!", fragt Amos.
„Dem Michael gehört es", sagt der Träger. „Der ist einmal ein Bauer gewesen wie du. Dann ist er immer reicher geworden. Immer mehr Land hat er bekommen. Jetzt wohnt er in dem Haus
35 dort droben. Das Bett hat zweihundert Lot Silber gekostet. Davon könnten wir vier und unsere Familien zwei Jahre lang leben." Die Träger heben das Bett und gehen weiter.
Im Hof des Nachbarhauses sitzen drei Männer um ein Brett und würfeln. Sie tragen Festkleider. Neben jedem Mann liegt ein kleiner Haufen Goldstücke.
„Ich setze vier Goldstücke auf den nächsten Wurf!", sagt der eine. „Ich hab genug Geld. Es
40 sind wieder zwei Bauern bankrott gegangen. Ich habe ihre Äcker und Häuser bekommen. Und gerade vorher haben sie mir mein Elfenbeinbett gebracht!"

Amos geht zur Stadt hinaus. Da rümpft er die Nase. Ein fürchterlicher Gestank schlägt ihm entgegen. Das kleine Tor ist das Misttor. Vor dem Misttor liegt der Abfallhaufen der Stadt. Aller Müll von Samaria, alles, was stinkt, sammelt sich hier. Amos hört die Stimmen. Auf dem

45 Abfallhaufen stehen zwei Frauen. Sie sind
barfuß. Mit ihren Händen wühlen sie im
Dreck. „Ich hab etwas!", kreischt eine der
Frauen. Sie zerrt den blutigen Kopf einer ge-
schlachteten Kuh aus dem Unrat. „Das gibt
50 eine Suppe!", schreit sie. „Eine Fleischsuppe
für meine Kinder!"
Da stürzt sich die andere Frau auf sie. Sie
reißt ihr den Kuhkopf aus den Händen. „Ich
hab den Kopf zuerst gesehen!", ruft sie.
55 „Er gehört mir! Meine Kinder haben auch
Hunger!" Die beiden Frauen wälzen sich im
Dreck. Sie reißen sich an ihren klebrigen,
strähnigen Haaren. Sie schlagen mit den
Fäusten aufeinander ein. Das Volk läuft zu-
60 sammen. „Hau ihr eine auf den Hintern!", ruft
ein Mann. Alle lachen.

Erschreckt geht Amos davon, er kommt an den verwahrlosten Zelten und den elenden, aus
Ästen geflochtenen Hütten vorbei. Die Trampelwege zwischen den Hütten sind glitschig und
voller Kot. Schmutzige Kinder spielen vor den Zelten. Sie strecken Amos ihre mageren Arme
65 entgegen. „Brot!", betteln sie. „Brot!"

Werner Laubi, Pfarrer und Autor

Moment mal!

Arme und Reiche – wird das denn nie aufhören?

Aufgaben

1 Lies die Erzählung für dich und bereite dich darauf vor, sie so anschaulich wie möglich vorzulesen.

2 Arbeitet zu zweit: Einer liest vor, der andere stellt sich die Geschichte wie einen Film im Kopf
vor. Haltet fest, was der Zuhörer oder die Zuhörerin „gesehen" hat.

3 Zeichne Amos im Profil (siehe Beispiel rechts) und lege besonderen Wert auf sein Auge.

a) Fasse die Ungerechtigkeiten zusammen, die Amos wahrgenommen hat. Notiere sie so, dass
sie im Blickfeld deines gezeichneten Amos aufgelistet sind.

b) Ergänze deine Liste mithilfe der Textstellen Am 2,6f., Am 5,10–12, Am 6,4–6 und Am 8,4f.

4 Stelle dar, gegen welche der Zehn Gebote (Ex 20,1–17) die Menschen im Reich Israel
verstoßen haben.

5 Stelle dir vor, Amos ginge heute durch den Ort, in dem du lebst. Beschreibe, welche
Ungerechtigkeiten er sehen könnte.

→ eine Bibelstelle
finden:
Seite 171
↗ Zehn Gebote:
Seite 190

Was wollte Amos?

Als Amos lebte, war Israel in ein Nordreich und ein Südreich geteilt. Israel und Juda, so wurden das Nord- und Südreich auch genannt, hatten verschiedene Könige. In Israel herrschte König Jerobeam, in Juda König Usija. Amos lebte als wohlhabender Mann im Dorf Tekoa in Juda. Eines Tages erhielt er von Gott den Auftrag, nach Israel zu gehen. Die Israeliten des Nordreichs waren das von Gott erwählte Volk. Tatsächlich gab Amos seinen Beruf auf, verließ seine Heimat und ging ins Ungewisse. Die schlimmen Zustände, die er in Israel sah, konnte er nicht mit ansehen.

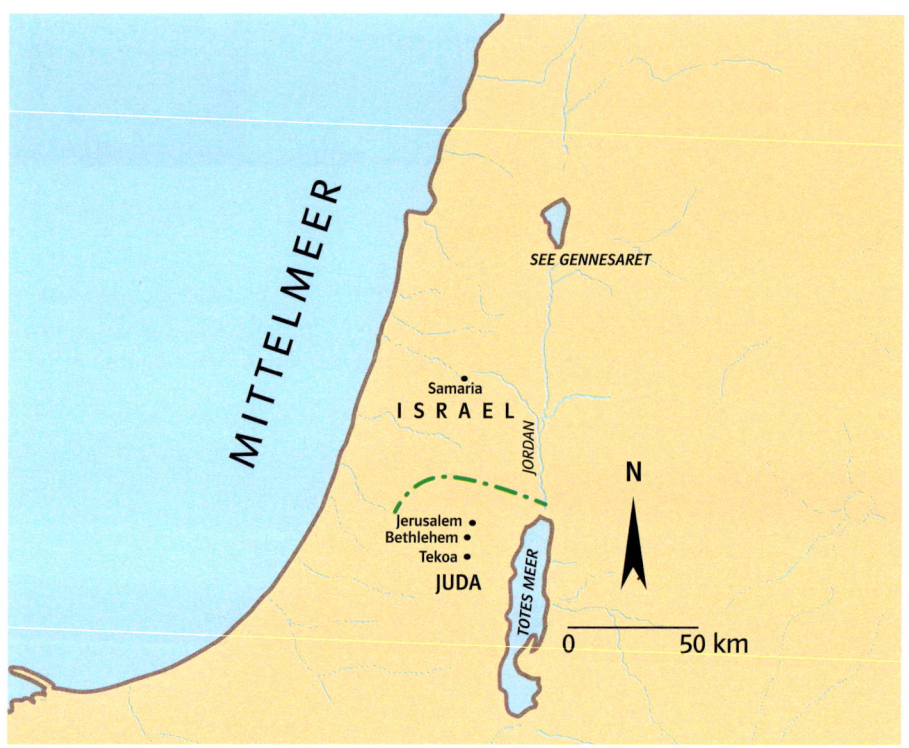

↔ Muhammad:
Seite 112–113

↗ Gebot:
Seite 181

Info: Was ist ein Prophet?

Das Wort „Prophet" bedeutet im Alten Testament so viel wie „öffentliche Hervor-Sager". Erst später hat man darunter Verkünder (von Zukünftigem) verstanden. Propheten – zum Beispiel Amos – galten als von Gott Auserwählte und Berufene. Sie sehen, was andere nicht sehen, und handeln im Namen Gottes. Amos gehört zu den Propheten, die Ungerechtigkeiten und Verstöße gegen Gottes Gebote besonders scharf öffentlich verurteilen und vor schlimmen Strafen warnen.

In Israel traten Propheten besonders zwischen dem 9. und 6. Jahrhundert v. Chr. auf. Neben den „freien" Propheten gab es auch Propheten, die am Königshof oder an Kultstätten angestellt waren. Der Prophet Jeremia bezeichnet diese als „falsche" Propheten. Menschen, die ihre Stimme erheben, die warnen und auf das hinweisen, was im Sinne Gottes ist, gab es zu allen Zeiten – bis heute.

Hört, was der HERR, der mächtige Gott, mich schauen ließ: Ich sah, wie er einen Heuschreckenschwarm schuf. Es war nicht lange, nachdem das Gras für den König gemäht worden war; die Sommersaat ging gerade auf. Die Heuschrecken machten sich daran, alles Grün aufzufressen. Da sagte ich: „HERR, du mächtiger Gott, vergib doch deinem Volk! Wie kann es sonst überleben? Es ist ja so klein!" Dem HERRN tat es leid und er sagte: „Gut, es soll nicht geschehen."

Dann ließ der HERR, der mächtige Gott, mich etwas anderes sehen: Er rief eine Gluthitze herbei, die zehrte alles Wasser auf. Als sie anfing, auch das Ackerland zu verzehren, sagte ich: „HERR, du mächtiger Gott, halt doch ein! Wie kann dein Volk sonst überleben? Es ist ja so klein!" Dem HERRN tat es leid und er sagte: „Gut, es soll nicht geschehen."

Dann ließ der HERR mich wieder etwas anderes sehen: Er selbst stand auf einer Mauer aus Zinn und hielt einen Klumpen Zinn in der Hand. Er fragte mich: „Amos, was siehst du?" „Einen Zinnklumpen", antwortete ich. Da sagte er: „Ja, ich werfe einen Zinnklumpen mitten in mein Volk Israel! Ich werde es jetzt nicht mehr verschonen. Die Opferstätten der Nachkommen Isaaks und die Staatsheiligtümer Israels sollen verwüstet werden und gegen das Königshaus Jerobeams werde ich mit dem Schwert vorgehen."

(Am 7,1–9)

↗ HERR: Seite 182–183

Heuschreckenschwarm

Dürre

Zinnklumpen

Info: Vision
Unter einer Vision (lateinisch „das Sehen") versteht man ein starkes Traumbild oder eine Erscheinung, die auf Gott zurückgeführt wird. Die Erscheinung wird oft von der Stimme Gottes begleitet (Audition) und ist ein intensives Erlebnis – so intensiv, dass sie wie wirklich empfunden wird. Im Alten Testament spielen Visionen vor allem bei den Propheten eine Rolle. Diese geben die Botschaft Gottes weiter, die sie vor ihrem inneren Auge gesehen oder gehört haben.

Moment mal!

Sind Visionen etwas für Träumer?

Aufgaben

1 Zeichne die drei Visionen aus Am 7,1–9 als Comic. Erkläre, wie Amos seine Visionen deutet.

2 Tragt Am 7,1–9 so vor, dass man spüren kann, wie bewegt der Prophet nach seinen Visionen ist. Setzt mehrere Sprecherinnen und Sprecher ein.

→ eine biblische Geschichte erzählen: Seite 171

3 Verfasse eine kurze, aber eindringliche Gerichtspredigt des Amos an die Bewohnerinnen und Bewohner von Samaria, die an seine Visionen anschließt.

4 Beschreibe Amos' mögliche Utopie von einer anderen, besseren Welt.

Was versteht Jeremia unter Gerechtigkeit?

Wer war Jeremia?

Das Buch „Jeremia" ist eines der größeren Propheten-Bücher im Alten Testament. Man weiß nicht genau, wer es geschrieben hat. Manchmal ist es in Ich-Form geschrieben, manchmal wird über Jeremia geschrieben. Das Buch enthält

↔ Welche Arten von Texten gibt es in der Bibel? Seite 92–93

- Geschichten über den Einfall von Nebukadnezars Truppen,
5 - Klagen Jeremias über sein eigenes Schicksal und über das Schicksal des jüdischen Volkes im Staat Juda,
- Visionen, in denen Gott zu Jeremia spricht und Aufträge erteilt,
- eine Berufungsgeschichte, die erzählt, wie Jeremia zum Propheten Gottes wurde,
- Drohreden, was Volk und König wegen ihres falschen Verhaltens zu befürchten haben,
10 - Erzählungen, in denen Jeremia mit einem Ochsenjoch über den Schultern durch Jerusalem läuft, das man eigentlich für Zugtiere verwendet, damit sie einen Wagen ziehen können,
- einen Brief Jeremias an die Juden in Babel, in welchem er sie auffordert, zu heiraten, Häuser zu bauen und Gärten anzulegen und sich für das Wohl der Stadt Babel einzusetzen, in die sie verschleppt wurden,
15 - eine Erzählung, in der König Jojakim eine Schriftrolle verbrennt, auf der alles steht, was Gott Jeremia offenbart hat,
- Reden darüber, dass Gott es irgendwann wieder gut mit seinem Volk meinen wird.

Die Alttestamentlerin Sarah Köhler von der Universität Jena hat 2017 das Buch Jeremia mit einer großen altorientalischen Textsammlung verglichen und herausgefunden, dass es viele
20 Ähnlichkeiten gibt. Das betrifft vor allem die Texte, in denen es um das Beklagen von zerstörten Städten geht. Bei Jeremia haben die Texte die Form einer Unheilsankündigung – und es ist Gott, der letztlich dieses Unheil ankündigt.

↔ Ist die Bibel Gottes Wort? Seite 117

Wer immer also das Buch Jeremia geschrieben hat: Er war fest im Glauben an Gott verwurzelt und kannte sich zugleich gut in der Literatur der Umwelt Israels aus.

↗ Herr: Seite 182–183

¹Das Wort des HERRN erging an Jeremia; er sagte zu ihm: ²„Geh, stell dich an den Eingang des Tempels und rufe: Hört zu, ihr Leute von Juda! Hört alle her, die ihr durch diese Tore in den Tempel geht, um den HERRN anzubeten! ³So spricht der Gott Israels, der Herrscher der Welt: Ändert euer Leben und Tun! Dann dürft ihr hier wohnen bleiben. ⁴Glaubt nicht, dass es euch etwas hilft, wenn ihr ständig wiederholt: Dies ist der Tempel des HERRN, dies ist der Tempel des HERRN, hier wohnt der HERR! Damit betrügt ihr euch selbst! ⁵Nein, ihr müsst euer Leben und Tun gründlich ändern! Geht gerecht miteinander um; ⁶nutzt nicht Fremde, Waisen und Witwen aus; vergießt nicht das Blut unschuldiger Menschen! Lauft nicht den fremden Göttern nach, die euch ins Unglück bringen! ⁷Nur dann könnt ihr hier wohnen bleiben, in dem Land, das ich euren Vorfahren als Erbbesitz gegeben habe. ⁸Seht doch ein, dass ihr euch selbst betrügt! ⁹Ihr stehlt und mordet, brecht die Ehe, schwört Meineide, bringt dem Baal eure Opfergaben und verehrt fremde Götter, die euch nichts angehen. ¹⁰Und dann kommt ihr und stellt euch hier in meinem Haus vor mich hin und sagt: Uns kann nichts geschehen! Dabei tut ihr weiterhin alles, was ich verabscheue. ¹¹Ist denn dieses Haus, das doch mein Eigentum ist, in euren Augen ein Versteck für Räuber geworden? Gut, dann werde auch ich es so ansehen. Das sage ich, der HERR."

(Jer 7,1–11)

⁵So spricht der HERR: „Was hatten eure Vorfahren an mir auszusetzen, dass sie sich von mir abwandten, nichtigen Götzen nachliefen und so selbst zunichte wurden? ⁶Sie fragten nicht: Wo ist der HERR zu finden? Er hat uns doch aus Ägypten herausgeführt und hat uns in der Wüste sicher den Weg gewiesen, in dürren Steppen und finsteren Schluchten, in einem Land, das niemand bewohnt und niemand durchwandert. ⁷Ja, ich war es, ich brachte euch in ein fruchtbares Land, um euch mit all den Köstlichkeiten zu speisen, die es hervorbringt. Aber kaum wart ihr dort, habt ihr mein Land verdorben und mir mein Eigentum zum Abscheu gemacht."

(Jer 2,5–7)

↗ Götze: Seite 182

Rembrandt Harmanszoon van Rijn, Jeremia, über die Zerstörung Jerusalem trauernd (1630)

Aufgaben

1 Notiere die wichtigsten Begriffe des Sachtextes und fasse in deinen Worten zusammen, wer Jeremia war.

2 Was genau läuft falsch zwischen Gott und seinem Volk? Arbeite aus den Reden Jeremias, die er im Namen Gottes hält, heraus, was Gott seinem Volk vorwirft. Beziehe auch ein, was Jeremia bzw. Gott König Jojakim vorwirft. Du findest es in Jer 22,13–17.

→ einen Text analysieren: Seite 98
→ eine Bibelstelle finden: Seite 171

P 3 Gestalte kurze Abschnitte der Prophetenrede als gesprochene Anrede: Lerne zwei bis drei Verse auswendig und trage sie ausdrucksstark vor.

4 Beschreibe die Wirkung der „Prophetenreden" auf die Zuhörerschaft und nimm Stellung dazu, ob die Rede anregend oder abschreckend wirkt.

5 Beschreibe und deute das Bild, das Rembrandt von Jeremia gemalt hat.

→ ein Bild analysieren: Seite 159

Was hat Frieden mit Gerechtigkeit zu tun?

Emily Bertheau, 19, leistete ihren Friedensdienst 2018/2019 in Minsk, Belarus.

↗ Aktion Sühne-
zeichen:
Seite 179

„Bei Aktion Sühnezeichen leistet man nicht nur einen Freiwilligendienst, sondern auch einen Friedensdienst. Für mich heißt das, dass mein Freiwilligendienst im Namen des Friedens und der Verständigung zwischen Menschen und Völkern stattfindet. Meine Arbeit mit Kindern und Jugendlichen
5 mit Behinderungen in Minsk, Belarus, ist Teil eines gemeinsamen Zieles. Dadurch kann ich persönlich viele Erfahrungen sammeln und gleichzeitig anderen Menschen etwas mitgeben und ein Zeichen gegen Diskriminierung setzen. Mich fasziniert, wie leicht ASF es einem macht, sich zu engagieren. Man muss nur den ersten Schritt wagen und sich bewerben, ab dann wird man auf dem gemeinsamen
10 Weg in eine faire und menschliche Welt begleitet und geleitet."

Gözde Karababa, 24, hat ihren Friedensdienst 2016/17 in New York verbracht. Sie hat jüdische Menschen besucht und im Alltag unterstützt.

↔ Eine leidvolle
Geschichte be-
stimmt unser
Verhältnis:
Seite 125

↔ Wie nehmen
wir einander
wahr?
Seite 122–123

„Als Muslima mit einer christlich geprägten Organisation wie ASF ins Ausland zu gehen, um dort vor allem mit Überlebenden der Shoa zu arbeiten, hat mein Leben um ein Vielfaches bereichert. Das Jahr in den USA hat mir gezeigt, dass wir uns trotz unterschiedlichen Hintergründen und Denkweisen
5 sen immer noch in erster Linie als Menschen begegnen können. Ich habe während meines Friedensdienstes tiefe Bindungen aufgebaut, die nicht nur mir ein Stück Frieden schenken, sondern auch meinen Mitmenschen.
Ich habe gelernt, dass Frieden auch bedeutet, einen Menschen Mensch sein zu lassen."

Leo Buddeberg, 19, hat seinen Friedensdienst 2017/2018 im Staatsarchiv Eupen in Belgien geleistet.

„Die Begegnungen und Erfahrungen, die ich während meines Friedensdienstes machen durfte, haben mir eine neue Perspektive auf meine Herkunft und verschiedene Kulturen ermöglicht und mir bewusst gemacht, dass vieles nicht so selbstverständlich ist, wie ich es einmal hingenommen
5 habe. Hierzu zählt vor allem Frieden, der doch so wertvoll ist. Gerade die vielen Eindrücke, die mich im Archiv und bei meinen Besuchen bei älteren Menschen berührt haben, zeigten mir, worum es geht: aufeinander zugehen, Erinnerungsarbeit zu leisten, niemals zu vergessen und Nationalismus entschieden entgegenzutreten. Getreu dem österreichischen Autor Stefan Zweig, der schon 1914 formulierte:
10 Einer muss den Frieden beginnen, wie den Krieg."

Lina Arntzen, 19, hat ihren Friedensdienst 2017/2018 im Altenheim in Haifa, Israel, absolviert.

↔ Die Geschichte
einer Flucht:
Seite 99

„In meinem einjährigen Freiwilligendienst in Israel habe ich gelernt, wie facettenreich Frieden sein kann. Ich durfte in einem Elternheim miterleben, wie intensiv manche Bewohner*innen ihr Leben in den letzten Wochen und Monaten reflektieren. Meine Bewunderung wird immer bei den Menschen
5 liegen, die trotz traumatischer Erfahrung durch Flucht und Verfolgung am Ende ihres Lebens Frieden mit sich selbst und ihrer Vergangenheit schließen können.

Schalom

Hier siehst du die hebräischen Buchstaben des Wortes „Schalom". Wir übersetzen es mit „Frieden", aber es meint mehr als die Abwesenheit von Krieg. Schalom bezeichnet einen umfassenden, äußeren und inneren Frieden, in dem die Menschen Gottes Gebote halten, einander nicht belügen und in dem die Menschen in gerechten Verhältnissen leben. Schalom ist das, wonach sich die Propheten der Bibel sehnen und dessen Fehlen sie beklagen. Ungerechtigkeit ist einer der Gründe für das Entstehen von Konflikten und Krieg. Frieden gibt es nicht ohne Gerechtigkeit.

↔ Gibt die Bibel heute noch Orientierung?
Seite 98–99

↗ Zehn Gebote:
Seite 190

> „Der HERR segne dich und behüte dich; der HERR lasse sein Angesicht leuchten über dir und sei dir gnädig; der HERR hebe sein Angesicht über dich und gebe dir Frieden."
>
> *(Num 6,24–26)*

↗ HERR:
Seite 182–183

> ¹³Vornehme wie Geringe sind darauf aus, sich zu bereichern. Propheten wie Priester täuschen das Volk: ¹⁴Sie tun so, als wären die Wunden meines Volkes nur leichte Schrammen. ‚Alles steht gut', sagen sie, ‚alles ist in Ordnung.' Aber nichts steht gut, nichts ist in Ordnung!
>
> *(Jer 6,13f.)*

> ⁹Ich will hören, was Gott dazu zu sagen hat.
> Der HERR redet vom kommenden Frieden
> zu seinem Volk und zu seinen Frommen.
> Nur sollen sie nicht mehr zurückkehren
> zu den Dummheiten der Vergangenheit!
> ¹⁰Ja, seine Hilfe ist denen nahe, die ihn verehren.
> Und so wird seine Herrlichkeit wieder in unserem Land wohnen:
> ¹¹Güte und Wahrheit finden zueinander.
> Gerechtigkeit und Frieden küssen sich.
>
> *(Ps 85,9–11)*

Moment mal!

Kann es überhaupt jemals Frieden geben?

Aufgaben

1 So wie Christen sich einen „gesegneten Sonntag" wünschen, wünschen sich Juden „Schabbat Schalom". Gib diesen Wunsch für den Schabbat mit deinen eigenen Worten wieder.

2 Erkläre, weshalb Segen und Frieden ebenso zusammengehören wie Gerechtigkeit und Frieden. Nutze dafür die drei abgedruckten biblischen Worte.

3 Recherchiere, wann und wozu „Aktion Sühnezeichen Friedensdienste" (ASF) gegründet wurde. Begründe, ob nach dem Abitur ein Freiwilligendienst bei ASF für dich in Frage kommt oder nicht.

4 Arbeite aus einem der Texte heraus, worin genau der Friedensdienst bestand und wie die Jugendlichen ihre Arbeit für den Frieden einschätzen.

5 Erläutere, worin sich die Freiwilligen von biblischen Propheten unterscheiden. Ziehe dazu noch einmal die Texte von Jeremia und Amos auf den vorherigen Seiten heran.

↗ Schabbat:
Seite 187
Sonntag:
Seite 188–189

→ eine Internetrecherche durchführen:
Seite 173

→ einen Text analysieren:
Seite 98

Warum gibt es keine Propheten mehr?

Prophetinnen und Propheten sind nichts Außergewöhnliches im Kulturraum zwischen Nil und Euphrat und Tigris (siehe Karte 64) zur Zeit des Alten Testaments.

Man kann vier Arten von Prophetie unterscheiden:

1. Gruppenpropheten, die sich durch Musik und Tanz in Ekstase versetzen und so den Kontakt mit der Gottheit suchen. Im 1. Samuelbuch, Kapitel 10, ist so eine Art Prophetie beschrieben. Sie kommt ohne Worte aus. Stattdessen geraten die Propheten „in Verzückung".

2. An den Heiligtümern wirken fest angestellte Propheten. Ihre Aufgabe besteht darin, Opfer anzunehmen, Fürbitten und Heilsorakel zu sprechen. Im Jeremia-Buch, Kapitel 28, wird von einem solchen Propheten erzählt. Er heißt Hananja.

3. Auch die Könige hatten fest angestellte Propheten. Im 1. Buch der Könige, Kapitel 22, wird erzählt, dass der König Israels, also der König des Nordreichs, vierhundert solcher Propheten an seinem Hof beschäftigte. Der bekannteste Hofprophet ist Nathan. Er war ein sehr kritischer Begleiter und Ratgeber von König David.

4. Die letzte Gruppe könnte man „freie" Propheten nennen. Sie waren nirgendwo angestellt. Und sie haben auch nicht durch besondere Techniken versucht, mit Gott in Kontakt zu kommen. Die Propheten dieser Gruppe befanden sich oft in Opposition zu den jeweils Herrschenden und kritisierten sie scharf. Ihre Beauftragung, ihr „Sprechen-Müssen" verstanden sie manchmal als Last, und ihre Kritik und ihre Klagen waren weder gesellschaftlich noch vom König erwünscht. Jesaja, Jeremia, Ezechiel und die zwölf Propheten, von denen in der Bibel kürzere Bücher überliefert sind, gehören zu dieser letzten Gruppe.

Propheten deuten Gegenwart

Warum wurden die Propheten-Texte über Jahrhunderte überliefert und fortgeschrieben? Theologinnen und Theologen sagen: Nachdem 722 v. Chr. das Nordreich Israel als eigener Staat untergegangen war und dann 587 v. Chr. das Südreich Juda mitsamt dem Zentralheiligtum in Jerusalem von der Landkarte verschwand, gab es für das antike Judentum kein ent-
5   sprechendes Staatsgebilde mehr. Das war umso schlimmer, als doch Staat und Land das „gelobte Land" waren, das als Gottes Geschenk verstanden wurde.

Warum hat das Volk Israel diese Gabe Gottes verloren? Warum wurde es nach Babylon verbannt? Die Propheten antworteten: Gottes Volk hat Gottes Land verloren, weil es sich nicht an Gottes Regeln gehalten hat. Diese Antwort war in dieser Situation einleuchtend. Der
10 Reichtum und die Macht der Babylonier bedeuteten dann, dass Gott seinen Segen von seinem Volk weggenommen und einem anderen Volk übergeben hat. Dieses andere Volk, die Babylonier, hatten sogar andere Götter! „Suchet der Stadt Bestes" schrieb Jeremia dem nach Babylon verschleppten Volk Israel (Jer 29,7). Eure Verschleppung nach Babylon ist eine gerechte Strafe! Die Propheten lieferten eine Deutung für ein schlimmes Schicksal. Vor allem
15 aber zeigten sie einen Weg auf, was das Volk tun konnte, um wieder mit seinem Gott in Kontakt zu kommen: für Frieden eintreten und Gerechtigkeit üben.

Die Heilsbotschaften der Propheten wirkten tröstlich: Gottes Abwendung erfolgt nicht für die Ewigkeit. Es wird eine andere Zeit kommen, in der wieder alles gut wird.

1929 machte der deutsche Journalist **Carl von Ossietzky** (1889–1938) in der von ihm herausgegebenen Zeitschrift „Die Weltbühne" auf die verbotene Aufrüstung der Reichswehr aufmerksam. Er erhielt 1936 rückwirkend für das Jahr 1935 den Friedensnobelpreis. Er ist einer von bisher vier Deutschen, die den Friedensnobelpreis erhielten. Ossietzky starb an einer in der KZ-Haft nicht behandelten Tuberkulose. Der Zweite Weltkrieg begann 1939 mit dem Einmarsch deutscher Truppen in Polen.

↔ Eine leidvolle Geschichte bestimmt unser Verhältnis: Seite 125

1960 wurde die Frauenärztin und Ordensschwester **Ruth Pfau** (1929–2017) von ihrem Orden nach Indien geschickt, um dort als Frauenärztin zu arbeiten. Sie hatte sich erst mit 22 Jahren taufen lassen und war sechs Jahre später in die Ordensgemeinschaft der Töchter vom Herzen Maria eingetreten. Bei einem Zwischenstopp in Pakistan begegneten ihr an Lepra erkrankte Menschen. Sie widmete fortan ihr ganzes weiteres Leben der Bekämpfung dieser Infektionskrankheit. Ruth Pfau gründete ein Lepra-Zentrum, das sie bis 2013 leitete. Seit 1996 gilt die Krankheit in Pakistan als unter Kontrolle.

2010 erregte der Franzose **Stéphane F. Hessel** (1917–2013) mit seiner Schrift „Empört euch!" großes Aufsehen, weil er harsche Kritik an aktuellen politischen Entwicklungen übte und zum Widerstand aufrief. Das Büchlein wurde in mehr als 40 Sprachen übersetzt. Hessel kämpfte während des Zweiten Weltkriegs in Frankreich gegen die deutschen Besatzer, überlebte das Konzentrationslager Buchenwald und arbeitete später an den Menschenrechten mit.

2018 verhinderte die 21-jährige Schwedin **Elin Ersson** die Abschiebung eines Menschen in sein Herkunftsland Afghanistan. Sie sah ihn durch die Abschiebung vom Tod bedroht. Ihre Aktion hatte sie live gefilmt und das Video online gestellt. Später stellte sich heraus, dass sie eigentlich einen anderen Mann hatte retten wollen. 2019 wurde Ersson zu einer Geldstrafe von umgerechnet 290 Euro verurteilt, weil sie gegen Bestimmungen des schwedischen Luftfahrtgesetzes verstoßen hat. Sie hätte den Anweisungen des Flugpersonals folgen müssen.

Aufgaben

1 Ordne Amos und Jeremia einer der vier Arten von Propheten zu.

2 Beschreibe, was den Worten und Taten der vier Menschen auf dieser Seite gemeinsam ist und was sie voneinander unterscheidet (Motivation, Auftreten, Botschaft, Folgen ihres Auftretens).

3 Führt ein Schreibgespräch zur Frage dieser Doppelseite.

→ ein Schreibgespräch führen: Seite 36

Was trägt Digitalisierung zu Gerechtigkeit und Frieden bei?

Digital Mensch bleiben

↔ Religion in der Sprache der sozialen Medien: Seite 22

Die digitale Veränderung der Kommunikation wird von den allermeisten – ich zähle mich dazu – als großartig erlebt. Wissen und Information sind viel leichter zugänglich als früher. Weltweite Kommunikation ist einfacher geworden. Menschen können sich viel unmittelbarer und direkter mitteilen und damit aneinander Anteil nehmen.

5 Die Sportgruppe in WhatsApp, der kleine Nachrichtenaustausch oder der Familienchat zwischendurch mit der ehemaligen Gastschülerin aus Costa Rica oder die Terminverabredung mit Freunden – das ist wunderbar. In der Kirche sind die Kontakte zu den Partnerkirchen in aller Welt intensiver geworden.

Besonders beeindruckt hat mich vor Kurzem der Bericht einer Frau, die die Geschichte ihrer
10 Transsexualität erzählt hat. Sie war als Mann groß geworden, hat aber immer bemerkt, dass mit ihr – so hat sie es beschrieben – etwas nicht stimmt. Als ihr irgendwann der Gedanke kam, dass ihr körperliches Geschlecht nicht mit ihrem erlebten Geschlecht übereinstimmt, hat sie zunächst im Internet recherchiert. Sie hat dort auch Kontakte zu Menschen bekommen, denen es ebenfalls so ging. Sie hat das für sich als richtige Befreiungserfahrung be-
15 schrieben. Und sie hat auch gesagt, dass sie nicht weiß, wie es mit ihr weitergegangen wäre, wenn sie das so nicht erlebt hätte.

↔ Wie viel Freiheit lässt man mir? Seite 60

↔ Was ist Freiheit eigentlich? Seite 34–35

Selbstverständlich gibt es auch die andere Seite. Informationen, die im Internet ungefiltert verfügbar sind, versetzen Menschen in Angst und Schrecken. Ärztinnen und Ärzte können vermutlich viele Geschichten davon erzählen, dass Menschen gar nicht damit umgehen
20 konnten, was sie in der Sprechstunde bei „Dr. Google" erfahren haben. Auch die persönlichen Kontakte, die über das Internet zu anderen entstehen, können höchst problematisch sein.

Volker Jung, evangelischer Theologe

Methode: eine Struktur legen

Das Strukturlegen ermöglicht es, ein bekanntes Thema zu strukturieren. Dazu werden wichtige Begriffe dieses Themas in eine sinnvolle Ordnung gebracht. Voraussetzung ist, alle Begriffe genau erklären zu können. Die Methode eignet sich gut am Ende von Lerneinheiten, zum Beispiel zur Vorbereitung auf eine Klassenarbeit.

So kannst du vorgehen:

1 Schreibe die wichtigsten Begriffe auf kleine Kärtchen. Vergewissere dich, dass du ihre jeweilige Bedeutung erklären kannst.
2 Ordne die Kärtchen so an, dass sich eine sinnvolle Struktur ergibt (manche auf gleicher Ebene, andere untereinander, wieder andere als Verzweigung …).
3 Klebe die Kärtchen auf. Verdeutliche die Zusammenhänge zusätzlich durch Pfeile, Linien, Farben und Beschriftungen an den Pfeilen.
4 Erkläre einem anderen deine Struktur. Setze dich mit den gelegten Strukturen deiner Mitschülerinnen und Mitschüler auseinander.

Digitale Systeme können nicht lernen und handeln

Digitale Systeme lernen nicht. Sie nehmen nur Daten auf. Und diese Daten werden zusammengeführt und verarbeitet, und zwar nach bestimmten Regeln. Das können mathematische Formeln oder logische Schlussfolgerungen sein. Solche Algorithmen sind Handlungsvorschriften, die das Ergebnis eines Rechenprozesses steuern. Ein Beispiel: Wenn jemand bei
5 der Suche über eine Suchmaschine eine bestimmte Anzahl von Minuten auf den Werbeseiten für Jeans verbringt, kann man daraus schließen, dass er sich für Jeans interessiert. Folglich wird man ihm weitere Werbeseiten, die das Stichwort „Jeans" enthalten, künftig anzeigen. Für solche Werbeanzeigen erzielt der Suchmaschinenbetreiber Gewinne.
Es gibt auch dynamische Algorithmen, das heißt: Die Bedingungen für die logischen Folgen
10 können so programmiert werden, dass sie sich nach bestimmten Regeln ändern. Das Wort „lernen" wäre hier irreführend. Denn der dynamische Algorithmus funktioniert ja auch nach zuvor programmierten Handlungsvorschriften. Ein Mensch aber, der lernt, verarbeitet nicht nur Daten in seinem Gehirn und ist auch in seinem Lernen nicht nur von Logik gesteuert. Sein Lernen und seine Lernergebnisse werden beeinflusst von seinem Selbstwertgefühl, von
15 seiner Konzentrationsfähigkeit, von seinen Gefühlen, zum Beispiel der Lehrerin gegenüber. Manchmal erinnert er sich an eine andere, ähnliche Situation, die ihm wichtig geworden ist, und lernt etwas, was er vorher gar nicht erwarten konnte.
Digitale Systeme handeln auch nicht. Ein Roboter ist zwar wirksam, aber er ist zum Beispiel nicht frei, er hat kein Selbstbewusstsein – Freiheit und Selbstbewusstsein aber sind Bedin-
20 gungen für Handlungen. Alles andere wäre Verhalten oder Reflex. Ein Roboter aber kann nur reflexhaft nach programmierten Mustern reagieren. Das Wirken eines Roboters wird auch nicht von moralischen Grundüberzeugungen gesteuert, zum Beispiel der Grundüberzeugung, dass allen Menschen dieselbe Würde zuzusprechen ist, weil alle Gottes Geschöpfe sind. Er wird eingesetzt und „reagiert" auf Daten in Form von Sprache, Bildern oder Berührungen.
25 Vertrauen oder Misstrauen müssen wir auf die Menschen richten, die die Algorithmen programmiert haben. Ihnen müssen wir glauben können, dass sie nach bestem Wissen und Gewissen die Algorithmen programmiert haben und nicht nur ökonomischen Interessen folgen.
Die Bewahrung von Frieden und Freiheit, von gerechten Lebensverhältnissen, die Bewahrung der Schöpfung – das lässt sich nicht leicht in die eindeutigen Wenn-dann-Programmierungen
30 digitaler Systeme umsetzen.

Ralph Charbonnier, Dipl.-Ing. für Maschinenbau und Theologe und
Bärbel Husmann, Lehrerin für Religion und Chemie

↔ Wie sieht die neue Gerechtigkeit aus?
Seite 80–81

Aufgaben

MK **1** Nenne diejenigen Dinge, die du im Zusammenhang mit dem Internet als positiv und negativ wahrnimmst. Vergleiche deine Punkte mit den Aspekten, die in den Texten aufgeführt werden.

2 Führt ein Kugellagergespräch zu dem Thema „Positive und negative Erfahrungen mit dem Internet" durch. Tauscht euch auch darüber aus, was ihr persönlich tun könnt, um die positiven Aspekte zu verstärken und die negativen abzuschwächen.

→ ein Kugellagergespräch führen:
Seite 133

3 Bringe die folgenden Begriffe in eine sinnvolle Struktur: Zehn Gebote, Amos, Israel, Gerechtigkeit, Mitleid, Vision, Prophet, Anklage, Unrecht, Botschaft, Erwartung, Strafe, Sehen, Verkündigung, Reich Gottes, Utopie, Jeremia, Frieden.

MK **4** Erörtert, welche Konsequenzen aus der fortschreitenden Digitalisierung gezogen werden müssen, wenn Frieden, Freiheit und unsere Schöpfung bewahrt werden sollen. Benenne drei Punkte für dich persönlich oder für die Gesellschaft insgesamt.

Wie verstehen Propheten Gerechtigkeit?

↔ Laura Dekker:
Seite 46

Greta Thunberg 2018 im Alter von 15 Jahren zu Beginn der „Schulstreiks für das Klima"

Aufgabe

Auf einer Demonstration 2018 hielt jemand ein Schild mit dem Text GRETA FOR PRESIDENT hoch. In einem Zeitungsartikel wurde sie „Klima-Prophetin" genannt.
Nimm Stellung, ob Greta Thunberg eine moderne Prophetin sein könnte. Begründe deine Position.

Wissen

- In einem alten indianischen Sprichwort heißt es: „Alle Dinge beginnen mit einer Vision." Gib mit deinen Worten wieder, was hier mit dem Begriff „Vision" gemeint ist. Überprüfe, inwiefern das Sprichwort für Visionen im religiösen Sinne gilt.
- Erkläre, was einen biblischen Propheten von einem Wahrsager unterscheidet.
- Kleine Löffel auf einem gedeckten Tisch nennt man auch „kleine Propheten", weil sie einen Nachtisch verheißen. Prüfe, inwiefern dieser Ausdruck etwas mit den biblischen Propheten zu tun hat.
- Vergleiche die Situation des Amos mit dem, was du noch über den Propheten Micha weißt.
- **SP** Entwirf ein Wortgitter nach dem Muster der Grafik auf Seite 134 mit dem Titel „Ungerechtigkeit". Vergleiche das, was Amos gesehen hat, mit den Einträgen in deiner Grafik.
- **MK** Informiere dich über die sogenannten „kleinen" und „großen" Propheten im Alten Testament. Bereite ein Referat (8–10 Minuten) für deine Mitschülerinnen und Mitschüler vor.

→ eine Internetrecherche durchführen:
Seite 173

Können

- Erstelle einen Propheten-Koffer (Seite 132).
- Beschreibe und deute das Bild „Sehnsucht" von Ann-Kathrin Busse auf Seite 130.
- **SP** Gestalte ein Wortgitter zu dem Begriff „Prophet".

→ ein Bild analysieren:
Seite 159

Anwenden

- **MK** Recherchiere, inwiefern sich die Diakonie für eine gerechtere Gesellschaft einsetzt, und stelle eine diakonische Einrichtung in deiner Nähe vor.
- Erzähle die Geschichte von Amos Vision anschaulich nach.
- Führt ein Interview in eurer Klasse oder Schule durch, in dem ihr erfragt, ob und in welcher Weise sich Jugendliche für die Umwelt oder Gesellschaft engagieren. Gestaltet hierzu eine Wandzeitung.

↗ Diakonie:
Seite 180

→ eine biblische Geschichte erzählen:
Seite 171

→ ein Interview führen:
Seite 173

→ eine Wandzeitung gestalten:
Seite 178

8 Wie modern muss die Kirche sein?

Welche Gemeinde passt zu jungen Menschen?

Was du in diesem Kapitel lernen kannst:

- Wenn du dieses Kapitel bearbeitet hast, kannst du Ursachen, Verlauf und Folgen der Reformation darstellen.
- Du kannst erläutern, wie sich in Kirchengebäuden ihre verschiedenen Funktionen widerspiegeln.
- Du kannst traditionelle und moderne Gottesdienstformen beschreiben.
- Du kannst über deine eigene religiöse Tradition Auskunft geben.
- Du kannst erklären, welche Spuren die Reformationszeit in der Organisation und Glaubenspraxis in den evangelischen Kirchen hinterlassen hat.
- Du kannst an einem Beispiel zeigen, wie christliche Gemeinschaft auch ganz anders verstanden und gelebt werden kann.
- Du kannst beurteilen, welche Aussichten die ökumenische Zusammenarbeit für die Zukunft hat.

Darauf kannst du schon aufbauen:

- Du kannst erläutern, was es bedeutet, evangelisch oder katholisch zu sein.
- Du kannst Besonderheiten von evangelischen und katholischen Kirchenräumen benennen.
- Du kennst Beispiele für ökumenische Zusammenarbeit im Rahmen von Kirchengemeinden.

Methoden, die dir auch in anderen Zusammenhängen helfen:

- eine Pro- und Kontra-Diskussion führen
- ein Bild analysieren

Können Christen gemeinsam glauben?

Wer sind die Reformierten?

Ist die Kirche von heute von gestern?

Setzt sich die Kirche ins rechte Bild?

1990 wurde ein neues Altarbild in der evangelischen Kirche der Nordseeinsel Langeoog enthüllt. Unter den Gemeindegliedern gab es Ärger, Lob und viele Diskussionen. Bis heute gilt das Gemälde des Malers Hermann Buß als eine Besonderheit. Viele Besucher aus anderen Kirchengemeinden besichtigen das Altarbild, weil sie überlegen, ob auch sie für ihre Kirche eine Modernisierung mit einem Kunstwerk von Buß ins Auge fassen sollten. Inzwischen hat der Künstler auch für weitere Gemeinden moderne Altarbilder gestaltet.

In der Diskussion wurden verschiedene Standpunkte vertreten:

> Alles soll modern sein! Mit diesem Bild kann doch niemand etwas anfangen. Das will ich mir nicht jeden Sonntag ansehen müssen. Ein Altarbild sollte schön sein! Kein Wunder, dass auf diesem Bild der Tisch leer bleibt.

> Wo soll da die gute Botschaft stecken? Das passt nicht zu dem, was ich von der Kirche erwarte … Man stelle sich mal vor, was ein Pfarrer noch predigen kann, mit diesem Bild vor Augen, und wenn er weiß, wie das Bild auf den Besucher wirkt.

> Was erwartet ihr? Wer hier schimpft, sollte sich lieber fragen, welchen Platz im Bild er sich schon ausgesucht hat.

> Mein Gott, das trifft zu! Ein Schiff, das sich Gemeinde nennt … Wir sind in eine ganz schöne Schieflage geraten. Bei einem gestrandeten Schiff, da bewegt sich nichts mehr.

Aufgabe

Formuliere deine Gedanken zu dem Gemälde für einen Eintrag in das Langeooger Gästebuch, das in der Kirche ausliegt.

Dazu ist es wichtig, …
- die bildlichen Botschaften des Gemäldes zu entschlüsseln.
- zu überprüfen, wie das Bild zu einer evangelischen Kirche und ihren Glaubensvorstellungen passt.
- dich damit auseinanderzusetzen, was „modern" ist.
- einen eigenen Standpunkt dazu einzunehmen, ob das Bild einen gelungenen Beitrag für eine moderne Kirche leisten kann.

↔ Gleichnis vom großen Festmahl: Seite 77

Hermann Buß, Altarbild in der Evangelischen Inselkirche Langeoog (1990)

Aufgaben

1 Begründe, welchen Äußerungen auf Seite 152 du spontan zustimmst. Führt gemeinsam eine Vor-Abstimmung für oder gegen das Altarbild durch.

2 Analysiere das Altarbild.

→ ein Bild analysieren: Seite 159

Ist die Kirche von heute von gestern?

↔ Was macht
einen Ort heilig?
Seite 12–13

Ein Jugendpfarrer erzählt von seiner Arbeit in der Gemeinde:

Bei dem Wort „Kirche" hab ich früher an ganz vieles gedacht. Immer dabei ist der Eindruck, wie ich als kleines Kind zu Weihnachten in der hölzernen Kirchenbank auf das Lied „Stille Nacht" warte, bevor es heim zu den Geschenken ging.

Heute bin ich Jugendpfarrer und denke dabei an meine Aufgabe: dafür zu sorgen, dass die
5 Botschaft von Jesus, dem Christus, nach all den Jahrhunderten noch ankommt. Im Konfirmandenunterricht habe ich damals Psalm 23 auswendig lernen sollen. „Der Herr ist mein Hirte …". Komisch, etwas zu kennen, das seit fast dreitausend Jahren gesprochen wird. Manchmal gehen mir die Worte so durch den Kopf, manchmal sage ich sie als Gebet. Dann denke ich, besser hätte ich das nicht ausdrücken können. Deshalb tut es gut, wenn einer der Jugendli-

↗ Gottesdienst:
Seite 182

Psalm:
Seite 186–187

10 chen sie für den Gottesdienst aussucht. Bis heute ist unsere Kirche bei Jugendgottesdiensten noch nie leer geblieben.

Oft warten einige am Ende ab, bis sie die Letzten sind. Dann gucken sie noch herum oder gehen langsam an einer bestimmten Stelle vorbei, unter dem Kreuz oder vor dem Altar. Komischerweise machen Erwachsene das manchmal genauso. Einmal hat ein Mädchen noch zu
15 mir gesagt: „Der Segen am Ende ist mir am wichtigsten, sonst fehlt was." Das sehe ich auch als meine Aufgabe an: zu zeigen, was unsere alten Traditionen noch können, und Menschen dabei das Gefühl zu geben, zusammenzugehören und Christen zu sein. Als einmal die Glocken ausgefallen waren, spielten wir stattdessen ein Lied aus unserer Anlage. Da fragten einige, warum das Geläut gefehlt habe. Andere meinten, wir könnten die Glocken ruhig
20 immer weglassen. Am Ende diskutierten sie eine Stunde, ob unsere Gottesdienste überhaupt aus den traditionellen Teilen wie Gebeten, Predigt, Kirchenliedern bestehen müssen.

SP Methode: eine Pro- und Kontra-Diskussion führen

Mit einer Pro- und Kontra-Diskussion können unterschiedliche Standpunkte in einem Rollenspiel zum Ausdruck gebracht und Argumente ausgetauscht werden.

So könnt ihr vorgehen:

1 Formuliert eine Streitfrage so, dass sie mit „Ja, weil …" oder „Nein, weil …" zu beantworten ist.
2 Legt die Rollen „Befürworter", „Gegner", „Moderator" und „Beobachter" fest.
3 Sammelt arbeitsteilig Argumente und passende Beispiele für Befürworter und Gegner. Ordnet sie nach Überzeugungskraft.
4 Bereitet den Raum so vor, dass sich die Parteien vom Moderator getrennt gegenübersitzen. Der Moderator legt Ablauf und Zeitrahmen der Diskussion fest, erteilt das Wort und sorgt für einen fairen Umgang miteinander.
5 Stellt als Befürworter oder Gegner zu Beginn euren jeweiligen Standpunkt vor. Geht beim Austausch der Argumente aufeinander ein. Tipp: Wiederhole kurz ein gegnerisches Argument und knüpfe dein eigenes an.
6 Tragt nach Abschluss der Diskussion mithilfe der „Beobachter" zusammen, welche Hilfen das Streitgespräch für die Entscheidung liefern konnte.

Ein Schiff, das sich Gemeinde nennt

2. Das Schiff, das sich Gemeinde nennt, liegt oft im Hafen fest, weil sich's bequemer leben lässt. Man sonnt sich gern im alten Glanz vergangner Herrlichkeit und ist doch heute für den Ruf zur Ausfahrt nicht bereit. Doch wer Gefahr und Leiden scheut, erlebt von Gott nicht viel. Nur wer das Wagnis auf sich nimmt, erreicht das große Ziel.

3. Im Schiff, das sich Gemeinde nennt, muss eine Mannschaft sein, sonst ist man auf der weiten Fahrt verloren und allein. Ein jeder stehe, wo er steht, und tue seine Pflicht; wenn er sein Teil nicht treu erfüllt, gelingt das Ganze nicht. Und was die Mannschaft auf dem Schiff ganz fest zusammenschweißt in Glaube, Hoffnung, Zuversicht, ist Gottes guter Geist.

Moment mal!

Gibt es für Junge und Alte in der Kirche überhaupt etwas, das sie zusammenbringt?

Aufgaben

1 Arbeite heraus, inwiefern laut Aussage des Jugendpfarrers auch Jugendlichen Traditionen wichtig sind. Vergleiche die Erfahrungen des Pfarrers mit deinen eigenen.

2 Stelle die Aufgaben einer Kirchengemeinde zusammen und halte fest, inwiefern dir der Vergleich mit einem Schiff passend erscheint.

3 Erläutere, wie der Liedtext zu dem Altarbild aus Langeoog (Seite 153) passt.

P 4 Führt eine Pro- und Kontra-Diskussion zur Frage, ob die traditionelle Gottesdienstform ersetzt werden sollte. Erarbeitet Argumente aus dem Erfahrungsbericht des Jugendpfarrers und dem Lied. Ergänzt eigene Argumente.

5 Einigt euch in eurer Lerngruppe auf ein Eingangsritual für die Religionsstunde, das ihr das nächste halbe Jahr erprobt: z.B. das Singen eines Liedes, das Vortragen eines Gedichts oder Spruchs aus dem Buch der Sprüche, das gemeinsame Sprechen eines Psalmverses.

→ einen Text analysieren: Seite 98

Welche Gemeinde passt zu jungen Menschen?

↔ Was steht hinter den Wundergeschichten?
Seite 72–73

„Als Jesus Freaks behaupten wir, dass trotz langweiliger Kirchengottesdienste, ‚Geld scheffelnder' Fernsehprediger und all dem pseudo-religiösen Getue hinter der Sache mit Jesus etwas Wahres und sehr Fantastisches steckt! Der Jesus, den man in der Bibel findet, ist krass. Er nahm kein Blatt vor den Mund und kritisierte alles, was ihm nicht gefiel, und doch
5 wurde jeder von ihm angenommen und geliebt. Wir fragten Ihn: Können wir so sein, wie wir sind und trotzdem radikal mit Dir leben? Wie könnte unsere Gemeinde aussehen? Wie könnten Dinge wie Gottesdienst, Predigt, Anbetung für uns gestaltet werden?
Unsere Vision ist es, dass in unserem Land, in Europa und überall auf der ganzen Welt unsere Generation für Jesus aufsteht, da für sie ein kompromissloses Leben mit Jesus das Coolste,
10 Heftigste, Intensivste und Spannendste überhaupt ist. Diese „Jesus-Bewegung" will Leute ermutigen, ihre eigenen Gemeinden zu starten, mit ihrem Background, ihrem Stil und in ihrer Kultur."

Moment mal!

Kann man Jesus „krass" finden und „Partys" für ihn feiern?

Info: Jesus Freaks

Ab Beginn der 1990er-Jahre entwickelten sich in verschiedenen deutschen Städten besonders unter Jugendlichen und jungen Erwachsenen offene christliche Gruppen unter dem Namen „Jesus Freaks". Sie wollen keine eigene Kirche sein, sondern in ihren Gottesdiensten eigene Formen der Feier und des christlichen Lebens suchen.

Leseprobe aus der Volxbibel

„Jetzt mal ein Paradebeispiel, wie ihr beten könnt: ‚Hey, unser Papa da oben! Darum geht's, dass du und dein Name allein auf dieser Welt ganz groß rauskommen! Du sollst hier das Sagen haben, auf der Erde genauso, wie es da oben im Himmel ja schon immer der Fall war. Hey, versorg uns doch bitte mit allem, was wir heute so zum Leben brauchen! Und verzeih uns die Sachen, wo wir mal wieder Mist gebaut haben. Wir verzeihen ja auch denen, die bei uns was verbockt haben. Pass auf, damit wir nicht irgendwelchen schlechten Gedanken nachgeben und dir untreu werden und so. Führe uns nicht in Situationen, wo wir Fehler machen könnten. Rette uns, wenn uns das Böse anzeckt! So passt es [Amen]!'"

(Mt 6,5–14, gekürzt)

Info: Volxbibel

Die modernen Bibelübersetzungen gingen Martin Dreyer, einem Jesus Freak, nicht weit genug. Er begann ein neues „Übersetzungsprojekt" für junge Menschen, an dem sich seit 2006 im Internet alle Interessierten beteiligen können. Die Volxbibel ist keine Übersetzung im herkömmlichen Sinn, weil die „Übersetzer" nicht aus dem Griechischen und Hebräischen übersetzen, sondern einen vorhandenen deutschen Text sprachlich anpassen. Deshalb spricht man von einer „Übertragung".

Wir leben unseren Glauben gemeinsam in der Gruppe. So wie Zelten, Singen, Wandern und Kochen zu unserem Pfadfindersein dazuge-
5 hört, so auch das gemeinsame Gebet und das Sprechen über den Glauben. „Wer glaubt, ist nie allein." (Papst Benedikt XVI.)
Als Pfadfinder wirken wir in der
10 Kirche, ja als Kirche. Unser Ziel ist es, die Welt ein wenig besser zu verlassen, als wir sie vorgefunden haben. Dieser Ansatz stammt von Robert Baden-Powell, dem Gründer
15 der Pfadfinder. Die Welt am

Pfadfinder als Helfer beim Deutschen Evangelischen Kirchentag in Stuttgart

Stammtisch mit großen Reden verbessern kann jeder. Als Pfadfinder beginnen wir mit kleinen konkreten Schritten, mit unserer täglichen „Guten Tat". Egal, ob alleine oder in der Gruppe: Als Pfadfinder setzen wir uns ein für unsere Mitmenschen, gerade für Schwache und Hilfsbedürftige – nicht irgendwo, sondern in meiner Umgebung, beim Nächsten eben. Es gibt
20 unzählige Gelegenheiten dafür. Immer wieder stellen wir fest, dass beim Einsatz für den Nächsten wir selber die Beschenkten sind. Baden-Powell sagt: „Die beste Art, glücklich zu werden, liegt darin, andere glücklich zu machen." Und wenn uns die Gute Tat auch einmal schwerfällt, dann kann uns das Wort Jesu weiterhelfen: „Was ihr einem meiner geringsten Brüder getan habt, das habt ihr mir getan" (Mt 25,40).

↔ War Jesus ein Seelsorger?
Seite 76–77

Homepage der Katholischen Pfadfinderschaft Europas

Info: Pfadfinder
Die Pfadfinder sind eine Jugendbewegung, die der britische General Robert Baden-Powell im Jahr 1907 gegründet hat. Sie setzen sich für selbstständiges und verantwortliches Handeln, Toleranz und Umweltschutz ein. Heute gibt es weltweit verschiedene Pfadfindergruppen, darunter auch evangelische, katholische und muslimische Verbände. Mitmachen können Kinder, Jugendliche und auch Erwachsene, denn Pfadfinder bleibt man in der Regel ein Leben lang.

↗ evangelisch:
Seite 181

Aufgaben

1 Arbeite heraus, was den Jesus Freaks in bestehenden Kirchengemeinden fehlt.

P 2 Führt eine Pro- und Kontra-Diskussion zur Frage, ob die Volxbibel als Standardbibel für den evangelischen Religionsunterricht geeignet ist.

→ eine Pro- und Kontra-Diskussion führen:
Seite 154

3 Vergleiche die Art und Weise der katholischen Pfadfinder, ihren Glauben zu leben, mit derjenigen der Jesus Freaks.

MK 4 Recherchiere, was es mit dem „Mitzvah Day" (Mizwa-Tag) auf sich hat. Entwickelt ein eigenes Projekt für diesen Tag und wertet es anschließend aus.

→ eine Internetrecherche durchführen:
Seite 173

5 Finde heraus, welche Möglichkeiten es für Jugendliche in der evangelischen Kirchengemeinde deines Schulortes gibt, mitzumachen und mitzugestalten.

Was glaubten Menschen im Spätmittelalter?

Die **Lilie** ist ein Symbol für Reinheit und Unschuld, hier ein Zeichen für Gnade und Bewahrung.

Das **Schwert** steht für die Bestrafung der Bösen und den göttlichen Zorn.

↗ Gnade:
Seite 182

Rogier van der Weyden, Mittelteil eines Altarbildes (15. Jh.)

„Außerhalb der Kirchengemeinschaft ist kein Heil für die Seelen der Menschen zu finden", verkündete die Kirche im späten Mittelalter. Einzig die Kirche zeige den Weg zu Gott und seinem Heil. Nur die Priester sollten die Bibel studieren und den Christen Gottes Willen verkünden. Die Kirche sei dabei selbst ein Teil dieses Weges. Der Papst nannte sich pontifex maximus, der „größte Brückenbauer" zwischen Mensch und ewigem Heil. In den Kirchengebäuden zeigten Altarbilder die Botschaft der Kirche oft besonders eindrücklich: Der sündige Mensch hat keine Gnade zu erwarten. Kaum jemand konnte das hinterfragen, weil ein Großteil der Menschen die Bibel überhaupt nicht lesen konnte.

95 Thesen zum Ablass von Dr. Martinus Luther (Auszug)

Luther war Professor für Bibelauslegung in Wittenberg, als er die 95 Thesen verfasste. Er verschickte sie an Kollegen. Dass er sie auch an die Tür der Schlosskirche angeschlagen hat, wird inzwischen für wahrscheinlich gehalten. In jedem Fall waren sie als Diskussionsbeitrag gemeint.
21: Es irren alle Ablassprediger, die sagen, dass durch Ablässe der Mensch von jeder Strafe befreit und selig werde.
36: Jeder Christ, der wahrhaft Reue empfindet, hat völlige Vergebung von Strafe und Schuld, die ihm auch ohne Ablassbrief zukommt.
43: Man soll die Christen lehren, dass es besser sei, den Armen etwas zu schenken und den Bedürftigen zu helfen, als Ablässe zu kaufen.
44: Durch ein Werk der Liebe wächst die Liebe und der Mensch wird besser, aber durch den Ablass wird er nicht besser.
62: Der wahre Schatz der Kirche ist das allerheiligste Evangelium von der Herrlichkeit und Gnade Gottes.

↗ Evangelium:
Seite 181

Mögliche Botschaft des Ablasspredigers Johannes Tetzel

Auch du bist in die großen Gefahren dieser Welt gestellt und weißt nicht, ob du den sicheren Hafen des Heils im Himmel erreichst. Wisse, dass jeder, der gebeichtet, bereut und Geld in diesen Kasten unserer Mutter Kirche getan hat, eine Vergebung aller seiner Sünden haben wird. Habt ihr nicht auch die Stimmen eurer Eltern und anderer Verstorbener gehört, die zu
5 euch rufen: „Erbarmt euch, denn wir leiden sehr harte Strafen und Folter im Fegefeuer, von denen ihr uns loskaufen könnt"? Die Heiligen haben mit ihrem Übermaß an guten Werken der Kirche einen Schatz erworben, aus dem sie euch gerne etwas austeilt. Ihr könnt Anteil bekommen an diesem Schatz, wenn ihr Ablassbriefe bei mir kauft. Der Ablassbrief schenkt euch Vergebung und erlässt euch die Strafen für eure Sünden.

↗ Schuld und Vergebung: Seite 188
Sünde: Seite 189

↗ Ablass: Seite 179

Methode: ein Bild analysieren

Bilder lassen sich am besten in einem Dreischritt analysieren. Dieser umfasst Wahrnehmung (1), Beschreibung (2–3) und Deutung (4). Am Ende der Analyse kann eine persönliche Begegnung stehen (5).

So kannst du vorgehen:
1 Lass deinen Blick über alle Teile und Bereiche des Bildes wandern. Achte darauf, was du spontan wahrnimmst, was deinen Blick anzieht oder abstößt. Nimm auch wahr, was das Bild in dir auslöst: Gefühle, Stimmungen, Erinnerungen, Einfälle.
2 Beschreibe genau, was wie auf dem Bild dargestellt ist, ohne Mutmaßungen anzustellen, was das jeweils bedeuten soll: Figuren, Formen, Farben, Linienführung, Lichtführung, Hell-Dunkel- oder Farb-Kontraste. Beachte, was im Zentrum steht und/oder beleuchtet ist.
3 Mache die Bildkomposition sichtbar, indem du ein Pergamentpapier auf die Abbildung legst und Linienführung, Bildaufteilung und die Umrisse der Figuren nachzeichnest.
4 Deute das Bild, indem du Entsprechungen zwischen Botschaft und Gestaltung benennst. Beziehe Informationen zum Künstler oder zur Künstlerin, zum Titel, zur Entstehungszeit und gegebenenfalls zum Standort oder Auftraggeber des Bildes ein.
5 Bringe das Bild und seine Botschaften zum Sprechen. Versetze dich dazu
   a) in eine dargestellte Person hinein oder
   b) als Beobachter/in an einen ausgewählten Platz des Gemäldes.

→ eine Internetrecherche durchführen: Seite 173

Aufgaben

1 Analysiere das Altarbild von van der Weyden.

2 Beschreibe die Auswirkungen solcher Bilder vom Jüngsten Gericht auf das Verhalten, Denken und Fühlen im Alltag der spätmittelalterlichen Menschen.

3 Stelle in einer Tabelle dar, welche Auswirkungen der Verkauf von Ablassbriefen einerseits für die Gläubigen und andererseits für die Kirche hatte.

4 Gestalte einen Dialog zwischen zwei Studenten aus Wittenberg. Der eine (Moritz) hat erfahren, dass seine Eltern bei Tetzel Ablassbriefe gekauft haben, der andere (Valentin) berichtet von den „95 Thesen".

Was lehrte Martin Luther?

↔ Was heißt „Der Glaube macht mich frei"?
Seite 40–41

↗ Gerechtigkeit Gottes:
Seite 181–182
Evangelium:
Seite 181
Sünde:
Seite 189

Martin Luther berichtete als alter Mann, wie er sich früher als junger Mönch gefühlt hatte:

„Ich hasste dieses Wort aus dem Neuen Testament: ‚Gerechtigkeit Gottes'. Denn obgleich ich als unta-deliger Mönch lebte, fühlte ich mich vor Gott als Sünder und lebte ständig mit unruhigstem Gewis-
5 sen. Ich konnte einfach nicht darauf vertrauen, dass meine Mühen, gut und richtig zu leben, aus Gottes Sicht ausreichend waren. Oft war ich mir dagegen sicher, dass nichts, was ich tat, gut genug sein konnte.
10 So liebte ich nicht, nein ich hasste diesen ‚gerech-ten und die Sünder strafenden Gott'. Ich dachte: der Mensch fühlt sich durch all die Regeln der Bibel bedroht und zu Boden geworfen, weil er sie niemals alle erfüllen kann. Er muss sich als ar-mer, verlorener Sünder fühlen. Will Gott uns durch das Evangelium, seine frohe Botschaft, sei-
15 ne Gerechtigkeit und seinen Zorn androhen und uns so Leid zufügen?"

Martin Luther erinnert sich an den Wendepunkt seines Lebens, der ihn nie mehr losgelassen hat:

„Tag und Nacht dachte ich unablässig darüber nach, bis Gott sich meiner erbarmte und ich auf den Zusammenhang der Worte in der Bibel achtete: der Gerechte lebt aus Glauben. Da fing ich an zu verstehen, wie sich die ‚Gerechtigkeit Gottes' zeigt: indem Gott die Menschen nicht verur-
5 teilen will, sondern sie beschenkt. Das Geschenk ist, dass ich an diesen freundlichen Gott glauben durf-te. Er bekleidet uns mit seiner Gerechtigkeit. Aus diesem Glauben kann man leben und sich vor Gott nun als ein Gerechter fühlen. Ich begriff, dass dies
10 der Sinn sei: Durch das Evangelium wird die Ge-rechtigkeit eines barmherzigen Gottes offenbar, wie geschrieben steht: ‚Der Gerechte lebt aus Glau-ben'. Da fühlte ich, dass ich geradezu neugeboren und durch die geöffneten Pforten in das Paradies
15 selbst eingetreten war. Da erschien mir durchge-hend ein anderes Gesicht der ganzen Schrift. Und mit welchem Hass ich vorher das Wort ‚Gerechtig-keit Gottes' hasste, mit solcher Liebe schätzte ich es nun als allerliebstes Wort. So wurde mir jene Stelle
20 bei Paulus wahrhaft die Pforte des Paradieses. Ich durchlief danach die Schrift, soweit ich sie im Ge-dächtnis hatte, und fand auch in anderen Ausdrü-cken einen ähnlichen Sinn: ‚Kraft Gottes' heißt: Kraft, mit der er uns kräftig macht, so galt es auch
25 für die Begriffe Stärke Gottes, Heil Gottes."

Durch die Gute Nachricht wird Gottes Gerechtigkeit offenbar. Das geschieht aufgrund des Glaubens und führt zum Glauben. So steht es schon in der Heiligen Schrift: Aufgrund seines Glaubens wird der Gerechte das Leben erlangen.

(Röm 1,17)

↗ Gnade: Seite 182

Reformation: Seite 187

Luthers Erkenntnisse werden seit der Reformation in vier Grundsätzen zusammengefasst:

solus christus – allein Jesus Christus (macht den Menschen heil)

sola scriptura – allein durch die Schrift (das heißt: durch die Bibel kann Gottes Wille erkannt werden)

sola fide – allein durch den Glauben (werden wir vor Gott „gerecht")

sola gratia – allein durch die Gnade (das heißt: die Liebe Gottes werden wir zu Kindern Gottes)

Ökumenische Annäherung

Die Überlegungen Martin Luthers zu Röm 1,17 werden in der Fachsprache als „Rechtfertigungslehre" bezeichnet. Sie war zentraler Streitpunkt zwischen der bestehenden Kirche und den Anhängern Luthers. Erst 1999 wurde der Streit beigelegt: Der Lutherische Weltbund und die Römisch-katholische Kirche unterzeichneten nach langjährigen Beratungen eine „Gemeinsame Erklärung". 2017 unterzeichnete auch die Weltgemeinschaft reformierter Kirchen diese Erklärung.

↗ Ökumene: Seite 185–186

Der Lutherische Weltbund (LWB) ist eine weltweite Gemeinschaft von lutherischen Kirchen.

Auszug aus der „Gemeinsamen Erklärung" zur Rechtfertigungslehre von 1999

„Es ist unser gemeinsamer Glaube, dass die Rechtfertigung das Werk des dreieinigen Gottes ist. Gemeinsam bekennen wir: Allein aus Gnade im Glauben an die Heilstat Christi, nicht auf Grund unseres Verdienstes, werden wir von Gott angenommen und empfangen den Heiligen Geist, der unsere Herzen erneuert und uns befähigt und aufruft zu guten Werken."

Die Weltgemeinschaft reformierter Kirchen (WGRK) ist ein weltweiter Zusammenschluss reformierter Kirchen.

Moment mal!

Welche Kirche ist die richtige?

Aufgaben

1 Veranschauliche das neue Verhältnis des Menschen zu Gott durch eine Grafik.

2 Erläutere anhand der beiden Zeichnungen auf Seite 160, wie Luthers Erkenntnis zu einem Wendepunkt im Leben wurde und ihn antrieb, sich einzumischen.

3 Ordne folgende Bibelstellen den vier „soli" zu: Röm 1,16f.; 1 Joh 4,8–16; Röm 3,28; Gal 2,16; Joh 3,16f.

4 Ein großer Streitpunkt zwischen Protestanten und Katholiken war die Rolle der „guten Werke" für die Rechtfertigung. Erläutere anhand der vier „soli", wie Luther dazu stand. Arbeite aus der gemeinsamen Erklärung heraus, wie die Kirchen heute auf dieses Thema blicken.

→ einen Inhalt veranschaulichen: Seite 174

→ eine Bibelstelle finden: Seite 171

Wer sind die Reformierten?

Die reformierte Kirche in Hildesheim

Eine der beiden reformierten Gliedkirchen der Evangelischen Kirche in Deutschland (EKD) ist die Evangelisch-reformierte Kirche. Zu ihr gehören etwa 173 000 Mitglieder. Die Gemeinden sind in ganz Deutschland verteilt. Man findet sie insbesondere in Ostfriesland, dem Emsland, in der Grafschaft Bentheim sowie im östlichen Niedersachsen und in Bayern. Darüber hinaus
5 gibt es auch in anderen Gliedkirchen der EKD reformierte Kirchengemeinden, vor allem in Westfalen und im Rheinland.

In Deutschland wurde die Reformation maßgeblich von Martin Luther vorangetrieben. Deshalb sind die meisten deutschen Protestanten evangelisch-lutherisch. In Frankreich und in der Schweiz aber war es vor allem Johannes Calvin, der als Reformator gewirkt hat. Er war
10 der Meinung, dass die Kirche vor allem dazu dienen sollte, das Wort Gottes zu predigen; Praxis und Lehre der Katholischen Kirche hielt er für falsch. Die Predigt spielt in reformierten Gottesdiensten auch heute noch eine besonders wichtige Rolle. Calvin veränderte den Ablauf des Gottesdienstes, die Gestaltung der Kirchenräume und die Struktur der Gemeinde. Sie sollte so aufgebaut werden, wie im Neuen Testament beschrieben: ohne Machtverhältnisse
15 und Rangordnungen. Was eigentlich schön klingt, brachte in den Zeiten der Reformation Gegner auf den Plan. Insbesondere in Frankreich spitzte sich die Lage für die dort als „Hugenotten" bezeichneten Protestanten zu. Sie wurden zwar zunächst geduldet, aber schon bald verjagt, verfolgt und ermordet. Viele Hugenotten siedelten sich als Flüchtlinge in verschiedenen Gegenden Deutschlands an, sodass sich dort reformierte Gemeinden bilden konnten.
20 Dass die reformierten Christen in Deutschland oft nicht in zusammenhängenden Regionen leben, hat also historische Gründe.

↗ Gottesdienst: Seite 182

↗ Hugenotten: Seite 183

Bin ich reformiert? – Info der Ev.-ref. Kirchengemeinde Hildesheim

Die Frage scheint überflüssig. Weiß man nicht, zu welcher Kirche man gehört? Tatsächlich: Das weiß nicht jeder! Viele Menschen kennen sich nur als „evangelisch". Menschen, die umziehen, müssen aber in einigen Gegenden Deutschlands im Einwohnermeldeamt sagen, ob sie evangelisch-lutherisch oder evangelisch-reformiert sind. Was tun? Hier fünf Hinweise:

1. Schauen Sie im Familienstammbuch nach. Ist dort eine kirchliche Amtshandlung eingetragen? Wenn ja, dann könnte auf dem Gemeindesiegel lutherisch oder reformiert stehen.
2. Wie war der Innenraum der heimatlichen Kirche gestaltet? War er eher schlicht – ohne Bilder und Kruzifixe? Waren die Stühle oder Bänke zur Kanzel ausgerichtet? Dann war die Gemeinde reformiert geprägt. In einer lutherischen Kirche sind fast immer Altäre und Kruzifixe zu finden. Und auch die Stühle oder Bänke sind dahin ausgerichtet.
3. Gab es im Gottesdienst einen längeren Wechselgesang zwischen Pastor/Pastorin und Gemeinde? Wenn es keinen längeren Wechselgesang gab, kommen Sie aus einer Gemeinde reformierter Prägung. In lutherischen Gemeinden ist ein ausführlicher Wechselgesang zwischen Pastor/Pastorin und Gemeinde üblich.
4. Wenn Sie im Konfirmandenunterricht einen Katechismus benutzt haben, haben Sie ein weiteres Unterscheidungsmerkmal. In reformierten Gemeinden ist der „Heidelberger Katechismus" in Gebrauch, in lutherischen Gemeinden der „Kleine Katechismus Martin Luthers".
5. Vielleicht wissen Sie, wie die Gemeindeleitung in Ihrer Heimat genannt wurde. In lutherischen Gemeinden wird oft vom Kirchenvorstand, in reformierten Gemeinden oft vom Kirchenrat oder Presbyterium gesprochen.

Noch Fragen?

↗ Katechismus: Seite 184

Johannes Calvin

Der Jurist und Theologe Johannes Calvin reformierte neben Martin Luther die spätmittelalterliche Kirche. Er wirkte vor allem in Genf. Auf ihn berufen sich heute mehr als 80 Millionen reformierte Christen weltweit – neben den Lutheranern der zweite große Zweig im Protestantismus.
Calvin kam 1509 rund 100 Kilometer von Paris entfernt in Noyon zur Welt – acht Jahre vor dem Thesenanschlag Martin Luthers. Er starb 1564, im Alter von nur 54 Jahren.

Der bekannteste deutsche Reformierte ist der seit 2017 amtierende Bundespräsident Frank-Walter Steinmeier.

Aufgaben

1 Fasse zusammen, was du dem Foto und dem Text „Bin ich reformiert?" an Besonderheiten des evangelisch-reformierten Gottesdienstes und Kirchenraums entnehmen kannst.

2 Besuche, wenn möglich, einen evangelisch-reformierten Gottesdienst und beschreibe die Unterschiede zu einem evangelisch-lutherischen Gottesdienst.

3 Gestalte eine Landkarte der Konfessionen in Deutschland. Hebe die evangelisch-reformierten Gegenden besonders hervor.

↗ Konfession: Seite 184

4 Vergleiche den hier abgebildeten Innenraum mit dem der evangelisch-lutherischen Heilig-Geist-Kirche in Wolfsburg auf Seite 150.

Können Christen gemeinsam glauben?

„So gesehen" – Schülerblog des evangelischen Paul-Gerhardt-Gymnasiums

Wir lernen an einer evangelischen Schule – aber glauben wir alle gleich? Für unseren heutigen Beitrag haben wir uns mit Paula, Sophia und Theo aus der 8. Klasse über ihren Glauben unterhalten. Lest selbst, was dabei herauskam:

↗ evangelisch:
Seite 181

Redaktion: Ihr geht alle an eine Schule in der Trägerschaft der evangelischen Kirche. Seid ihr alle evangelisch?

Paula: Also ich bin gar nicht getauft. Meine Eltern kommen ursprünglich aus Sachsen-Anhalt und haben mit Kirche nichts zu tun. Ich habe aber vor, mich nächstes Jahr taufen und

5 konfirmieren zu lassen. Meine Eltern finden das okay, auch wenn sie mit Gott und Kirche nicht so viel anfangen können.

„Orthodox" übersetzt man mit „rechtgläubig". Es kommt aus dem Griechischen: *orthos* = richtig und *doxa* = Glaube.

Sophia: Ich bin auf dem Papier orthodox. Mein Vater kommt aus Griechenland und deshalb bin ich griechisch-orthodox. Aber da es hier keine orthodoxe Gemeinde gibt, gehen wir in den evangelischen Gottesdienst.

10 **Redaktion:** Und wieso sagst du, du seist es auf dem Papier?

Sophia: Na ja, die Abläufe im Gottesdienst sind mir hier viel vertrauter. Wenn wir in den Ferien bei meinen Großeltern sind und in den Gottesdienst gehen, dann ist das seltsam. Ich verstehe wenig und alles läuft anders ab. Ich finde das spannend, aber fühle mich im Herzen doch evangelisch. Bei meinem Vater ist es andersherum.

15 **Theo:** Da bin ich im Vorteil. Ich bin katholisch und kann überall auf der Welt in den Gottesdienst gehen und alles ist wie zu Hause, nur die Sprache ist vielleicht anders. Aber ich weiß immer, was kommt, sogar beim Vaterunser kann ich mitbeten.

↗ Vaterunser:
Seite 190

Redaktion: Und wie findest du es hier am PGG als Katholik unter so vielen Protestanten? Wir feiern ja auch gemeinsame Gottesdienste.

20 **Theo:** Ich finde es ganz gut, weil der Glaube hier ja immer irgendwie ein Thema ist, nicht nur in Reli. An meiner alten Schule war ich der einzige katholische Schüler in meiner Klasse und ein Austausch über Glauben und Kirche hat kaum stattgefunden. Das ist hier anders.

Paula: Ich frage mich gerade, ob evangelische Gottesdienste nicht auch immer gleich sind …

Theo: Jein, würde ich sagen. Es kommen immmer irgendwie ähnliche Bestandteile vor, aber

25 so einen festen Ritus wie bei uns gibt es nicht.

Sophia: Mindestens das Vaterunser können wir alle gemeinsam beten, egal wie der Gottesdienst aufgebaut ist. Und das Glaubensbekenntnis ist doch auch fast identisch.

↗ Glaubensbekenntnis:
Seite 182

Redaktion: Das stimmt. – Paula, wäre es eine Option für dich, katholisch zu werden?

Paula: Hm. Ich glaube nicht. Ich bin jetzt seit der fünften Klasse hier und gehe, seit ich

30 denken kann, in den evangelischen Gottesdienst. Da fühle ich mich wohl.

Redaktion: Aber du könntest dich ja auch in der katholischen Messe wohlfühlen?

↗ Messe:
Seite 185

Paula: Darum geht es ja nicht allein. Ich kann es zum Beispiel nicht leiden, dass *ein* Mann über alle Dinge das Sagen hat. Ich brauche kein Oberhaupt.

Theo: Also ich finde den jetzigen Papst cool, aber ich kann auch verstehen, dass man nicht

35 alles in der katholischen Kirche toll findet.

Redaktion: Eine letzte Frage: Würdet ihr sagen, dass man an unserer Schule als Protestant besser klarkommt?

Paula: Nein. Man muss nur offen sein für den Glauben anderer.

Theo: Ich merke in Schulgottesdiensten, dass ich mich in der katholischen Messe wohler

40 fühle, aber ich mag am PGG, dass man seinen Glauben nicht verstecken muss. Alle hier glauben an Gott oder sind zumindest offen für ihn.

Redaktion: Ein schönes Schlusswort, vielen Dank für das Gespräch!

Etappen der Kirchengeschichte

ca. 33: Kreuzigung Jesu

ca. 46–56: Missionsreisen des Paulus

64: Beginn der Christenverfolgung unter Kaiser Nero, später Diokletian

380: das Christentum wird Staatsreligion unter Kaiser Theodosius

Apg 2

ca. 48/49: Apostelkonzil in Jerusalem und Vereinbarung zwischen Petrus und Paulus, unter welchen Bedingungen auch Nicht-Juden Christen werden können

1054: Schisma zwischen der römisch-katholischen und der orthodoxen Kirche

313: Konstantinische Wende: die Christenverfolgungen enden

Eine Kirchenspaltung wird als „Schisma" bezeichnet.

↗ Ökumene: Seite 185–186

Ökumene leben?

Der Ökumenische Kirchentag ist ein sichtbares Zeichen für den Wunsch nach mehr Einheit zwischen den Christen. Er besteht noch nicht lange. Während es den Deutschen Evangelischen Kirchentag seit 1949 im zweijährigen Turnus und den Katholikentag bereits seit 1848 gibt, startete der Ökumenische Kirchentag erst im Jahr 2003. Grundsätzlich geht es bei die-
5 sen Veranstaltungen darum, sich mit aktuellen Themen zu beschäftigen, sich über verschiedene Perspektiven des Zusammenlebens und über Glaubensfragen auszutauschen. Die vielfältigen Veranstaltungen, Diskussionsrunden, Workshops und Gottesdienste locken jedesmal viele Tausend Menschen an die Veranstaltungsorte. Neben der Beschäftigung mit handfesten Problemen wie Armut, Hunger, Krieg, Ungerechtigkeit und Klimawandel geht es auch darum,
10 darüber nachzudenken, wie eine zukunftsfähige Kirche aussieht. Der Ökumenische Kirchentag macht deutlich, dass die Herausforderungen nur gemeinsam bewältigt werden können.

Aufgaben

1 Finde heraus, wer von den Befragten (am ehesten) deiner religiösen Position entspricht. Fasse zusammen, welche Einstellungen die anderen Befragten jeweils haben.

2 Paula, Sophia und Theo können das Vaterunser zusammen beten und auch das Glaubensbekenntnis teilen sie. Formuliere, wozu sie sich also unabhängig von ihrer Konfession gemeinsam bekennen.

↗ Konfession: Seite 184

3 Arbeite aus Apg 2 heraus, um welche Etappe der Kirchengeschichte es sich handelt, und gestalte die anderen Ereignisse als Zeitstrahl. Ergänze Geschehnisse aus der Reformation im 16. Jahrhundert.

→ eine Bibelstelle finden: Seite 171
↗ Reformation: Seite 187

4 Setze dich mit einer Etappe der Kirchengeschichte genauer auseinander und bereite einen Kurzvortrag zu deinem Thema vor.

5 Formuliere eine Antwort auf die Frage der Überschrift. Berücksichtige dabei alle Informationen der Doppelseite.

Braucht der Gottesdienst neue Formen?

Für ihren Schülerblog „So gesehen" am Paul-Gerhardt-Gymnasium hat die Redaktion eine Umfrage gemacht. Die Frage war: Wann und wie oft gehst du/gehen Sie in die Kirche?

Ich gehe eigentlich nie. Aber ich war in den Sommerferien an der Nordsee, und da gab es die „Kirche am Urlaubsort" direkt am Strand. Da konnte man ganz viel machen und der Abendgottesdienst hat mir gefallen.
(Lena, 13 Jahre)

Ich gehe eigentlich immer an Heiligabend, Ostern und Erntedank zur Kirche. Die anderen Gottesdienste sind mir zu langweilig.
(Jens, 45 Jahre)

Klar, Weihnachten gehe ich hin. Ansonsten gehe ich gerne zu musikalischen Gottesdiensten. Einmal war das ein Taizé-Gottesdienst. Das war echt schön.
(Anne, 34 Jahre)

Ich gehe mindestens zweimal im Monat in den Gottesdienst, meistens mehr. Für mich ist es ein Ritual, das zum Sonntag dazu gehört. Am liebsten mag ich Gottesdienste ohne Schnickschnack.
(Kathrin, 53 Jahre)

Im März mache ich immer beim Weltgebetstag mit. Ansonsten gehe ich zu allen besonderen Feiertagen in die Kirche und wenn ich Lust dazu habe.
(Ursula, 63 Jahre)

Ich spiele bei uns Schlagzeug in der Band der evangelischen Jugend. Deswegen bin ich bei allen Jugendgottesdiensten in der Gegend dabei. Aber ich gehe mit meinen Eltern auch regelmäßig in den normalen Gottesdienst.
(Paul, 15 Jahre)

Ich bin kein fleißiger Kirchgänger. Aber neulich gab es einen Gottesdienst auf einem Ausflugsschiff auf dem Rhein. Da war ich dabei. So etwas erlebt man nicht alle Tage. Und ich war auch schon im Kölner Dom, wenn unser FC spielt. Das finde ich gut, dass die Kirche das unterstützt.
(Rainer, 54 Jahre)

Fans bei einer feierlichen Andacht des 1. FC Köln für seine Fußballfans im Kölner Dom. Höhepunkt des ökumenischen Mittagsgebets ist die FC-Hymne, gespielt auf der Dom-Orgel.

Auf dem Weg zur Jesus-Party

Das wird gut, komm schon, los,
damit wir nicht die Letzten sind,
endlich geht da mal was ab.

Lass dein Gesangbuch liegen,
das brauchen wir diesmal nicht.

Du wirst schon sehen,
das wird ganz anders.

Los doch, kannst ruhig den bunten Schal nehmen,
ist ja schließlich nicht wie sonst.
Du brauchst nicht die ganze Zeit stillzusitzen.

Gitarren gibt es und Schlagzeug.
Hier der Liedzettel, siehst du, was ich meine?

Ach was, Gottesdienst,
Jesus-Party heißt das dort,
ist doch total gut, nicht wahr?
Endlich mal nicht feiern wie sonst.
Bin gespannt, was das für ein Abend wird.

Mama und Papa warten im Auto,
hab ihnen auch noch nichts genauer verraten.

Na los, Oma, komm schon.

Ein Jesus Freak

↔ Wie wirkt Jesus noch heute?
Seite 84–85

Moment mal!

Ist die „normale Kirche" immer nur etwas für ältere Leute?

Aufgaben

1 Wähle eine der Personen aus, die an der Umfrage des Paul-Gerhardt-Gymnasiums teilgenommen haben. Nimm aus ihrer Perspektive Stellung zur Frage der Überschrift.

IK 2 Recherchiere, was sich genau hinter den genannten Gottesdienstformen verbirgt: Kirche am Urlaubsort, Weltgebetstag, Taizé-Gottesdienst, Jugendgottesdienst, Fußball-Fan-Andacht, Erntedankfest.

→ eine Internetrecherche durchführen:
Seite 173

3 Normale Gottesdienste sind häufig nicht gut besucht, während es an Weihnachten und zu besonderen „Events" schwierig ist, noch Plätze zu bekommen. Warum also nicht mehr besondere Events statt normaler Gottesdienste feiern? – Kritische Stimmen meinen, dass das dem Grundgedanken von Kirche widerspricht. Überprüfe diese Kritik anhand von 1 Kor 14,26–27.

→ eine Bibelstelle finden:
Seite 171

4 Erkläre, warum der oben beschriebene Versuch, der gesamten Familie eine Freude mit der Jesus-Party zu machen, vermutlich scheitern wird.

5 Entwickelt gemeinsam Ideen für einen Gottesdienst oder eine Andacht (zum Beispiel vor den Weihnachtsferien) in eurer Schule.

Wie modern muss die Kirche sein?

Aufgabe

Gestalte eine Kirche, in der Mitglieder einer christlichen Gemeinde sich zugehörig fühlen können. Welche Bausteine muss sie enthalten? Zeichne dafür ein Kirchengebäude aus verschiedenen Bausteinen, die du beschriftest. Überlege, was das Fundament, was ein Baustein oder was den Turm bilden soll, den Menschen von weit her sehen können.

Wissen

 SP • Das Wort „Hokuspokus" beruht auf einem Missverständnis: Die Abendmahlsworte „Das ist mein Leib" heißen auf Lateinisch „Hoc est corpus meus". Begründe, weshalb Wörter wie „Hokuspokus" vor der Reformation leichter entstehen konnten als danach.

↗ Reformation: Seite 187

• „Ich möchte endlich mal wieder einen normalen Sonntagsgottesdienst erleben, in dem ich mich zu Hause fühle und alles mitmachen kann. Bei uns gibt es doch nur noch ‚Events'!" – so lautet eine Kritik aus dem Seniorenkreis. Entwirf ein Gottesdienstkonzept, das allen Mitgliedern der Gemeinde ermöglicht, sich dort zu Hause zu fühlen.

SP • Statt über den Reformationstag berichten Zeitungen und Fernsehen am 31. Oktober über Halloween. Verfasse einen Leserbrief für eine Tageszeitung, in dem deutlich wird, warum auch eine Erinnerung an die Reformation lohnt.

• Moderne Kirche? Unter dem Motto „Kirche muss anders sein und nicht laufend dabei" nehmen hochrangige kirchliche Vertreter seit Jahren am alljährlichen Marathonlauf in Hannover teil. Ein Blogger schrieb im Internet dazu: „Das ist protestantische Prostitution!" Verfasse einen Antwort-Blogeintrag.

Können

MK • Gestalte digital einen Flyer mit Bildbeschreibung und Deutungsansätzen zu dem Altarbild von Buß für die Kirchengemeinde auf Langeoog (Seite 153).

→ ein digitales Produkt gestalten: Seite 172

• Lege in einem ausführlichen Gästebuch-Eintrag deine Einschätzung zu der Frage dar, ob du die Modernisierung durch das Altarbild von Buß auf Langeoog (Seite 153) für gelungen hältst.

• Gestalte selbst einen Entwurf für ein Altarbild, mit dem die Kirche modern bleiben kann. Erläutere deinen Entwurf schriftlich.

Anwenden

• Informiere dich über einen „vollkommenen Ablass" der Katholischen Kirche aus heutiger Zeit (beispielsweise beim letzten „Heiligen Jahr" oder beim Zuhören und Zuschauen per Fernseher oder Internet, wenn der Papst den Segen „Urbi et Orbi" spricht). Erkläre den Unterschied zwischen Ablasshandel und Ablass.

MK • Erstelle Präsentationen zu weiteren Reformatoren und ihrer Rolle, die sie heute in den evangelischen Kirchen spielen (zum Beispiel Zwingli, Melanchthon, Bugenhagen, Bucer).

→ eine digitale Präsentation erstellen: Seite 42

Abkürzungsverzeichnis biblischer Bücher

Altes Testament

Gen	Genesis		Ps	Die Psalmen
	(1 Mose = Das 1. Buch Mose)		Spr	Das Buch der Sprichwörter
Ex	Exodus			(= Die Sprüche Salomos)
	(2 Mose = Das 2. Buch Mose)		Koh	Das Buch Kohelet
Lev	Levitikus			(Pred = Der Prediger Salomo)
	(3 Mose = Das 3. Buch Mose)		Hld	Das Hohelied
Num	Numeri			(= Das Hohelied Salomos)
	(4 Mose = Das 4. Buch Mose)		Weish	Das Buch der Weisheit
Dtn	Deuteronomium			(= Die Weisheit Salomos)
	(5 Mose = Das 5. Buch Mose)		Sir	Das Buch Jesus Sirach
Jos	Das Buch Josua		Jes	Das Buch Jesaja
Ri	Das Buch der Richter		Jer	Das Buch Jeremia
Rut	Das Buch Rut		Klgl	Die Klagelieder des Jeremia
1 Sam	Das 1. Buch Samuel		Bar	Das Buch Baruch
2 Sam	Das 2. Buch Samuel		Ez	Das Buch Ezechiël
1 Kön	Das 1. Buch der Könige			(Hes = Das Buch Hesekiel)
2 Kön	Das 2. Buch der Könige		Dan	Das Buch Daniel
1 Chr	Das 1. Buch der Chronik		Hos	Das Buch Hosea
2 Chr	Das 2. Buch der Chronik		Joel	Das Buch Joel
Esra	Das Buch der Esra		Am	Das Buch Amos
Neh	Das Buch Nehemias		Obd	Das Buch Obadja
Tob	Das Buch Tobit		Jona	Das Buch Jona
	(= Das Buch Tobias)		Mi	Das Buch Micha
Jdt	Das Buch Judit		Nah	Das Buch Nahum
Est	Das Buch Ester		Hab	Das Buch Habakuk
1 Makk	Das 1. Buch der Makkabäer		Zef	Das Buch Zefania
2 Makk	Das 2. Buch der Makkabäer		Hag	Das Buch Haggai
Ijob	Das Buch Ijob		Sach	Das Buch Sacharja
	(Hiob = Das Buch Hiob)		Mal	Das Buch Maleachi

Neues Testament

Mt	Matthäusevangelium		1 Tim	1. Timotheusbrief
Mk	Markusevangelium		2 Tim	2. Timotheusbrief
Lk	Lukasevangelium		Tit	Titusbrief
Joh	Johannesevangelium		Phlm	Philemonbrief
Apg	Apostelgeschichte		Hebr	Hebräerbrief
Röm	Römerbrief		Jak	Jakobusbrief
1 Kor	1. Korintherbrief		1 Petr	1. Petrusbrief
2 Kor	2. Korintherbrief		2 Petr	2. Petrusbrief
Gal	Galaterbrief		1 Joh	1. Johannesbrief
Eph	Epheserbrief		2 Joh	2. Johannesbrief
Phil	Philipperbrief		3 Joh	3. Johannesbrief
Kol	Kolosserbrief		Jud	Judasbrief
1 Thess	1. Thessalonicherbrief		Offb	Offenbarung des Johannes
2 Thess	2. Thessalonicherbrief			

Bekannte Methoden

Methode: eine Bibelstelle finden

Damit man verschiedene Ausgaben und Übersetzungen der Bibel nebeneinander benutzen kann, sucht man Bibelstellen nicht über Seitenzahlen, sondern nach dem Buch, dem Kapitel und dem Vers.

So kannst du vorgehen:

1 Die Namen der biblischen Bücher werden oft abgekürzt. Je nach Bibelausgabe heißen manche Bücher auch ein wenig unterschiedlich, zum Beispiel „die Sprüche Salomos" oder „Sprichwörter". Die Bedeutung der Abkürzungen findest du im Abkürzungsverzeichnis der Bibel.

2 Nun kennst du den Namen des Buches. Schlage das Inhaltsverzeichnis der Bibel mit den Büchern vom AT und NT auf. Wo steht das gesuchte Buch?

3 Schlage die Seite auf. Achtung: Viele Bibeln beginnen beim NT wieder mit Seite 1. Es gibt dann sowohl im AT als auch im NT eine Seite 100. Für Seiten im NT musst du weiter hinten suchen.

4 Suche das gewünschte Kapitel (die großen Zahlen), dann suche den Vers (die kleinen Zahlen).

5 Wenn mehrere Verse gemeint sind, werden sie mit einem Bindestrich verbunden (Spr 3,5–6). Ein Vers kann auch länger sein als ein Satz. Wenn nur Teile von Versen gemeint sind, dann steht hinter der Versangabe ein kleines „a" oder „b". Versstücke in einem Kapitel, die nicht direkt aufeinanderfolgen, trennt man mit einem Punkt (Ps 36,6.10).

Methode: eine biblische Geschichte erzählen

Religionen leben von ihren Erzählungen. Wer richtig gut erzählen kann, der erweckt Geschichten zum Leben und zieht die Zuhörer und Zuhörerinnen in seinen Bann.

So kannst du vorgehen:

1 Gib deiner Erzählung einen passenden Rahmen durch eine Einleitung und einen Schluss.

2 Schmücke die Erzählung an wichtigen Stellen aus.

3 Beschreibe die Gedanken und Gefühle der Personen so, dass man mitfühlen kann.

4 Verwende wörtliche Rede.

5 Benutze treffende und abwechslungsreiche Adjektive und Verben.

6 Verdeutliche die jeweilige Stimmung der Geschichte, indem du zum Beispiel deine Stimme änderst.

7 Fertige dir einen Spickzettel mit den wichtigsten Stichworten an.

Methode: eine Collage gestalten

Eine Collage ist ein Klebebild, das sich aus verschiedenen Materialien zusammensetzt. Dabei geht es nicht darum, irgendetwas zusammenzustellen, sondern mit der Collage auf eine bestimmte Frage eine Antwort zu geben oder ein bestimmtes Thema in seinen vielfältigen Aspekten zu gestalten.

So kannst du vorgehen:

1 Schaue dir die Fragestellung genau an und überlege, was genau du in deiner Collage darstellen möchtest.
2 Suche geeignete Bilder, Fotos, kurze Texte aus Zeitschriften, Zeitungen oder anderen Materialien, um die Collage zu gestalten. Du kannst auch eigene Zeichnungen und Texte anfertigen.
3 Nimm ein großes Blatt Papier oder Karton und ordne deine Materialien darauf an. Probiere verschiedene Möglichkeiten aus.
4 Wenn der Gesamteindruck passt, klebe die Materialien auf.

Methode: ein digitales Produkt gestalten

Mit digitalen Werkzeugen kannst du religiöse Inhalte allein oder mit anderen darstellen. Gemeinsam ist zu klären, wann, wie und welche Geräte und Apps benutzt werden. Für wen ist das Produkt gedacht? Ein digitales Produkt ist keine Spielerei. Die Form soll den Inhalt passend zur Geltung bringen.

So kannst du vorgehen:

1 Erarbeite zunächst, was genau dargestellt werden soll (Inhalt vor Methode!).
2 Wähle eine Form: (Erklär-)Video, Fotopräsentation, Audio-Datei … Finde Gründe, warum diese Form geeignet ist. Was ist das Ziel dieser digitalen Darstellung?
3 Speichere dein digitales Produkt. Notiere deine Quellen und den Tag der Erstellung.
4 Präsentiere dein Produkt und lass dir genaues Feedback geben. Entscheide, wer es sehen soll, und veröffentliche es entsprechend, z.B. auf der Schulplattform.

Methode: eine Internetrecherche durchführen

Jeder darf Seiten ins Internet stellen. Man findet daher zu fast jedem Thema etwas. Manche Informationen sind aber falsch, schwer verständlich oder nicht geeignet. Wer bestimmte Seiten wiederfinden möchte, braucht genaue Angaben – auch, weil die Seiten sich ab und zu verändern oder ganz aus dem Internet herausgenommen werden.

So kannst du vorgehen:

1 Wähle eine Suchmaschine, eine Kindersuchmaschine (Blinde Kuh, frag Finn, Helles Köpfchen) oder ein Kinderportal (Seitenstark, Internet-Abc → Religion). Überlege dir ein oder mehrere Suchwörter. Diese sollten keine „Allerweltswörter" sein, sondern typisch für deine Recherchefrage. Vergleiche erst die Treffer genau und wähle dann eine passende Seite.

2 Kopiere oder schreibe nur das heraus, was du verstehen kannst.

3 Notiere die genaue(n) Adresse(n) und das Datum, damit andere wissen, wann und wo du die Informationen gefunden hast.

Methode: ein Interview führen

Interviews mit verschiedenen Menschen müssen gut vorbereitet sein. Folgende Fragen müssen vorab geklärt werden:

• Zu welchem Thema und welchen Aspekten soll die Befragung durchgeführt werden?

• Wer soll wo und wann interviewt werden?

• Verläuft das Interview nach einem festen Fragenkatalog? Oder sollen die Interviewten mit Frageimpulsen zu spontanen und freien Äußerungen gebracht werden? (Beides lässt sich auch miteinander kombinieren, indem ihr einige feste Fragen aufschreibt und am Ende noch einen offenen Impuls liefert.)

• Wie werden die Interviews protokolliert?

• Wird das Interview in Stichworten notiert oder aufgenommen (nur Ton oder auch mit Bild)?

• Wie werden die Ergebnisse in der Klasse präsentiert?

• Werden die Aufnahmen digital gespeichert und veröffentlicht? (Zustimmung des/der Interviewten schriftlich geben lassen!)

Es ist sinnvoll, das Interviewen in der Klasse auszuprobieren, bevor ihr euch anderen Menschen außerhalb der Klasse zuwendet.

So könnt ihr vorgehen:

1 Klärt die oben genannten Fragen.

2 Bereitet das Interview vor, indem ihr eure Fragen sehr genau formuliert.

3 Sucht euch Menschen, die ihr befragen könnt. Ihr könnt auch Experten in die Schule einladen.

4 Führt die Interviews durch.

5 Präsentiert das Interview. Speichert und teilt es nach Möglichkeit digital.

Methode: einen Inhalt veranschaulichen

Manche Menschen lernen gut, indem sie auswendig lernen. Andere lernen leichter, wenn sie sich Inhalte anschaulich machen. Dabei wird das, was Texte „sagen", in Grafiken oder auch einer Bildfolge sichtbar gemacht. Veranschaulichen kannst du Dinge durch Zeichen oder kleine Bildchen (zum Beispiel „geboren" durch ein Sternchen *). Du kannst auch Beziehungen zwischen Dingen oder Personen deutlich machen. Hier hast du viele Möglichkeiten: einfache Pfeile, Doppelpfeile, gestrichelte Linien, verschiedene Farben, Symbole. Natürlich kannst du auch Begriffe oder Namen aus dem Text in deiner Zeichnung verwenden.

So kannst du vorgehen:
1 Lies den Text, den du veranschaulichen willst, sorgfältig durch.
2 Markiere beim zweiten Lesen die wichtigsten Personen, Begriffe und Kernaussagen.
3 Ordne diese Begriffe so an, dass sichtbar wird, in welcher Beziehung sie zueinander stehen.
4 Ersetze sie, wenn nötig, durch Bilder und Symbole und statte sie mit verbindenden Elementen aus.

Methode: eine Karikatur interpretieren

Karikaturen sind Zeichnungen, die eine doppelte Botschaft enthalten. An der Oberfläche stellen sie nur eine Situation dar. Darunter verbirgt sich jedoch eine zweite Botschaft: Der Karikaturist weist auf ein Problem hin und will Menschen zum Handeln bewegen. Oder er will etwas lächerlich machen oder jemanden angreifen. Karikaturen haben immer einen Hintergrund, den man kennen sollte, um die Karikatur zu verstehen.

So kannst du vorgehen:
1 Beschreibe die Karikatur genau.
2 Suche Informationen zum zeitgeschichtlichen oder politischen Hintergrund der Karikatur. Manchmal haben Karikaturen auch einen Titel, der hilft, ihre Aussagen zu verstehen.
3 Beantworte eine der folgenden drei Fragen: Was oder wen findet der Karikaturist lächerlich? Worüber regt er sich auf? Auf welches Problem will er aufmerksam machen?
4 Fasse die Meinung des Karikaturisten in einem Satz zusammen.
5 Formuliere, wie du selbst über das Thema der Karikatur denkst.

Methode: einen Kirchenraum erkunden

Einen Kirchenraum kann man auf verschiedene Weisen erkunden. Wichtig ist es, deine Eindrücke zu den Beobachtungsaufträgen und deine Antworten auf die Untersuchungsfragen schriftlich festzuhalten. Wenn möglich, fertige Skizzen vom Grundriss der Kirche und von besonderen Gegenständen an.

So kannst du vorgehen:

1 Sich vorbereiten: Legt zunächst gemeinsam Beobachtungsaufträge und Untersuchungsfragen fest. Recherchiere Informationen über die Geschichte des Gebäudes, den Namen und seine Bedeutung. Finde Personen der Gemeinde, die bei Fragen helfen können.

2 Eintreten: Gehe einmal außen um die Kirche herum. Was entdeckst du? Die Kirchentür ist eine Schleuse zwischen der Alltagswelt und einem Raum für den Kontakt mit Gott. Wodurch wird dies außen angezeigt?

3 Einen Weg durch den Raum suchen: Nimm dir Zeit, still durch den Raum zu gehen. Finde deinen Lieblingsplatz und setze dich. Achte darauf, was du dort hörst, riechst, empfindest und wohin der Raum deine Blicke lenkt.

4 Verstehen, was man wahrnimmt: Räume können etwas „sagen" durch die Art, wie sie gestaltet sind. Erkunde, wie der Raum aufgebaut ist und welche Gegenstände sich an welchem Ort befinden. Untersuche, was dies über ihre Bedeutung verrät. Notiere Fragen, wenn dir ein Gegenstand oder seine Funktion unklar erscheinen.

5 Ausprobieren: Es ist möglich, zu erproben, wie es klingt und wirkt, in der Kirche gemeinsam einen Psalm im Wechsel zu sprechen oder ein Lied zu singen.

↗ Psalm: Seite 186–187

6 Nachspüren, was man mitnimmt: Halte in einer Zeichnung einen Gegenstand oder ein Bild aus der Kirche fest und notiere deine Gedanken und Empfindungen dazu.

Methode: eine Mindmap erstellen

Eine Mindmap ist eine „Gedankenkarte", die sichtbar macht, wie du ein Thema im Kopf strukturierst. Du gehst dazu von einem zentralen Begriff eines bestimmten Themas aus und verfeinerst diesen nach und nach durch weitere Einfälle (Assoziationen). Mithilfe der Mindmap kannst du Neues erschließen, aber auch Bekanntes strukturieren und üben.

So kannst du vorgehen:

1 Nimm ein großes, weißes Blatt im Querformat. Schreibe das Thema oder den Begriff, um den es geht, groß in die Mitte und kreise ihn ein.

2 Ordne rundherum Schlüsselbegriffe an und verbinde sie durch Äste mit dem Begriff in der Mitte. Die neuen Begriffe sind wie Überschriften verschiedener Kapitel.

3 Gehe von den neuen Begriffen aus und füge weitere Zweige mit Begriffen hinzu.

4 Setze die Wege weiter fort.

5 Gestalte deine Mindmap mit verschiedenen Farben.

Methode: das Placemat-Verfahren durchführen

Placemat heißt „Platzdeckchen". Mit einem unbeschrifteten Mittelfeld und vier freien Außenfeldern bildet es die Grundlage für das Placemat-Verfahren. Manchmal will sich eine Gruppe auf ein gemeinsames Ergebnis einigen, das von den verschiedenen Vorstellungen der Einzelnen abhängt. Das können Regeln, Werte, Lieblingsthemen oder Schritte einer gemeinsamen Aktion sein. Dann bietet sich die Placemat-Methode an.

So könnt ihr vorgehen:
1 Teilt euch in Vierergruppen auf. Zeichnet in eurer Gruppe die fünf Placemat-Felder auf ein großes Blatt Papier (mindestens DIN A2).
2 Arbeitet zunächst einzeln in je einem der Außenfelder. Notiert dort in einer vereinbarten Zeit, was euch persönlich zum Thema wichtig ist.
3 Stellt euch die Gedanken der einzelnen Gruppenmitglieder gegenseitig vor. Ihr könnt das Papier dazu nach und nach drehen, um die Notizen der anderen zu lesen.
4 Einigt euch in der Gruppe auf das, was euch allen wichtig erscheint. Schreibt das gemeinsame Ergebnis in die Mitte.
5 Vergleicht die Gruppenergebnisse in der Klasse.

Methode: ein Standbild inszenieren

Standbilder sind menschliche Statuen, bei denen eine Aussage in einem „eingefrorenen Bild" zum Ausdruck gebracht wird.

So könnt ihr vorgehen:
1 Verständigt euch in Kleingruppen darüber, was ihr konkret darstellen wollt.
2 Erarbeitet ein Standbild: Was denkt, was fühlt, wie verhält sich die einzelne Person und wie stehen die Personen zueinander? Welche Körperhaltung, welche Mimik entspricht dem, was ihr darstellen wollt? Probt eure Inszenierung.
3 Stellt euer Standbild der Klasse vor. Haltet dabei mindestens zwei Minuten still.
4 Lasst die anderen beschreiben, was sie sehen und wie sie das Gesehene deuten. Sie können auch zum Standbild hinzutreten und den Akteuren ihre Stimme leihen, indem sie ihnen einen Satz in den Mund legen.
5 Vergleicht das, was die anderen in eurem Standbild gesehen haben, mit dem, was ihr darstellen wolltet, und erklärt eure Entscheidungen.

Methode: ein Plakat erstellen

Ein Plakat soll „ins Auge springen", damit Menschen die Informationen darauf lesen. Der Platz auf einem Plakat ist begrenzt, deshalb musst du die Informationen gut auswählen und ein Konzept erstellen, bevor du anfängst, das Plakat zu beschriften.

So kannst du vorgehen:

1 Wähle ein Papierformat von mindestens der Größe DIN A1 in einer hellen Farbe.
2 Platziere die Hauptbotschaft an zentraler Stelle (zum Beispiel in der Mitte).
3 Beschränke dich auf die wichtigsten Inhalte („Weniger ist mehr"!).
4 Schreibe Stichworte statt ganzer Sätze. Die Stichworte müssen allerdings auch ohne weitere Erklärung verständlich sein.
5 Schreibe die Texte mit dicken Filzstiften. Die Buchstaben müssen auch von Weitem lesbar sein (Schrift mindestens 3 cm hoch).
6 Füge Bilder oder Fotos ein, sie lockern das Gesamtbild auf.
7 Lass leere Flächen auf dem Plakat. Wenn es mit Texten und Bildern überfüllt ist, mag es niemand mehr lesen.
8 Setze Kästen um wichtige Informationen und arbeite mit verschiedenen Farben. Das erleichtert die Orientierung.

Methode: ein Soziogramm erstellen

Ein Soziogramm ist ein Schaubild, das die Beziehungen verschiedener Personen zueinander darstellt. Es macht auch deutlich, welche Gefühle die jeweiligen Personen haben.

So kannst du vorgehen:

1 Schreibe die Namen aller Personen in ausreichendem Abstand auf ein Blatt Papier.
2 Verbinde die Namen mit Pfeilen. Nutze passende Strichstärken und verschiedene Farben.
3 Beschrifte die Pfeile mit Stichworten, wie sich eine Person der anderen gegenüber verhält oder was sie über sie denkt.
4 Notiere weitere Informationen zu einer Person in Stichworten unter- oder oberhalb des Namens, wenn sie dir wichtig erscheinen.

Methode: eine Rollenbiografie verfassen

Eine Rollenbiografie hat ihren Platz eigentlich im Theater. Sie hilft, sich in eine bestimmte Person einzufühlen. Dabei darfst du alle Einzelheiten erfinden, die gut zu der Person passen.

So kannst du vorgehen:

1 Sammle die Angaben und Informationen zur jeweiligen Person.
2 Verfasse zunächst einen Rollentext, indem du folgende Fragen beantwortest:
   - Wie heißt die Person?
   - Wie sieht sie aus?
   - Wie sind ihre Lebensbedingungen?
   - Wo kommt sie her?
   - Was ist für sie wichtig und was beschäftigt sie?
   - Wie steht sie zu anderen?
   - Welchem Beruf geht sie nach?
   - Wie sieht sie sich selbst: Fühlt sie sich schwach/sicher/mächtig …?
   - Mit wem lebt die Person zusammen?
   - Welche Ziele verfolgt sie?
   - …
3 Schreibe in Ich-Form und so, wie es die Person selbst tun würde. Du kannst deine Rollenbiografie nutzen, um eine Szene zu spielen.

Methode: eine Wandzeitung gestalten

Eine Wandzeitung ist ein großes Plakat, auf dem Ergebnisse wie in einer Zeitung präsentiert werden: mit Schlagzeilen, Berichten, Fotos, Leserbriefen, Kommentaren oder selbst ausgeschnittenen Artikeln und Bildern. Wie bei einer „richtigen" Zeitung ist eine Wandzeitung ein Gemeinschaftsprodukt.

So könnt ihr vorgehen:

1 Besorgt euch großes Papier, zum Beispiel Restrollen einer Zeitungsdruckerei oder alte Tapetenbahnen.
2 Entscheidet, welche Form oder Textart zu welchem Inhalt passt. Ihr könnt euch auch in verschiedene Redaktionsgruppen aufteilen (Berichte, Leserbriefe, Bilder …).
3 Sammelt bis zur Beendigung des Themas so viele Beiträge wie möglich.
4 Achtet darauf, dass die Schrift groß genug und leserlich ist.

Fachbegriffe

Ablass(brief)

Der Ablassbrief bescheinigte dem Käufer einen Nachlass von auferlegten Strafen (Ablass), die ein Sünder nach seiner Umkehr noch zu verbüßen hatte. Die Katholische Kirche hat feste Regeln für die Gewährung solcher Ablässe. Heute werden dafür keine Briefe mehr verkauft.

Abrahamitische Religionen

Der Begriff betont die enge Verwandtschaft von Judentum, Christentum und Islam. Diesen drei Religionen ist nämlich gemeinsam, dass sie sich auf Abraham berufen können: Juden verstehen sich als Kinder Abrahams, Isaaks und Jakobs. Nach der Geschichte in Gen 32,23–33 bekommt Jakob den Namen „Israel"; das zeigt die enge Verbindung zwischen dem Volk Israel als religiöser Gemeinschaft und den Nachkommen Abrahams. Christinnen und Christen glauben: Das, was Gott Abraham versprochen hat, gilt auch für alle Menschen, die an Jesus Christus glauben. Das Vertrauen Abrahams in die ↗ Verheißungen Gottes, ihn zu einem großen Volk zu machen, gilt Christinnen und Christen als vorbildhaft. Muslime sehen in Abraham (arabisch: „Ibrahim") ihren Stammvater, weil sie sich als Nachkommen Ismaëls, des ersten Sohnes Abrahams, bezeichnen.

Aktion Sühnezeichen

Die Anerkennung der ↗ Schuld für die nationalsozialistischen Verbrechen stand am Anfang des Gründungsaufrufs von „Aktion Sühnezeichen". Er wurde 1958 bei der Synode der Evangelischen Kirche in Deutschland verlesen und von zwei Dritteln ihrer Mitglieder unterzeichnet. Im Rahmen von „Aktion Sühnezeichen Friedensdienste" (ASF), wie der Verein heute heißt, können junge Menschen einen einjährigen Friedensdienst im Ausland absolvieren; Menschen jeden Alters können an mehrwöchigen „Sommerlagern" teilnehmen. Immer geht es um aktives Handeln und Versöhnungsarbeit in Bezug auf ↗ Antisemitismus, Rassismus und Ausgrenzung von Minderheiten, zum Beispiel behinderten Menschen.

Antisemitismus

Der Antisemitismus ist eine negative Voreinstellung gegenüber Juden, die auf Vorurteilen beruht und sich in Hass äußern kann. Oft kommt es zu Worten und Taten gegen einzelne jüdische Menschen, gegen deren Eigentum sowie gegen jüdische Gemeindeeinrichtungen wie zum Beispiel ↗ Synagogen.

Apokryphen

Die Apokryphen sind diejenigen Bücher des Altes Testament, die nicht in der Hebräischen Bibel stehen, sondern nur in der griechischen Übersetzung der Hebräischen Bibel. Martin Luther hat sie deshalb nicht mit in das AT aufgenommen, obwohl er sie „gut und nützlich zu lesen" fand. Heutige katholische Bibelausgaben enthalten sie, evangelische in der Regel nicht.

Apostel

Ein Apostel ist im wörtlichen Sinn ein Gesandter. In der christlichen Tradition sind mit Aposteln diejenigen gemeint, die die Botschaft von Jesu Tod und Auferstehung weiterverbreitet haben. Dazu zählt auch Paulus, der Jesus nicht während dessen irdischen Lebens begegnet ist. Auch Frauen zählen zu den Aposteln, namentlich wird in Röm 16,7 Junia zu den Aposteln gezählt.

Bar Mizwa/Bat Mizwa

Bei diesem jüdischen Fest wird die religiöse Mündigkeit gefeiert. Fortan sind Jungen und Mädchen „Sohn der Gebote" bzw. „Tochter der Gebote". Für beide besteht die Verpflichtung, alle religiösen ↗ Gebote zu befolgen. Jungen werden am ersten ↗ Schabbat nach ihrem 13. Geburtstag in der ↗ Synagoge beim Morgengottesdienst (↗ Gottesdienst) feierlich zur Tora-Lesung (↗ Tora) aufgerufen und auch mit dem Vortragen der Zusatzlesung aus den Prophetenschriften (↗ Prophet) geehrt bzw. betraut. Mädchen werden schon mit 12 Jahren religionsmündig. Für Mädchen gab es im Vergleich zu den Jungen keine ähnliche

Bat-Mizwa-Zeremonie. Mittlerweile hat man nicht nur im liberalen, sondern auch im traditionellen Judentum eine Bat-Mizwa-Feier eingeführt, welche ein Mal jährlich für alle über 12-jährigen Mädchen stattfindet.

BasisBibel

Die BasisBibel ist eine Bibelübersetzung, die sich auf das Internetzeitalter eingestellt hat. Kein Satz soll länger als 16 Wörter sein. Die Sätze sind so aufgebaut, dass alle Informationen nacheinander kommen und leichter verstanden werden können. Alle Sätze sind im Druck so gesetzt, dass jede Zeile einen einzigen Sinninhalt wiedergibt. Wer die BasisBibel online, als E-Book oder App liest, kann durch einfaches Klicken Erläuterungen aufrufen.

Bergpredigt

Diese berühmte Rede Jesu hat der Evangelist Matthäus aus Worten Jesu zusammengestellt. Sie umfasst drei Bibelkapitel (Mt 5–7). Sie beginnt mit den sogenannten Seligpreisungen und enthält viele bekannte christliche Lebensregeln: die ↗ Nächstenliebe und Feindesliebe, die ↗ Goldene Regel und vieles mehr. Als Jude knüpft Jesus an die ↗ Tora an. Genau in der Mitte der Bergpredigt steht das ↗ Vaterunser. Der Name „Bergpredigt" kommt daher, dass nach der Überlieferung des Matthäus-Evangeliums die Predigt auf einem Berg stattfindet (Mt 5,1f).

Bibelstellen

So werden Bibelstellen angegeben: Zuerst kommt die Abkürzung für das biblische Buch. Jedes Buch ist in mehrere Kapitel unterteilt. Die Zahl vor dem Komma gibt das Kapitel an. Im Bibeltext ist sie groß zu sehen. Die Zahl nach dem Komma gibt den Vers an. Das sind die kleinen Zahlen im Bibeltext.

Bildnisse von Gott

Gott kann und soll man nicht darstellen. An dieses Verbot haben sich Juden zu allen Zeiten gehalten. Auch im Tempel in Jerusalem gab es keine bildlichen Darstellungen von Gott. Muslime sehen es genauso. Auch Christen fertigten mehrere hundert Jahre keine Bildnisse von Gott an. Im frühen Mittelalter fand man viele Argumente, weshalb Gottes-Darstellungen dennoch erlaubt wären, zum Beispiel: Bilder helfen Menschen, die nicht lesen können, sich etwas vorzustellen. Oder: Jesus war Mensch und Gott – und den Menschen kann man schließlich darstellen. Oder: Jeder weiß doch, dass ein gemaltes Bild nur ein Bild ist und sonst nichts. Juden, Muslimen und evangelisch-reformierten Christen (↗ reformiert) leuchten diese Argumente nicht ein.

Chanukka-Leuchter

Der Chanukka-Leuchter hat neun Arme und gehört zum achttägigen jüdischen Fest Chanukka, das im Dezember und oft zeitgleich mit Weihnachten gefeiert wird. Man entzündet an jedem der acht Tage eine weitere Kerze. Die Geschichte, die hinter dem Fest Chanukka steht, steht in 1 Makk 4,51b–59.

Davidstern

Der Davidstern wurde seit frühester Zeit in verschiedenen Kulturen als Ornament oder magisches Zeichen benutzt. Als ↗ Symbol für das Judentum taucht es erstmals 1354 im Wappen der Prager jüdischen Gemeinde auf. Im 19. und 20. Jahrhundert wird der Davidstern Symbol für das ganze Judentum.

Diakonie

Diakonie bedeutet übersetzt „Dienst". Zur christlichen ↗ Nächstenliebe gehört es, anderen Menschen zu helfen und ihnen beizustehen. Daher ist Diakonie eine wichtige Aufgabe der Kirche.

Doppelgebot der Liebe

Das Doppelgebot der Liebe meint die Liebe zu Gott (Dtn 6,4–5) und die Liebe zum Nächsten (Lev 19,18). Die beiden ↗ Gebote wurden schon im Judentum als die beiden grundlegenden Gebote zusammengefasst und finden sich bereits bei dem jüdischen Gelehrten Philo (25 v.Chr.–40 n.Chr.). Auch von Jesus ist in Mt 12,28–34 überliefert, dass er Gottes- und ↗ Nächstenliebe gemeinsam für „das höchste Gebot" hielt.

Ehrenamt/ehrenamtlich

Menschen, die sich ehrenamtlich engagieren, arbeiten freiwillig und ohne Bezahlung in einer Kirche, einem Sportverein oder einer anderen Organisation mit. Ehrenamtliche Mitarbeiter/-innen sind wichtig! In der Kirche zum Beispiel würde es ohne diese ehrenvolle Mitarbeit von Jugendlichen und Erwachsenen nicht viele Aktivitäten geben können.

evangelisch

Mit der ↗ Reformation entstanden weitere ↗ Konfessionen. Diese Konfessionen unterscheiden sich in einigen Auffassungen und Gebräuchen. „Evangelisch" bedeutet: allein auf das ↗ Evangelium bezogen. In der katholischen Kirche hat auch der Papst einen großen Einfluss, ebenso die Tradition. Das fanden Martin Luther und andere Reformatoren nicht richtig. Menschen evangelischer Konfession heißen Evangelische oder Protestantin/Protestant. Zu dem, was Evangelische glauben, kann man „Protestantismus" sagen.

Evangelium

Evangelium bedeutet wörtlich „gute" oder „frohe Botschaft". Im engeren Sinn bezeichnet Evangelium eine der vier Lebensgeschichten Jesu (Mt, Mk, Lk, Joh). Man gebraucht das Wort „Evangelium" aber auch für die gute Botschaft insgesamt, also für das ganze Neue Testament, manchmal auch für die ganze christliche Bibel.

Exegese

Seite 95

Fisch als ↗ Symbol

Der Fisch war bei den ersten Christen ein Geheimzeichen, dessen Bedeutung nur Eingeweihte kannten: Die einzelnen Buchstaben des griechischen Wortes für „FISCH" (ΙΧΘΥΣ) stehen für: Jesus Christus Gottes Sohn Retter.

Gebet

Ein Gebet ist eine Zwiesprache mit Gott. Dabei gibt es feste Formen, aber man kann auch ganz formlos mit Gott sprechen. Gebete enden meistens mit dem Wort „Amen".

Wer betet, vertraut darauf, dass Gott ihn hört. Es gibt viele verschiedene Arten: Man kann sprechend, singend oder in der Stille beten. Man kann Gott danken oder klagen, man kann ihn loben oder für sich selbst und andere bitten. Man kann mit eigenen Worten beten oder gemeinsame Texte (zum Beispiel ↗ Psalmen) sprechen. Häufig steht man und faltet die Hände, um sich auf Gott zu konzentrieren. Katholische Christinnen und Christen knien, um ihren Respekt vor Gott auszudrücken. In einigen Familien sind Tisch- oder Nachtgebete üblich. Das wichtigste christliche Gebet ist das ↗ Vaterunser, das Jesus seinen Jüngern beigebracht hat und das normalerweise in jedem ↗ Gottesdienst gebetet wird. In manchen Religionen gibt es feste Gebetszeiten und Gebräuche wie Waschung und Kopfbedeckung.

Gebot

Ein Gebot (oder Verbot) ist eine religiöse Vorschrift. In manchen Religionen spielen zum Beispiel Speisegebote (↗ jüdische Speisevorschriften) eine Rolle. Anders als bei Geboten und Verboten im Straßenverkehr kommt es in der Religion auch auf die innere Einstellung an: Gott und seinen Mitmenschen lieben (↗ Doppelgebot der Liebe) kann man beispielsweise nicht einfach so befolgen wie ein Vorfahrt-achten-Gebot.

Genesis

Genesis bedeutet „Entstehung". Es ist der Name für das 1. Buch Mose, welches mit Erzählungen beginnt, die Gott als ↗ Schöpfer von Himmel und Erde sowie des Menschen preisen.

Gerechtigkeit (menschlich)

Seite 80

Gerechtigkeit (Gottes)

Unter Gottes Gerechtigkeit hat man lange Zeit verstanden, dass Gott jeden Menschen so behandelt, wie er oder sie es auch verdient hat. Da niemand ohne ↗ Sünde ist, hatten die Menschen natürlich große Angst vor höllischen Strafen. Gottes Gerechtigkeit ist jedoch, wie viele Erzählungen der Bibel zeigen, anders als die eines erbarmungslosen Richters: Wie anders Gottes Gerechtigkeit ist, kann man zum Beispiel im Gleichnis von den Arbeitern im Weinberg erfahren (Mt 20,1–15).

Gesetze im AT
Seite 93

Glaubensbekenntnis
Glaubensbekenntnisse sind knappe Zusammenfassungen zentraler Punkte der christlichen Religion, die von einer großen Mehrheit innerhalb des Christentums anerkannt werden. In den meisten ↗ Gottesdiensten in Deutschland wird das Apostolische Glaubensbekenntnis gesprochen. Früher glaubte man, der Text sei von den ↗ Aposteln verfasst worden. Tatsächlich ist es nicht vor dem 4. Jahrhundert entstanden; seine heutige Form hat es wohl erst im 7. Jahrhundert erhalten. Es steht im Evangelischen Gesangbuch.

Gleichnis
Seite 45

Gnade
Christinnen und Christen glauben, dass kein Mensch fehlerfrei und ohne ↗ Sünde ist. Dass Gott den Menschen auch dann annimmt, wenn dieser es nicht schafft, nach seinen ↗ Geboten zu leben, ist wie ein unerwartetes Geschenk und wird als Gnade bezeichnet.

Goldene Regel
Die Goldene Regel ist ein sehr alter und in allen Religionen bekannter Grundsatz: Jeden soll man so behandeln, wie man selbst auch behandelt werden möchte. Jesus spricht die Goldene Regel in der ↗ Bergpredigt aus (Mt 7,12).

Gottesdienst
Gottesdienste sind gemeinschaftliche Feiern, bei denen die Gläubigen gemeinsam zu Gott beten, manchmal das ↗ Glaubensbekenntnis sprechen, Lieder singen, die ihrem Glauben Ausdruck verleihen, Gottes Wort (Texte und Erzählungen der Bibel) hören und einer Predigt lauschen, in der ein Bibeltext ausgelegt, das heißt mit dem heutigen Leben und der heutigen Zeit in Verbindung gebracht wird. Oft wird im Gottesdienst auch das Abendmahl (↗ Sakramente) gefeiert. Gottesdienste finden sonntags in Kirchen statt. Sie können auch an anderen Orten und zu besonderen Anlässen stattfinden.

Götze
Götze ist ein abwertender Begriff für einen „falschen" Gott. Am Anfang der ↗ Zehn Gebote wird vor Götzendienst gewarnt. Bilder und Statuen von Gott oder Gottheiten werden besonders scharf abgelehnt (↗ Bildnisse von Gott). Das bekannteste biblische Götzenbild ist das Goldene Kalb (Ex 32,1–4). Auch Muhammad hat sich mit aller Schärfe gegen die in seinem Umfeld verehrten „Götzen" gewendet.

heilig
In vielen Kulturen gelten Menschen als Heilige, die sich durch besondere Frömmigkeit auszeichnen. Aber auch Gegenstände, Orte und Zeiten können als heilig bezeichnet werden. Die Menschen begegnen dem Heiligen mit Ehrfurcht, weil sie in ihm eine besondere Kraft spüren. In dieser Unterscheidung von alltäglich und heilig waren sich die germanische, die römische und die griechische Kultur einig. Deshalb eignete sich „heilig" (vom altnordischen *helge ser* = zu eigen sein) in den Augen der christlichen Missionare als gute Übersetzung des lateinischen *sanctus* und des griechischen *hagios*. Die jüdische Religion kennt allerdings nur einen, der wirklich heilig ist: Gott. Aber auch hier heißt es im Alten und Neuen Testament über die Gläubigen: „Ihr sollt heilig sein; denn ich bin heilig, der ↗ Herr, euer Gott." (Lev 19,29) In 1. Petr 1,16 wird diese Stelle zitiert.

Herr
Herr (in Kapitälchen – nicht in Großbuchstaben wie bei HERR!) zeigt in vielen deutschen Bibelübersetzungen an, dass dort im Hebräischen der Gottesname JHWH steht. Das ist der Name, mit dem Gott sich Mose

aus dem brennenden Dornbusch vorstellt (Ex 3,14). Weil es im Hebräischen keine Vokale gab, weiß man nicht, wie der Name ausgesprochen würde, wenn man ihn tatsächlich aussprechen würde. Um eine sorglose oder gar missbräuchliche Verwendung zu vermeiden (eins der ↗ Zehn Gebote), wird Gottes Name im Judentum nicht ausgesprochen, sondern man sagt zum Beispiel *adonaj* = Herr, wenn im Text JHWH steht. Dies hat sich auch in der christlichen ↗ Theologie so eingebürgert. Man nennt die Buchstabenfolge JHWH auch Tetragramm (griechisch *tetra* = vier, *gramma* = Schriftzeichen).

Hindu

Ein Hindu ist ein Anhänger des Hinduismus. Der Hinduismus ist die drittgrößte Religionsgemeinschaft weltweit: 15 Prozent der Weltbevölkerung sind Hindus; ein Großteil lebt in Indien. Es gibt keinen Begründer dieser Religion; vielmehr entwickelten sich die religiösen Vorstellungen des Hinduismus über einen Zeitraum von ca. 3500 Jahren. In den drei spirituellen Hauptströmungen des Hinduismus werden die männlichen Gottheiten Vishnu und Shiva und die weibliche Gottheit Shakti verehrt.

Hohelied

Seite 100

Hugenotten

Hugenotten hat man in Frankreich die Anhänger Calvins (evangelisch-reformierte ↗ Protestanten) genannt. Die Hugenotten wurden im 16. Jahrhundert in ihrer Glaubensausübung durch den katholischen König und die katholische Geistlichkeit Frankreichs stark unterdrückt und blutig verfolgt. Ab 1685 löste ein Edikt von Ludwig XIV. eine Fluchtwelle von etwa einer Viertelmillion Hugenotten in die protestantischen Gebiete Europas und in die USA aus. Viele deutsche ↗ reformierte Gemeinden haben ihren Ursprung in der Zuwanderung von geflüchteten Hugenotten.

Jesus Freaks

Seite 156

Judentum als Weltreligion

Mit dem Ausdruck Weltreligionen werden häufig die fünf großen Religionen bezeichnet: das Christentum, der Islam, der Hinduismus, der Buddhismus und das Judentum. Das Judentum ist eine der ältesten und gleichzeitig die kleinste dieser Religionen. Ungefähr 14 Millionen Menschen gehören heutzutage diesem Glauben an. Die Hälfte aller Juden lebt in Amerika, etwa fünf Millionen leben in Israel und in Deutschland ca. 100 000. Jeder, der eine jüdische Mutter hat oder zum Judentum übergetreten ist, gilt als Jude und bleibt es nach jüdischem Verständnis auch sein ganzes Leben, solange er nicht zu einer anderen Religion übertritt. Es gibt sehr unterschiedliche Strömungen im Judentum: Sogenannte ↗ orthodoxe Juden halten stärker an der Tradition fest und legen die ↗ Tora eher streng aus. Die liberalen Strömungen gehen freier mit überlieferten Texten und Regeln um. Das Judentum gehört zusammen mit dem Islam und dem Christentum zu den ↗ monotheistischen Religionen. Die wichtigste Schrift der Juden ist die Tora. Das ↗ Symbol für die jüdische Religion und das Volk Israel ist der sechseckige ↗ Davidstern.

jüdische Speisevorschriften

In der jüdischen Religion wird zwischen reinen (koscheren) und unreinen Speisen unterschieden. Als unrein gilt Essen aus verschiedenen Gründen: Erstens gibt es zum Verzehr nicht erlaubte Tiere, zum Beispiel Schweine oder Aal, der als Fisch ohne Schuppen gilt. Zweitens darf kein Blut verzehrt werden. Juden essen daher „geschächtetes" Fleisch, also Fleisch von Tieren, die beim Schlachten ausbluten konnten. Und drittens dürfen fleischhaltige und milchhaltige Speisen oder Getränke nicht zusammen, sondern nur mit zeitlichem Abstand eingenommen werden. Es gibt in fast allen Ländern Geschäfte, die koschere Produkte verkaufen. Manche Juden richten sich strikt, andere überhaupt nicht nach diesen Vorschriften.

Katechismus

Der Katechismus bezeichnet ein Handbuch für die Unterweisung im christlichen Glauben. Bei seinen Reisen stellte Martin Luther fest, wie wenig die Menschen vom Glauben wussten. Deshalb hat er 1529 den Großen und den Kleinen Katechismus veröffentlicht. Der Kleine Katechismus erklärt in fünf Abschnitten

* an den ↗ Zehn Geboten, was Christen tun sollen,
* am ↗ Glaubensbekenntnis, was Christen glauben,
* am ↗ Vaterunser, wie Christen beten können,
* an der Taufe (↗ Sakramente), worauf sich Christsein gründet,
* am Abendmahl (↗ Sakramente), wie Christen gestärkt werden.

katholisch

↗ evangelisch

Kiddusch

Der Kiddusch ist der Segensspruch, der am ↗ Schabbat und an anderen jüdischen Feiertagen vor dem Essen gesprochen wird. Damit wird die Heiligung des Schabbat zum Ausdruck gebracht. Man hält dabei ein Glas Wein in der Hand.

Konfession

Das Wort „Konfession" kommt aus dem Lateinischen und bedeutet Bekenntnis. Konfessionen sind so etwas wie Untergruppen, die alle zu derselben Religion (Christentum) gehören. ↗ Evangelische und katholische Christinnen und Christen bekennen sich zu demselben Gott und sprechen dasselbe ↗ Glaubensbekenntnis. Aber sie unterscheiden sich auch: Für die Katholische Kirche ist nicht nur die Bibel wichtig, sondern auch die Tradition. Den evangelischen Kirchen ist wichtig, dass man bei allen Entscheidungen auf das ↗ Evangelium bezogen bleibt. Auch in der Praxis üben Katholiken und Evangelische ihren Glauben etwas unterschiedlich aus.

Koran

Der Koran (arabisch *al-Qur'ān* = Lesung, Rezitation, Vortrag) enthält nach dem Glauben der Muslime wortwörtlich die Offenbarung, die der ↗ Prophet Muhammad in einem Zeitraum von etwa 20 Jahren von Gott bekommen hat. Er wird „ehrwürdig und gesegnet" genannt, nicht aber „heilig". Der Koran besteht aus 114 Suren mit einer unterschiedlichen Anzahl an Versen.

liturgische Farben

Evangelisch-lutherische Kirchen zeigen durch die liturgischen Farben auf den ↗ Paramenten an, welcher Art die Zeit im Kirchenjahr ist, in der gerade ↗ Gottesdienst gefeiert wird: Violett steht für Buße und Trauer; Weiß steht für Licht und damit für Christus; Rot steht für Feuer und Blut; Grün steht für die aufgehende Saat. Schwarz ist eigentlich keine Farbe, sondern das Fehlen aller Farbe. Es kann an Karsamstag und Karfreitag anstelle von Violett genutzt werden. Genauere Zuordnungen finden sich unter www.kirchen-jahr-evangelisch.de.

Lutherbibel

Seite 104

Menora

Die Menora ist ein siebenarmiger Leuchter und eines der wichtigsten religiösen ↗ Symbole im Judentum.

Mose erhielt nach biblischer Darstellung auf dem Berg Sinai den Auftrag, ein transportables Heiligtum zu errichten. Für jeden kultischen Gegenstand wurde ihm einerseits eine Beschreibung gegeben. Eines dieser Objekte war ein siebenarmiger Leuchter. Während der vierzigjährigen Wanderung trugen die Israeliten nach biblischer Darstellung das Zeltheiligtum inklusive Menora stets mit sich, bis es schließlich in den Tempel in Jerusalem integriert wurde.

Wie beim ↗ Chanukka-Leuchter (der neun Arme hat) werden an dem mittleren „Diener-Arm" die übrigen Flammen entzündet.

Menschenwürde

Menschenwürde ist der Ausdruck dafür, dass jeder Mensch wertvoll ist und dieselben Rechte hat. Alter, Geschlecht, Aussehen oder Gesundheitszustand spielen dabei keine Rolle. Kein Mensch kann seine Menschenwürde verlieren, auch wenn er sich schlecht verhält. Deshalb stehen auch allen die Menschenrechte zu. Das sehen in Europa fast alle Menschen so, Christinnen und Christen aber auf jeden Fall. Denn die Bibel stellt heraus, dass jeder Mensch als Ebenbild Gottes erschaffen wurde (Gen 1,27).

Messe

Messe ist die Kurzbezeichnung des katholischen ↗ Gottesdienstes. Die „Heilige Messe" besteht aus zwei Teilen: dem „Wortgottesdienst", an dem auch Nicht-Katholiken teilnehmen können, und der „Eucharistiefeier", in deren Mittelpunkt die „Kommunion" (Abendmahl) steht. Ökumenische (↗ Ökumene) Gottesdienste können nur aus einem Wortgottesdienst bestehen und gelten deshalb nicht als Ersatz für die Teilnahme an einer „Heiligen Messe".

Messias

Der Begriff kommt aus dem Hebräischen und heißt „Gesalbter". Die Könige Israels wurden nicht gekrönt, sondern mit wertvollem Öl gesalbt. Ein „Gesalbter" ist also ursprünglich ein König. Im Alten Testament wird prophezeit, dass ein Messias kommt, der Frieden und ↗ Gerechtigkeit bringt.

Monotheismus

Judentum, Christentum und Islam sind monotheistische Religionen. Ihre Anhänger glauben im Unterschied zu Polytheisten (zum Beispiel ↗ Hindus) an einen Gott und nicht an mehrere Götter.

Moschee

Das Gotteshaus der Muslime ist kein „heiliger Ort", wie es etwa katholische Kirchen sind, sondern es ist Versammlungshaus und ein Haus des gemeinschaftlichen ↗ Gebetes. Große Moscheen sind in der Regel prächtig geschmückt und haben Türme (Minarette), von denen ein Ausrufer, der zum Personal der Moschee gehört (Muezzin), fünfmal täglich zum Gebet ruft. Deutsche Moscheen bestehen oft aus einfachen, unauffälligen Räumen.

Mythos

Die Völker der Welt erzählen vielfältig über die Entstehung der Welt und die Erschaffung des Menschen. Mythen erzählen, wie Menschen sich und die Welt sehen. Sie geben Antworten auf „große Fragen", die Menschen damals bewegten und vielleicht auch heute noch bewegen: Warum gibt es mich? Welche Aufgabe hat der Mensch eigentlich auf der Erde? Warum gibt es die Sterne am Himmel? Warum wird der Mensch geboren? Warum muss er sterben? Diese Fragen lassen sich nicht einfach und schnell beantworten. Mythen sind wichtig, weil sie grundsätzliche Fragen aufnehmen und Menschen Orientierung bieten. Wenn sie das nicht mehr können, werden Mythen auch nicht mehr weitererzählt.

Nachfolge

Nachfolge bedeutete ursprünglich, Anhänger Jesu zu werden und mit ihm zu gehen. Später wurde Nachfolgen auf alle Gläubigen ausgedehnt und bezog sich auf die Lebensführung und nicht mehr auf das tatsächliche Mitgehen. Wer in der Nachfolge Jesu lebt, setzt sich wie Jesus für Frieden, ↗ Nächstenliebe, Gemeinschaft und ↗ Gerechtigkeit ein.

Nächstenliebe

Nächstenliebe bedeutet, andere Menschen mit ihren Fehlern und Schwächen anzuerkennen und ihnen zu helfen, wenn sie in Not sind. Früher wurde Nächstenliebe oft mit radikaler Selbstlosigkeit gleichgesetzt. Nächstenliebe ist aber nur möglich, wenn man sich selbst annimmt (↗ Selbstannahme). Auch bei Jesus gehört beides zusammen: „Liebe deinen Nächsten – wie dich selbst."

Ökumene

Seit Beginn des 20. Jahrhunderts gibt es eine ökumenische Bewegung, die sich zum Ziel gesetzt hatte, unabhängig von aller Verschiedenheit gemeinsam für die Sache Jesu und den christlichen Glauben einzutreten. 1948 wurde der Ökumenische Rat der Kirchen (ÖRK) gegründet, ihm gehören über 300 Kirchen aus mehr als 120 Ländern an. Die katholische Kirche ist nicht Mitglied, weil sie den Anspruch hat, die eine Kirche für alle zu sein, arbeitet aber mit. „Ökumene" kommt aus dem Griechischen und heißt wörtlich „die ganze bewohnte Erde".

orthodox

Das Adjektiv orthodox (griechisch *orthos* = richtig, *doxa* = Verehrung, Glaube) bezeichnet ursprünglich jemanden, der in Wort und Tat Gott den Regeln entsprechend verehrt. Gelegentlich wird es auch auf alle möglichen strengen Anhänger einer Überzeugung angewendet. Als Kirchenbezeichnung beschreibt „orthodox" Kirchen, die historisch vom östlichen Mittelmeerraum ausgegangen sind. Orthodoxe Kirchen gibt es zum Beispiel in Russland, Georgien, der Ukraine und in Bulgarien, Rumänien und Serbien.

Paramente

Paramente nennt man die Behänge vor Altar, Kanzel und Lesepult. In lutherischen Kirchen zeigen die Paramente die ↗ liturgischen Farben des jeweiligen ↗ Sonntags oder Festes an. In ↗ reformierten Kirchen gibt es keine solche Tradition.

Pfadfinder

Seite 157

Pfingsten

Das christliche Pfingstfest feiert die Geburtsstunde der Kirche. Nach Apg 2 wurden die zwölf ↗ Apostel nach einem gewaltigen Brausen vom Heiligen Geist erfüllt. Sie konnten plötzlich in allen Sprachen sprechen und die frohe Botschaft weitergeben, dass Jesus Christus auch nach seiner Himmelfahrt nicht einfach fort ist, sondern durch den Heiligen Geist lebendig bleibt. Pfingsten ist aus dem jüdischen Wochenfest (Schawuot) entstanden, einem Wallfahrtsfest, das an die Gabe der ↗ Zehn Gebote erinnert, und zu dem die Juden zur Zeit Jesu nach Jerusalem pilgerten.

Schawuot fand 50 Tage nach Pessach statt. Entsprechend ist Pfingsten 50 Tage nach Ostern. Im englischen Wort „pentecost" für Pfingsten steckt noch das griechische Zahlwort *pentecostos* für fünfzigster (50.). In Apg 2 ist die Geschichte von Pfingsten erzählt.

Pharisäer

Die Pharisäer waren eine religiöse Gruppierung innerhalb des Judentums im 1. Jahrhundert n. Chr. Ihnen war wichtig, alle ↗ Gebote der ↗ Tora ernst zu nehmen und sie einzuhalten. Viele Schriftgelehrte gehörten den Pharisäern an und beteiligten sich an der Diskussion um die richtige Auslegung der Gebote. Im Neuen Testament erscheinen die Pharisäer oft als Gegner Jesu. Das liegt daran, dass das Neue Testament zu der Zeit entstanden ist, als Judentum und Christentum sich auseinanderentwickelten. In Wirklichkeit stand Jesus den Pharisäern sehr nahe: Er diskutierte mit ihnen, er war auch bei Pharisäern zu Gast (Lk 11,37).
„Pharisäer" ist in der deutschen Sprache ein negativer Begriff geworden, mit dem man Heuchelei verbindet: So wie das Getränk mit diesem Namen von außen wie Kaffee mit Sahne aussieht, aber tatsächlich ein stark alkoholhaltiges Getränk ist, so unterstellt man auch einem Menschen Falschheit, den man als „Pharisäer" beschimpft.

Priester, Leviten, Samariter

Priestern waren besonders strenge jüdische Reinheitsregeln auferlegt, da sie im Tempel Opfer darbrachten und direkt mit Gott in Kontakt standen. Unrein konnte man auf verschiedene Weise werden, zum Beispiel durch die Berührung mit einem Toten.
Leviten kommen aus dem Stamm Levi. Auch sie waren mit am Tempeldienst beteiligt. Die Samariter hatten sich einen eigenen Tempel gebaut. Von den Juden wurden sie daher verachtet und zählten für sie nicht zum Volk Israel.

Prophet

Seite 138

Protestant

↗ evangelisch

Psalm

Die Bezeichnung „Psalm" geht auf den griechischen Begriff für „Saitenlied" zurück, also ein Lied, das mit einem Saiteninstrument (*psalterion*) begleitet wurde. Die Psalmen sind poetische Texte; die meisten sind ↗ Gebete, nur wenige (zum Beispiel Ps 49) enthalten keine direkte Anrede an Gott. Man unterscheidet zwischen individuellen (also von einem einzelnen Gläubigen gesprochenen) und kollektiven (also gemeinsam gesprochenen) Psalmen. Man kann auch nach dem Inhalt zwischen Klagepsalm, Dankpsalm, Bittpsalm und Lobpsalm unterscheiden. Im lutherischen ↗ Gottesdienst spricht man die Psalmen meist im Wechsel: Deshalb sind im Gesangbuch manche Verse eingerückt. In der ↗ reformierten Tradition werden die Psalmen eher gesungen. Im Buch „Der Psalter" im Alten Testament sind 150 Psalmen gesammelt.

Ramadan

Der Ramadan ist ein Monat im islamischen Kalender. Weil er am Mond orientiert ist, liegt Ramadan in jedem Kalenderjahr etwas anders: 2020 beispielsweise im April/Mai, 2025 im März. Der Ramadan ist der Fastenmonat, in dem man von der Morgendämmerung bis zum Sonnenuntergang nichts essen und trinken darf. Nach Sonnenuntergang trifft man sich, um gemeinsam zu essen, zu trinken und zu beten. Die Nächte haben im Ramadan eine besondere Bedeutung – auch weil eine von ihnen die „Nacht der Bestimmung" ist, die Nacht, in der Muhammad der ↗ Koran offenbart wurde. Deshalb lesen auch viele Muslime im Ramadan häufiger im Koran.

Rechtfertigung

Rechtfertigung bedeutet, dass Gott von der ↗ Sünde und Schwäche befreit, die tief in jedem steckt. Kein Mensch kann (und muss!) sich die Liebe Gottes selbst verdienen, etwa durch gute Taten. Allein durch Jesus Christus ist der Mensch gerettet, allein der Glaube macht ihn frei, und das ist allein der ↗ Gnade Gottes zu verdanken. Diese große Entdeckung Martin Luthers ist für die ↗ evangelische Kirche grundlegend.

In heutiger Sprache kann man sagen: Auch wenn du einsam bist, am Sinn des Lebens zweifelst und an dich selbst denkst: Du bist ein geliebter und wertvoller Mensch. Wer auf diese Zusage vertraut, bekommt die Kraft, auch freundlicher auf andere zu sehen, diese Botschaft weiterzugeben und zum Guten beizutragen.

Reformation

Reformation bedeutet wörtlich „Erneuerung". Als Reformationstag wird der 31. Oktober gefeiert. Denn an diesem Tag soll 1517 alles damit begonnen haben, dass Martin Luther 95 Thesen (Lehrsätze) veröffentlichte. Luther kritisierte die Rolle der Kirche: Niemand könne sich mit Geld von Sündenstrafen freikaufen (↗ Ablass). Der Mensch sei schon durch den Tod Jesu Christi „gerechtfertigt" (↗ Rechtfertigung).

Das löste Auseinandersetzungen um den rechten Glauben aus, in die sich Herrscher, Kirchenleute und weitere Reformatoren einschalteten. Die „Erneuerung" endete mit der Entstehung weiterer ↗ Konfessionen. Die Reformationszeit veränderte die Welt. Die Freiheit des Einzelnen war wichtig geworden.

reformiert

Evangelisch-reformiert nennen sich die protestantischen Kirchen, die den Schweizer Reformatoren Johannes Calvin und Ulrich Zwingli folgen. Typisch für reformierte Kirchen ist, dass die einzelnen Gemeinden sehr selbstständig sind, dass es keine Bilder im Kirchenraum gibt und dass die ↗ Gottesdienste sehr schlicht sind. In Deutschland sind zwei der zwanzig Landeskirchen reformiert.

Reich Gottes

Seite 78

Schabbat

Schabbat bedeutet „Ruhetag". Für Juden ist gemäß der Schöpfungsgeschichte der siebte

Wochentag heilig. Wenn ↗ Sonntag als erster Tag der Woche gezählt wird, ist der siebte Tag der Ruhetag. Das ist der Samstag. Der Schabbat beginnt am Freitagabend und endet am Samstagabend.

Sakramente

Die Sakramente sind sichtbare ↗ Zeichen, die die Zuwendung Gottes zu den Menschen besonders spürbar machen. Nach ↗ evangelischem Verständnis müssen sie in der Bibel belegt sein. Daher gelten nur die Taufe und das Abendmahl als Sakramente. In der Katholischen Kirche gibt es dagegen sieben Sakramente: Neben Taufe und Eucharistie (Abendmahl) sind das Ehe, Beichte, Krankensalbung, Firmung und Priesterweihe. Alle Sakramente außer der Ehe kann nur ein geweihter Priester spenden. Das Ehesakrament spenden sich die Eheleute gegenseitig.

Schiiten

Die Schiiten sind Anhänger der Schia (wörtlich: Partei Alis). Das ist die zweitgrößte Strömung innerhalb des Islams. Etwa 15–25 Prozent aller Muslime gehören ihr an. Die Schiiten sind der Auffassung, Ali, Muhammads Vetter und Schwiegersohn, sei die geeignete Person für die Leitung der Gemeinschaft nach Muhammads Tod gewesen. Nach drei anderen Kalifen zwischen Muhammads Tod im Jahr 632 und 656 wurde Ali tatsächlich der vierte Kalif. Allerdings wurde er nach nur fünfjähriger Herrschaft 661 ermordet. Auch seine Söhne Hassan und Hussein konnten Ali nicht nachfolgen, da andere die Macht übernahmen. Hussein wurde 680 bei einer Schlacht getötet. Er gilt zusammen mit seinem Vater Ali als schiitischer Märtyrer. Sein Grabmal in Kerbela/Irak ist eine Pilgerstätte.

Schofar

Das Schofar wird in der Regel aus Widderhorn gefertigt. Es wird beim jüdischen Neujahrsfest und an Jom Kippur, dem Versöhnungsfest, geblasen.

Schöpfer

„Schöpfer" ist der Ausdruck für jemanden, der etwas „erschaffen" oder „geschaffen" hat. Wenn man Gott „Schöpfer" nennt, drückt man aus: Alles kommt von Gott, Himmel und Erde, aber auch der Mensch. So wie ein Kunstwerk von einem Künstler kommt, ist der Mensch ein Geschöpf Gottes.

Schuld und Vergebung

Wenn man jemandem Unrecht getan hat, bekommt man meistens ein schlechtes Gewissen oder Schuldgefühle. Es tut gut, wenn dann der andere eine „Ent-Schuldigung" annimmt, also verzeiht oder vergibt. Religiös gesehen ist jede Schuld zugleich ein Verstoß gegen die ↗ Gebote Gottes. Deshalb gibt es im ↗ Vaterunser die Bitte: „Und vergib uns unsere Schuld, wie auch wir vergeben unseren Schuldigern." Nach christlichem Verständnis ist der Mensch zum Guten wie zum Bösen fähig, oft sogar wider besseres Wissen. So schreibt Paulus in einem Brief die Erfahrung auf: „Ich tue nicht das, was ich eigentlich will – das Gute. Sondern das Böse, das ich nicht will – das tue ich." (Röm 7,19) Diese grundsätzliche Erfahrung, dass der Mensch sich von Gott abwendet und dem Bösen zuwendet, nennt das Christentum ↗ Sünde.

Selbstannahme

Selbstannahme bedeutet, sich selbst mit seinen eigenen Fehlern und Schwächen anzuerkennen. Kein Mensch ist fehlerlos. Christinnen und Christen glauben deshalb, dass alle Menschen auf Gott angewiesen sind. Weil Gott aber alle Menschen liebt, kann jeder Mensch sich selbst annehmen. Erst wenn das gelingt, wird auch ↗ Nächstenliebe möglich.

sexuelle Vielfalt

Seite 61

Sonntag

Christentum und Judentum berufen sich auf die Schöpfungserzählung und auf die ↗ Zehn Gebote, wenn sie einen Tag der Woche als Ruhetag begehen. Religiös gesehen ist der

Sonntag der erste Tag der Woche, der Samstag der siebte Tag der Woche, an dem Gott ruhte. Deshalb feiern Juden am Samstag (↗ Schabbat) diesen Ruhetag. Für Christen ist der Sonntag zum Feiertag geworden, weil an ihm Jesus Christus auferstanden ist (Mk 16,9). Das ist ein neuer Anfang und daher der erste Tag der Woche. Zum siebten und letzten Tag der Woche ist der Sonntag erst 1975 geworden. Da wurde durch eine Deutsche Industrie Norm (DIN) der Montag als erster Tag der Woche festgelegt. Kalender für Pastorinnen und Pastoren (ebenso wie amerikanische Kalender) bezeichnen allerdings weiterhin den Sonntag als ersten Tag der Woche.

Speisevorschriften
Seite 127

Sunniten
Die Mehrheit der Muslime gehört zur Glaubensrichtung der Sunniten. Für sie ist der ↗ Koran nicht die einzige Glaubensquelle, sondern auch die *Sunna*. Damit sind Überlieferungen gemeint, die sich auf das Leben und die Worte Muhammads stützen: die *Hadithe*.

Sünde
Sünde meint die grundsätzliche Möglichkeit des Menschen, sich von Gott abzuwenden. Deshalb kann Luther sagen, Christen seien Sünder und Gerechte zugleich: Sünder, weil sie sich von Gott und seinen ↗ Geboten abwenden; Gerechte, weil Gott den Sündern gnädig ist (↗ Gnade).

Symbole und Zeichen
Seite 15

Synagoge
Synagoge heißt das Gebäude, in dem Juden gemeinsam beten (↗ Gebet) und den ↗ Schabbat feiern. Außerdem gibt es Räume zum Lernen oder Versammlungsräume. Zu jeder Synagoge gehören bestimmte Dinge wie ein Schrein für die ↗ Tora. Auch Jesus war Jude und ging in die Synagoge.

synoptischer Vergleich
Das Wort synoptisch kommt aus dem Griechischen und heißt wörtlich übersetzt Zusammenschau. Beim synoptischen Vergleich werden die drei synoptischen ↗ Evangelien (Mt, Mk, Lk) genauestens in ihrem Wortlaut miteinander verglichen. Die Methode dient dazu, um herauszufinden, welche Texte die älteren sind, welcher Evangelist welches Evangelium als Quelle für sein eigenes Evangelium benutzt hat und warum manche Texte nicht übernommen wurden. Im 19. Jahrhundert wurde aufgrund solcher synoptischer Vergleiche erstmals die ↗ Zwei-Quellen-Theorie aufgestellt, der sich inzwischen die meisten Forscherinnen und Forscher angeschlossen haben.

Theologie
Theologie kommt aus dem Griechischen: *theos* = Gott und *logos* = Wort, Vernunft. Das ist wörtlich übersetzt „die Wissenschaft von Gott". Die ↗ evangelische Theologie hat im Laufe der Jahrhunderte verschiedene Sparten entwickelt: Neues Testament, Altes Testament, Kirchengeschichte, Systematische Theologie und Praktische Theologie. Zur Praktischen Theologie gehören praktische Fragen: Was glauben die Menschen wirklich? Wie sollte man die christliche Religion lehren? Was ist eine gute Predigt? Was müssen Pastorinnen und Pastoren können, wenn sie Menschen in schwierigen Lebenslagen beistehen sollen?

Tora
Tora ist ein hebräisches Wort und heißt „Lehre" oder „Weisung". Im Alten Testament wird „Tora" für Einzelbestimmungen, für das fünfte Buch Mose und für die fünf Bücher Mose insgesamt gebraucht. Im Judentum wurde Tora zu einem umfassenden Inbegriff für alle Weisungen, das heißt für die gesamte Bibel („schriftliche Tora") und für die gesammelten Auslegungen („mündliche Tora"). Meistens meint man mit „Tora" die fünf Bücher Mose. In ↗ Synagogen wird die Tora in Form von Schriftrollen aufbewahrt, die mit der Hand beschrieben wurden. Sie sind sehr kostbar und werden in einem eigenen „Tora-Schrein" aufbewahrt.

Übergangsfeste

Im Leben eines jeden Menschen steht zu bestimmten Zeiten ein Übergang in einen neuen Lebensabschnitt an: bei Geburt und Taufe, bei Einschulung oder Schulentlassung, bei Hochzeit oder Tod. Das gilt auch, wenn man ein Amt antritt oder abgibt oder wenn man erwachsen wird. Feste spielen bei solchen Übergängen eine besondere Rolle – überall auf der Welt.

Vaterunser

Das Vaterunser ist nicht nur bei Matthäus überliefert, sondern auch bei Lukas. Man nimmt an, dass es auf Jesus selbst zurückgeht. Es ist auch deshalb in der gesamten Christenheit zu einem grundlegenden ↗ Gebet geworden, das alle Christen verbindet. Man kann es auch dann sprechen, wenn einem gar nichts anderes mehr einfällt. Denn es enthält alles, was man als Christ oder Christin hoffen und wünschen kann. Es lautet:
„Vater unser im Himmel. Geheiligt werde dein Name. Dein Reich komme. Dein Wille geschehe, wie im Himmel so auf Erden. Unser tägliches Brot gib uns heute, und vergib uns unsere Schuld, wie auch wir vergeben unsern Schuldigern. Und führe uns nicht in Versuchung, sondern erlöse uns von dem Bösen. Denn dein ist das Reich und die Kraft und die Herrlichkeit in Ewigkeit. Amen." (Mt 6,5–9a)

Verheißung

Die Verheißung ist ein Versprechen Gottes an den Menschen. Das biblische Buch ↗ Genesis erzählt ab Kapitel 12: Abraham war der erste, der von Gott eine Verheißung bekam. Gott versprach ihm seinen schützenden Segen, unzählige Nachkommen und ein Land, in dem er und sein Volk zu Hause sein würden. Auch anderen biblischen Personen wurde von Gott eine Verheißung zugesprochen, zum Beispiel Abrahams Sohn Isaak und seinem Enkel Jakob; auch Hagar, der Mutter Ismaëls, und Mose, der das Volk Gottes aus der ägyptischen Knechtschaft geführt hat.

Das Neue Testament erzählt, dass Jesus Christus, der ↗ Messias, Gottes letzte Verheißung an den Menschen ist. Mit ihm verspricht Gott den Frieden für diese Welt.

Vision

Seite 139

Volxbibel

Seite 156

Wundergeschichte

Eine Wundergeschichte erzählt von einem erstaunlichen Ereignis, bei dem Gottes Macht und sein Eingreifen eine Rolle spielen. Im Neuen Testament sind etwa 30 Wundergeschichten Jesu zu finden: Heilungen, Naturwunder oder Toten-Auferweckungen. Wundergeschichten sind keine Berichte, sondern Erzählungen. Ihr Sinn liegt darin, etwas über Jesu Macht und über das ↗ Reich Gottes auszusagen, aber auch über die Erfahrungen, die Menschen mit Jesus und Gott gemacht haben: Ihr Leben hat sich grundlegend und in wunderbarer Weise zum Guten verändert.

Zehn Gebote

Die Zehn Gebote (auch „Dekalog" von griechisch *deka* = zehn und *logos* = Wort, Vernunft) stehen in der Bibel in Ex 20,2–17 und in Dtn 5,6–22. Die Zehnzahl kommt jeweils unterschiedlich zustande, je nachdem, welche Gebote zusammengefasst werden. Im Judentum und in der evangelisch-reformierten (↗ reformiert) Tradition ist das Bilderverbot ein eigenes Gebot (das 2. Gebot) und hat daher ein besonderes Gewicht (↗ Bildnisse von Gott). Im Islam, vor allem im sunnitischen (↗ Sunniten) Islam, hat sich das Bilderverbot erst mit der Zeit entwickelt. Im ↗ Koran steht es nicht.

Zeichen und Symbole

Seite 15

Zwei-Quellen-Theorie

Seite 96

Textquellennachweis

11 Barbara Wolf-Krause, Jane Baer-Krause: Heilige im Christentum - sind große Vorbilder. Unter: https://www.religionen-entdecken. de/lexikon/h/heilige-im-christentum (Zugriff 18.12.2019, bearb.); **12** Eckart von Hirschhausen: Glaube versetzt Gotteshäuser. In: Woran glaube ich? Ganz persönliche Antworten zu Glaube & Religion. Hrsg. v. Martin Dreyer. Beltz & Gelberg, Weinheim 2012, S. 108ff.; **15.1** BasisBibel. Neues Testament und Psalmen, © 2012 Deutsche Bibelgesellschaft, Stuttgart; **15.2** Wilhelm Ziehr: Das Kreuz. Symbol, Gestalt, Bedeutung. Belser, Stuttgart 997, S. 50; **15.3** Katrin Göring-Eckardt, Zitat. In: Katechetische Blätter 136. Matthias Grünewald Verlag, Ostfildern 2011; **18** BasisBibel. Neues Testament und Psalmen, © 2012 Deutsche Bibelgesellschaft, Stuttgart; **19** Alois Prinz: Sehnsucht nach einem anderen Leben. In: Woran glaube ich? Ganz persönliche Antworten zu Glaube und Religion. Hrsg. v. Martin Dreyer. Beltz & Gelberg, Weinheim 2012; **20** Uwe Böhm: Religion im Alltag wahrnehmen und deuten. Popkulturelle und symboldidaktische Bausteine für Schule, Jugendarbeit und Gemeinde. Waxmann, Münster 2011, 140-146; **25.1** BasisBibel. Neues Testament und Psalmen, © 2012 Deutsche Bibelgesellschaft, Stuttgart; **25.2** BasisBibel. Neues Testament und Psalmen, © 2012 Deutsche Bibelgesellschaft, Stuttgart; **26** PAUL B., KÖLN, Die Gewissensfrage, in: Dr. Dr. Rainer Erlinger, Die Gewissensfrage, aus: Süddeutsche Zeitung. Magazin. Heft 15/2007, auch unter: http://sz-magazin.sueddeutsche.de/texte/anzeigen/2693; **31** Endstation Depression: Wenn Schülern alles zu viel wird. KKH-Stress-Auswertung: Immer mehr Sechs- bis 18-Jährige psychisch krank. Pressemeldung 86/24.10.2018. Unter: https://www.kkh.de/content/dam/kkh/presse/dokumente/stress-bei-schuelern-presseinformation-und-grafiken.pdf (Zugriff 21.01.2020, gek.); **32** Julia Engelmann: Wir können alles sein, Baby. Goldmann, München 2015, S. 27f.; **34** Oscar Brenifier: Was, wenn es nur so aussieht, als wäre es da? Übers. v. Norbert Bolz. Gabriel, Stuttgart 2007, S. 31; **35** Thies Gundlach, Ralf Meister: Glauben. Ein Lexikon für Jugendliche. Gütersloher Verlagshaus, Gütersloh 2001, S. 56f.; **36.1** BasisBibel. Neues Testament und Psalmen, © 2012 Deutsche Bibelgesellschaft, Stuttgart; **36.2** Gute Nachricht Bibel © Deutsche Bibelgesellschaft, Stuttgart; **37.1** BasisBibel. Neues Testament und Psalmen, © 2012 Deutsche Bibelgesellschaft, Stuttgart; **37.2** Jerry Spinelli: Taubenjagd. Übers. v. Andreas Steinhöfel. dtv, München 2003, S. 124; **38.1** BasisBibel. Neues Testament und Psalmen, © 2012 Deutsche Bibelgesellschaft, Stuttgart; **38.2** BasisBibel. Neues Testament und Psalmen, © 2012 Deutsche Bibelgesellschaft, Stuttgart; **40** Horst Hirschler: Christus vertrauen. Was Rechtfertigung heute bedeutet. VELKD, Hannover 2012, S. 9f., 13, 17, 19, 36f.; **41** Katrin Göring-Eckardt, in: Ich bin evangelisch. Menschen sprechen über ihren Glauben. Hrsg. v. Nikolaus Schneider. Hansisches Dr.- u. Verl.-Haus, Frankfurt/M. 2014, S. 47f.; **42** BasisBibel. Neues Testament und Psalmen, © 2012 Deutsche Bibelgesellschaft, Stuttgart; **43** Jordan Sonnenblick: Buddha-Boy. Übers. v. Gerda Bean. Carlsen, Hamburg 2012, S.84ff.; **44** BasisBibel. Neues Testament und Psalmen, © 2012 Deutsche Bibelgesellschaft, Stuttgart; **52.1** BasisBibel. Neues Testament und Psalmen, © 2012 Deutsche Bibelgesellschaft, Stuttgart; **52.2** Gute Nachricht Bibel © Deutsche Bibelgesellschaft, Stuttgart; **53.1** Jürgen Ebach, in: Sonderdruck zum Deutschen Evangelischen Kirchentag. Deutscher ev. Kirchentag; **53.2** Frank Mühring: Es ist nicht gut, dass der Mensch allein ist. (24.08.2016) Unter: https://rundfunk.evangelisch.de/kirche-im-radio/morgenandacht/es-ist-nicht-gut-dass-der-mensch-allein-ist-8243 (Zugriff 22.01.2020, gek.); **56** Stefanie Höfler: Tanz der Tiefseequalle. Beltz & Gelberg, Weinheim 2017, 53ff.; **57.1** Peter Dabrock, Renate Augstein, Cornelia Helfferich, Stefanie Schardien, Uwe Sielert: Unverschämt - schön. Sexualethik: evangelisch und lebensnah. Gütersloher VH, Gütersloh 2015, S. 72; **57.2** Peter Dabrock, Renate Augstein, Cornelia Helfferich, Stefanie Schardien, Uwe Sielert: Unverschämt - schön. Sexualethik: evangelisch und lebensnah. Gütersloher VH, Gütersloh 2015, S. 63f.; **60** Merle Büter: Wie viel Freiheit lässt man mir? © Merle Büter; **62** Parvin Sadigh: LGBTQ. Immer noch die „Scheißschwuchtel". (15.04.2019) Unter: https://www.zeit.de/gesellschaft/familie/2019-04/lgbtq-jugendliche-schule-diskriminierung-homosexualitaet/komplettansicht (Zugriff 22.01.2020, gek.); **63** Landesbischof Ralf Meister, Positionen. Unter: https://landesbischof.wir-e.de/positionen (Zugriff 22.01.2020, gek.); **64** Hamideh Mohagheghi: Die Rolle der Hagar © Hamideh Mohagheghi; **73** BasisBibel. Neues Testament und Psalmen, © 2012 Deutsche Bibelgesellschaft, Stuttgart; **76** Annelie Bracke: „Aus der Tiefe rufe ich dich!" – Hoffnungslosigkeit in Gesprächen mit der Telefonseelsorge. In: LeidFaden – Fachmagazin für Krisen, Leid, Trauer, 6/2017, V&R, S. 60-63; **77** BasisBibel. Neues Testament und Psalmen, © 2012 Deutsche Bibelgesellschaft, Stuttgart; **78** Gerd Theißen: Der Schatten des Galiläers. Jesus und seine Zeit in erzählender Form. Gütersloher VH, Gütersloh 2004; **79** BasisBibel. Neues Testament und Psalmen, © 2012 Deutsche Bibelgesellschaft, Stuttgart; **80** Duden. Bd. 1: Die deutsche Rechtschreibung. Bibliographisches Institut, Mannheim 2011; **82** Barack Obama: „Krieg ist manchmal nicht nur notwendig, sondern moralisch gerechtfertigt". (11.12.2009) Unter: https://www.tagesspiegel. de/meinung/krieg-ist-manchmal-nicht-nur-notwendig-sondern-moralisch-gerechtfertigt/1646510.html (Zugriff 23.01.2020, gek.); **83** BasisBibel. Neues Testament und Psalmen, © 2012 Deutsche Bibelgesellschaft, Stuttgart; **84.1** Ben Brooks: Stories for Boys who dare tob e different. Vom Mut, anders zu sein. Übers. v. Ulrich Thiele, Bea Reiter, Anja Seelow, Franca Fritz, Heinrich Koop. Loewe, Bindolach 2018, S. 144; **84.2** aus: Anthony de Mello: Gib deiner Seele Zeit. Inspirationen für jeden Tag. übers. v. Anton Lichtenauer, Herder Spektrum, Band 5659, Freiburg u. a. 2005, S. 61; **85** Ben Brooks: Stories for Boys who dare tob e different. Vom Mut, anders zu sein. Übers. v. Ulrich Thiele, Bea Reiter, Anja Seelow, Franca Fritz, Heinrich Koop. Loewe, Bindolach 2018, S. 200; **90** http://www. bibel.com/faq/offener-brief-an-dr-laura.html (massiv gekürzt); **92.1** Gute Nachricht Bibel © Deutsche Bibelgesellschaft, Stuttgart; **92.2** BasisBibel. Neues Testament und Psalmen, © 2012 Deutsche Bibelgesellschaft, Stuttgart; **92.3** Gute Nachricht Bibel © Deutsche Bibelgesellschaft, Stuttgart; **92.4** BasisBibel. Neues Testament und Psalmen, © 2012 Deutsche Bibelgesellschaft, Stuttgart; **92.5** Gute Nachricht Bibel © Deutsche Bibelgesellschaft, Stuttgart; **92.6** BasisBibel. Neues Testament und Psalmen, © 2012 Deutsche Bibelgesellschaft, Stuttgart; **92.7** Gute Nachricht Bibel © Deutsche Bibelgesellschaft, Stuttgart; **93** aus: Babylonischer Talmud, Traktat „Schabbath" 31a (zitiert nach: Kommentar zum Neuen Testament aus Talmud und Midrasch, von Hermann L. Strack und Paul Billerbeck. Erster Band. Das Evangelium nach Matthäus, C. H. Beck, München 8. Auflage 1982, S. 357; sprachlich angepasst); **94** BasisBibel. Neues Testament und Psalmen, © 2012 Deutsche Bibelgesellschaft, Stuttgart; **97** Synoptisches Arbeitsbuch zu den Evangelien. Die vollständigen Synopsen nach Markus, nach Matthäus, nach Lukas, mit den Parallelen aus dem Johannes-Evangelium und den nicht-kanonischen Vergleichstexten sowie einer Auswahlkonkordanz. Bearb. u. konkordant übers. v. Rudolf Pesch in Zsarb. mit Ulrich Wilckens u. Reinhard Kratz. Bd. 1: Synopse nach Markus. Benziger, Zürich 1980, S. 29; **100.1** BasisBibel. Neues Testament und Psalmen, © 2012 Deutsche Bibelgesellschaft, Stuttgart; **100.2** BasisBibel. Neues Testament und Psalmen, © 2012 Deutsche Bibelgesellschaft, Stuttgart; **102.1** BasisBibel. Neues Testament und Psalmen, © 2012 Deutsche Bibelgesellschaft, Stuttgart; **102.2** BasisBibel. Neues Testament und Psalmen, © 2012 Deutsche Bibelgesellschaft,

Stuttgart; **102.3** Evangelischer Erwachsenenkatechismus. suchen - glauben - leben. Hrsg. v. Andreas Brummer, Manfred Kießig, Martin Rothgangel. Gütersloher Verlagshaus, Gütersloh 2010, S. 446, 449; **103** Der Koran. Übers. v. Adel Khoury unter Mitw. v. Muhammad Salim Abdullah. Gütersloher Verlagshaus Gütersloh 1992.; **103.1** A. F. in einem Leserinnenbrief an „Huda. Netzwerk für muslimische Frauen e. V.", aus: http://www.huda.de/frauenthemen/sure_4_34.html; **103.2** aus: Muhammad Salim Abdullah, Islam für das Gespräch mit Christen, Gütersloher Verlagshaus 2. Auflage 1995, S. 109.; **103.3** Mouhanad Khorchide: Islam ist Barmherzigkeit. Grundzüge einer modernen Religion. Herder, Freiburg i. Breisgau 2016, S. 195f.; **105** Margot Käßmann: In der Sprache von heute. In: Chrismon 10/2006, S. 12; **106.1** Anselm Grün: Die Bibel verstehen. Hinführung zum Buch der Bücher. Herder, Freiburg 2010; **106.2** Ricarda Huch, Zitat. Unter: https://www.die-bibel.de/bibeln/leitfaden-bibellese/bibel-lesen-heisst/ (Zugriff 23.01.2020); **106.3** Markt Twain, Zitat. Unter: https://www.aphorismen.de/zitat/79310 (Zugriff 23.01.2020); **112** Harry Behr, Rosel Rabeya Müller: Saphir 5/6. Kösel München 2008, S. 114f. (bearb.); **114** Islamlexikon: Das Glaubensbekenntnis – Die erste Säule des Islam. Unter: https://www.focus.de/wissen/mensch/religion/islam/islamlexikon/schahada_aid_12318.html (Zugriff 23.01.2020); **114** Der Koran für Kinder und Erwachsene. Übers. u. erl. v. Lamya Kaddor u. Rabeya Müller. C. H. Beck, München 2010; **114.1** Der Koran für Kinder und Erwachsene. Übers. u. erl. v. Lamya Kaddor u. Rabeya Müller. C. H. Beck, München 2010; **114.2** Der Koran für Kinder und Erwachsene. Übers. u. erl. v. Lamya Kaddor u. Rabeya Müller. C. H. Beck, München 2010; **114.3** Der Koran für Kinder und Erwachsene. Übers. u. erl. v. Lamya Kaddor u. Rabeya Müller. C. H. Beck, München 2010; **115.1** Apostolisches Glaubensbekenntnis. Das Glaubensbekenntnis der westlichen Christenheit. Unter: https://www.ekd.de/apostolisches-glaubensbekenntnis-10790.htm (Zugriff 23.01.2020); **115.2** Gute Nachricht Bibel © Deutsche Bibelgesellschaft, Stuttgart; **115.4** Christen und Juden: Christen und Juden haben denselben Gott. Unter: https://www.ekd.de/christen-und-juden-19349.htm (Zugriff 23.01.2020); **116.1** Kübra Yücel: Kolumne: Das Tuch. Mein Kopf gehört mir. (14.04.2010) Unter: http://www.taz.de/Kolumne-Das-Tuch/!5144444/ (Zugriff 07.09.2018, bearb.); **116.2** Der Koran. Übers. v. Adel Khoury unter Mitw. v. Muhammad Salim Abdullah. Gütersloher Verlagshaus Gütersloh 1992.; **117.1** Joachim Gnilka: Bibel und Koran. Was sie verbindet, was sie trennt. Herder, Freiburg 2004; **117.2** Interview mit Hamideh Mohaghehghi. In: Religion 5-10, Nr. 26/2017, Was glauben Muslime hier und heute? Friedrich Verlag, Hannover, Materialheft, S. 18; **119** Willi Weitzel, Mouhanad Khorchide: Der Islam. Fragen und Antworten für alle, die's wissen wollen. edition chrismon, Frankfurt/M. 2018, S. 56ff.; **120** Unter: http://www1.wdr.de/themen/kultur/ramadan100.html (letzter Zugriff 2014, stark gekürzt); **121** Rabbi Marc Gellmann, Monsignor Thomas Hartmann: Wie buchstabiert man Gott? Die großen Fragen und die Antworten der Religionen. Übers. v. Andrea Kann, Manuela Olsson. Carlsen, Hamburg 1996, S. 109ff.; **123** Antisemitismusbeauftragter warnt Juden vor Tragen der Kippa (25.05.2019) © dpa Deutsche Presse-Agentur; **124** Ursula Spuler-Stegemann: Muslime in Deutschland. Nebeneinander oder Miteinander? Herder, Freiburg 1998. S. 36f.; **125** Holocaust-Mahnmal: „Was ist so schlimm an den Rissen in den Stelen?" Mit Peter Eisenman sprach Sabine Gundlach. (05.05.2010) Unter: https://www.welt.de/kultur/kunst-und-architektur/article7488159/Was-ist-so-schlimm-an-den-Rissen-in-den-Stelen.html (Zugriff 06.04.2020, gek.); **125** Christian Wulff: „Vielfalt schätzen – Zusammenhalt fördern", Rede zum 20. Jahrestag der Deutschen Einheit am 3. Oktober 2010. Unter: http://www.bundespraesident.de/SharedDocs/Reden/DE/Christian-Wulff/Reden/2010/10/20101003_Rede.html (Zugriff 23.01.2020, gek.); **126** Martina Schwager: Kippa und Kopftuch im Klassenraum erwünscht. Drei-Religionen-Grundschule in Osnabrück will Radikalisierung, Antisemitismus und Islamfeindlichkeit vorbeugen. (12.06.2018) Unter: https://www.evangelisch.de/inhalte/150488/12-06-2018/drei-religionen-grundschule-osnabrueck-gegen-radikalisierung-antisemitismus-islamfeindlichkeit (Zugriff 23.01.2020, gek.); **134** Philipp und Elisa, Zitat. In: Christina Kurfess-Reuhs: Katholikentag. (26.05.2006) Unter: http://saarbruecken.katholikentag.de/100-worte-gerechtigkeit/index.php?page=4 (letzter Zugriff 2013); **134** Sonne, Zitat. In: Christina Kurfess-Reuhs: Katholikentag. (26.05.2006) Unter: http://saarbruecken.katholikentag.de/100-worte-gerechtigkeit/index.php?page=4 (letzter Zugriff 2013); **134** Nina und Sandra, 8a, Zitat. In: Christina Kurfess-Reuhs: Katholikentag. (26.05.2006) Unter: http://saarbruecken.katholikentag.de/100-worte-gerechtigkeit/index.php?page=4 (letzter Zugriff 2013); **135** Richard David Precht: Wer bin ich und wenn ja, wie viele? Goldmann, München 2007, S. 335f.; **136** Werner Laubi: Geschichten zur Bibel. Elia, Amos, Jesaja: Ein Erzählbuch für Schule, Familie und Gemeinde. Benziger, Zürich 1983; **139** Gute Nachricht Bibel © Deutsche Bibelgesellschaft, Stuttgart; **140** Gute Nachricht Bibel © Deutsche Bibelgesellschaft, Stuttgart; **141** Gute Nachricht Bibel © Deutsche Bibelgesellschaft, Stuttgart; **142.1** Emily Bertheau, in: Zeichen Nr. 3/2018 (Mitgliederzeitschrift der Aktion Sühnezeichen Friedensdienste); **142.2** Gözde Karababa, in: Zeichen Nr. 3/2018 (Mitgliederzeitschrift der Aktion Sühnezeichen Friedensdienste); **142.3** Leo Buddeberg, in: Zeichen Nr. 3/2018 (Mitgliederzeitschrift der Aktion Sühnezeichen Friedensdienste); **142.4** Lina Arnzten, in: Zeichen Nr. 3/2018 (Mitgliederzeitschrift der Aktion Sühnezeichen Friedensdienste); **143.1** Lutherbibel 2017 © Deutsche Bibelgesellschaft, Stuttgart; **143.2** Gute Nachricht Bibel © Deutsche Bibelgesellschaft, Stuttgart; **143.3** BasisBibel. Neues Testament und Psalmen, © 2012 Deutsche Bibelgesellschaft, Stuttgart; **146** Jörg Bernardy: Philosophische Gedankensprünge. Denk selbst! Beltz & Gelberg, Weinheim 2017, S. 36f.; **146** Volker Jung: Digital Mensch bleiben. Claudius, München 2018; **147** Bärbel Husmann, Ralph Charbonnier: Digitale Systeme können nicht lernen und handeln © Bärbel Husmann, Ralph Charbonnier; **156.1** Jesus Freaks. Unter: https://jesusfreaks.de/jesus-freaks/ (Zugriff 05.09.2018, bearb.); **156.2** Die Volxbibel: Altes und Neues Testament. übers. v. Martin Dreyer, Witten: ICMedienhaus GmbH & Co. KG 2012, auch unter: https://wiki.volxbibel.com/Matth%C3%A4us_6#Licht_und_Dunkel; **157** Katholische Pfadfinderschaft Europas. Unter: https://www.kpe.de/ (Zugriff 23.01.2020, bearb.); **160** Martin Luther: Ausgewählte Schriften. Bd. 1. Hrsg. v. Karin Bornkamm u. Gerhard Ebeling. Insel, Frankfurt/M. 1982, S. 22-24; **161.1** BasisBibel. Neues Testament und Psalmen, © 2012 Deutsche Bibelgesellschaft, Stuttgart; **161.2** Gemeinsame Erklärung zur Rechtfertigungslehre des Lutherischen Weltbundes und der Katholischen Kirche v. 31.10.1999. Unter: http://www.vatican.va/roman_curia/pontifical_councils/chrstuni/documents/rc_pc_chrstuni_doc_31101999_cath-luth-joint-declaration_ge.html (Zugriff 23.01.2020); **163** Klaus Bröhenhorst: Bin ich reformiert? © Klaus Bröhenhorst;

Bildquellennachweis

Umschlag Getty Images RF (EyeEm/), München; **4.1** Schwarzstein, Jaroslaw, Hannover; **4.2** stock.adobe.com (Venera), Dublin; **4.3** stock.adobe.com (VadimGuzhva), Dublin; **5.1** Schwarzstein, Jaroslaw, Hannover; **5.2** stock.adobe.com (ngad), Dublin; **5.3** epd-bild (Jörn Neumann), Frankfurt; **6.1** Mauritius Images GmbH RV (dieKleinert), Mittenwald; **6.2** akg-images (Bildarchiv Monheim GmbH / Florian Monheim), Berlin; **8.1** Schwarzstein, Jaroslaw, Hannover; **10** ShutterStock.com RF (BoPhotoAdventures), New York, NY; **11** Getty Images Plus (E+ / lechatnoir), München; **12** epd-bild (Rainer Oettel), Frankfurt; **13.1** Getty Images Plus (E+ / FredFroese), München; **13.2** Getty Images Plus (iStock / Alatom), München; **13.3** Getty Images Plus (iStock / Joel Carillet), München; **13.4** Getty Images Plus (iStock / kavram), München; **13.5** Getty Images Plus (E+ / Joel Carillet), München; **14.1** stock.adobe.com (Haramis Kalfar), Dublin; **14.2** stock.adobe.com (Schepers_Photography), Dublin; **14.3** stock.adobe.com (dedi), Dublin; **14.4** stock.adobe.com (Designpics), Dublin;

14.5 stock.adobe.com (Mushy), Dublin; 14.6 stock.adobe.com (Guido Schmidt), Dublin; 14.7 stock.adobe.com (M. Schuppich), Dublin; 14.8 stock.adobe.com (FR Design), Dublin; 14.9 stock.adobe.com (konstan), Dublin; 14.10 akg-images (Erich Lessing), Berlin; 14.11 Fotosatz_ Buck, Kumhausen/Hachelstuhl; 14.12 stock.adobe.com (ReaLiia), Dublin; 14.13 stock.adobe.com (svetlankahappy), Dublin; 16 stock.adobe. com (sveta), Dublin; 17.1 stock.adobe.com (Chayakorn), Dublin; 17.2 stock.adobe.com (wideonet), Dublin; 17.3 stock.adobe.com (Martina Berg), Dublin; 17.4 stock.adobe.com (phaendin), Dublin; 17.5 stock.adobe.com (Kitty), Dublin; 17.6 stock.adobe.com (TEA), Dublin; 18 stock. adobe.com (contrastwerkstatt), Dublin; 19 BPK, Sprengel Museum Hannover / Stefan Behrens, Berlin. (c) VG Bild-Kunst, Bonn 2020 [HAP Grieshaber: Herzauge]; 20 Merke, Gunnar, Göttingen; 22 Wehner, Katja, Leipzig; 22 Wehner, Katja, Leipzig; 22 Getty Images Plus (DigitalVision Vectors / rhoon), München; 23 Schwarzstein, Jaroslaw, Hannover; 24.1 Merkel, Rainer, Göttingen; 24.2 Merkel, Rainer, Göttingen; 24.3 Merkel, Rainer, Göttingen; 24.4 Merkel, Rainer, Göttingen; 24.5 Husmann, Dr. Bärbel, Hannover; 24.6 Merkel, Rainer, Göttingen; 24.7 imago images (epd), Berlin; 24.8 ddp media GmbH (imageBROKER / Helmut Meyer), Hamburg; 24.9 Husmann, Dr. Bärbel, Hannover; 25.1 stock.adobe.com (Rick Henzel), Dublin; 25.2 ShutterStock.com RF (Daboost), New York, NY; 25.3 ShutterStock.com RF (Svetocheck), New York, NY; 26 Husmann, Dr. Bärbel, Hannover; 28.1 stock.adobe.com (vvicca), Dublin; 28.2 stock.adobe.com (Venera), Dublin; 28.3 stock.adobe.com (Suzana), Dublin; 28.4 stock.adobe.com (Pixel-Shot), Dublin; 30 Husmann, Dr. Bärbel, Hannover; 31 Quelle: KKH/Forsa, 2018; 32 Picture-Alliance (POP-EYE), Frankfurt/M.; 34 CartoonStock Ltd (Gustavo Rodriguez), Bath; 37 stock.adobe.com (GIS), Dublin; 39 akg-images, Berlin [Caravaggio: Bekehrung des Paulus]; 40 epd-bild (Jens Schlueter), Frankfurt; 41 imago images (epd), Berlin; 44 akg-images (Erich Lessing), Berlin; 47 Picture-Alliance (ANP / Jerry Lampen), Frankfurt/M.; 48.1 stock.adobe.com (Konstantin Yuganov), Dublin; 48.2 stock.adobe.com (VadimGuzhva), Dublin; 50 toonpool.com (Lo Graf von Blickensdorf), Berlin; 51 stock.adobe.com (Annushka78), Dublin; 52 akg-images, Berlin; 54 akg-images, Berlin [Edvard Munch: Metabolismus]; 55.1 stock.adobe.com (Patryssia), Dublin; 55.2 stock.adobe.com (Nana_studio), Dublin; 57 123rf Germany, c/o Inmagine GmbH (serezniy), Nidderau; 59 BPK (RMN / Gérard Blot), Berlin. (c) VG Bild-Kunst, Bonn 2020 [Marc Chagall: David und Bathseba]; 60 ShutterStock.com RF (FamVeld), New York, NY; 61 stock.adobe.com (Karen Roach), Dublin; 62 imago images (Christian Schroedter), Berlin; 63 Picture-Alliance (dpa / Ralf Hirschbe), Frankfurt/M.; 64 Artothek (Christie's Images Ltd), Spardorf; 65 Picture-Alliance (REUTERS / Stringer), Frankfurt/M.; 66 toonpool.com (Cloud Science / Christian Möller), Berlin; 68 Schwarzstein, Jaroslaw, Hannover; 70 Picture-Alliance (dpa-infografik), Frankfurt/M.; 71.1 imago images, United Archives, Berlin [Filmplakat zu dem Film: Das Wunder von Bern, Deutschland, 2003, Regie: Sönke Wortmann, u.a. mit Louis Klamroth, Peter Lohmeyer u.v.a.]; 71.2 Schwarzstein, Jaroslaw, Hannover; 71.3 ShutterStock.com RF (Julia Raketic), New York, NY; 71.4 stock.adobe.com (mezzotint_fotolia), Dublin; 72 Artothek, Spardorf; 73 Schwarzstein, Jaroslaw, Hannover; 74 akg-images (Eric Vandeville), Berlin; 75 akg-images, Berlin; 76 123rf Germany, c/o Inmagine GmbH (Photographee.eu), Nidderau; 77 epd-bild (Rolf Zöllner), Frankfurt; 78 Merkel, Rainer, Göttingen; 80 Duden. Bd. 1: Die deutsche Rechtschreibung. Bibliographisches Institut, Mannheim 2011; 80.1 stock.adobe.com (matthi), Dublin; 81 ShutterStock.com RF (Photographee.eu), New York, NY; 82 Picture-Alliance (dpa / BJORN SIGURDSON), Frankfurt/M.; 83.1 Picture-Alliance (dpa - Bildarchiv), Frankfurt/M.; 83.2 epd-bild (Christian Ditsch), Frankfurt; 84.1 Picture-Alliance (Xinhua / Attila Volgyi), Frankfurt/M.; 84.2 stock.adobe.com (Brian Jackson), Dublin; 85 Alamy stock photo (Johnny Saunderson), Abingdon; 86 Christhard Löber, Ebergötzen; 88 stock.adobe.com (ngad), Dublin; 93 stock.adobe.com (James Steidl), Dublin; 94 (c) KNA-Bild (Harald Oppitz), Bonn; 96 Fotosatz_Buck, Kumhausen/Hachelstuhl; 99 Picture-Alliance (ZB / Jens Büttner), Frankfurt/M.; 101 akg-images, Berlin [Gustav Klimt: Der Kuß]; 105 imago images (epd), Berlin; 106.1 ullstein bild (Ulrich Baumgarten), Berlin; 106.2 akg-images, Berlin [Aufnahme digital koloriert]; 106.3 akg-images, Berlin; 108.1 epd-bild (Guido Schiefer), Frankfurt; 108.2 epd-bild (Jörn Neumann), Frankfurt; 108.3 epd-bild (Annette Zoepf), Frankfurt; 108.4 stock.adobe.com (Saida Shigapova), Dublin; 110 stock.adobe.com (fottoo), Dublin; 111 Schwarzstein, Jaroslaw, Hannover; 112 ShutterStock.com RF (nikjuzaili), New York, NY; 113 Schwarzstein, Jaroslaw, Hannover; 114 akg-images (Science Source), Berlin; 116 Picture-Alliance (dpa-Zentralbild / Karlheinz Schindler), Frankfurt/M.; 118.1 stock. adobe.com (markobe), Dublin; 118.2 stock.adobe.com (Ambrose), Dublin; 118.3 ShutterStock.com RF (ozkan ulucam), New York, NY; 118.4 stock.adobe.com (dieFotoWerkerin), Dublin; 118.5 ShutterStock.com RF (Ralf Gosch), New York, NY; 120 Picture-Alliance (dpa / Karl-Josef Hildenbrand), Frankfurt/M.; 122.1 stock.adobe.com (Rido), Dublin; 122.2 stock.adobe.com (shock), Dublin; 122.3 stock.adobe.com (Sondem), Dublin; 122.4 stock.adobe.com (Africa Studio), Dublin; 122.5 stock.adobe.com (shock), Dublin; 123 Schwarzstein, Jaroslaw, Hannover; 124.1 ullstein bild (Pictures from History), Berlin; 124.2 ullstein bild (Pilger-Feiler), Berlin; 125 akg-images (Thomas Bartilla), Berlin; 126 ddp media GmbH (dapd / David Hecker), Hamburg; 127 epd-bild (Jens Schulze), Frankfurt; 128 stock.adobe.com (snakeye), Dublin; 130 Mauritius Images GmbH RV (dieKleinert), Mittenwald; 132 Schwarzstein, Jaroslaw, Hannover; 133 Fotosatz_Buck, Kumhausen/Hachelstuhl; 134 Fotosatz_Buck, Kumhausen/Hachelstuhl; 135 stock.adobe.com (macroman), Dublin; 137.1 Schwarzstein, Jaroslaw, Hannover; 137.2 Schwarzstein, Jaroslaw, Hannover; 138 Jähde, Steffen, Sundhagen; 139.1 ShutterStock.com RF (aaabbbccc), New York, NY; 139.2 ShutterStock.com RF (Mr.Norio), New York, NY; 139.3 ShutterStock.com RF (RHJPhtotoandilustration), New York, NY; 141 akg-images (album), Berlin; 142.1 Scherer, Julia (Emily Bertheau), Bochum; 142.2 Schmidt, Astrid, Wendlingen; 142.3 Buddeberg, Julian, Düsseldorf; 142.4 laif (Helena Schätzle), Köln; 143 ShutterStock.com RF (StockStudio), New York, NY; 145.1 akg-images, Berlin; 145.2 Picture-Alliance (dpa / Horst Galuschka), Frankfurt/M.; 145.3 Picture-Alliance (REUTERS / Stephane Mahe), Frankfurt/M.; 145.4 Picture-Alliance (DPR / Björn Lersson Rosvall), Frankfurt/M.; 148 Picture-Alliance (TT NEWS AGENCY / Hanna Franzén), Frankfurt/M.; 150 akg-images (Bildarchiv Monheim GmbH / Florian Monheim), Berlin; 153 Ev.-luth. Landeskirche Hannovers / Kunstreferat / Ulrich Ahrensmeier (c) Hermann Buß [Altarbild Langeoog, 1990]; 157 epd-bild (Thomas Lohnes), Frankfurt; 158 akg-images (Erich Lessing), Berlin; 160.1 Steiger, Ivan, Schnaitsee; 160.2 Steiger, Ivan, Schnaitsee; 161.1 Schwarzstein, Jaroslaw, Hannover; 161.2 Schwarzstein, Jaroslaw, Hannover; 161.3 Schwarzstein, Jaroslaw, Hannover; 161.4 Schwarzstein, Jaroslaw, Hannover; 162 Foto: Dr. Bärbel Husmann. Mit freundlicher Genehmigung der Evangelisch-Reformierten Kirchengemeinde Hildesheim; 163 stock.adobe.com (Morphart), Dublin; 166 Picture-Alliance (Geisler-Fotopress), Frankfurt/M.; 167 imago images (epd), Berlin; 168 Schwarzstein, Jaroslaw, Hannover;

Liedquellennachweis

79 Alle Knospen springen auf Text: Wilhelm Willms Melodie: Ludger Edelkötter (c) KiMu Kinder Musik Verlag GmbH, 64285 Darmstadt; 155 Ein Schiff, das sich Gemeinde nennt Text + Melodie: Martin Gotthard Schneider (c) Gustav Bosse Verlag, Kassel

Moment mal!
- Kompetenzen und Wissen systematisch erwerben
  und miteinander vernetzen
- aktiven und vielfältigen Religionsunterricht mitgestalten
- selbsttätig und nachhaltig lernen
- Methodenkompetenz erwerben
- über „große Fragen" nachdenken und diskutieren

Wie modern muss die Kirche sein?

Islam – Wie verwandt sind Juden, Christen und Muslime?

ISBN 978-3-12-007302-4